DE LA

PERSONNALITÉ CIVILE

DU

DÉPARTEMENT

PAR

EUGÈNE ALLARD

DOCTEUR EN DROIT

PARIS

LIBRAIRIE NOUVELLE DE DROIT ET DE JURISPRUDENCE

ARTHUR ROUSSEAU

ÉDITEUR

14, RUE SOUFFLOT ET RUE TOULLIER, 13.

1885

DE LA

PERSONNALITÉ CIVILE

DU

DÉPARTEMENT

DE LA

PERSONNALITÉ CIVILE

DU

DÉPARTEMENT

PAR

EUGÈNE ALLARD

DOCTEUR EN DROIT

PARIS

LIBRAIRIE NOUVELLE DE DROIT ET DE JURISPRUDENCE

ARTHUR ROUSSEAU

ÉDITEUR

14, RUE SOUFFLOT ET RUE TOULLIER, 13.

1885

PRÉFACE

Le département et l'arrondissement ont même origine.
Tous deux remontent à cent ans à peine. Destinés à
remplacer les anciennes divisions de la France en
généralités, ils ont été dotés par la loi du 28 pluviôse de
l'an VIII qui les régit encore, d'une organisation semblable ; dans l'un et l'autre, on trouve un agent du
pouvoir central, révocable à volonté et assisté d'une
assemblée délibérante. Conseils généraux et conseils
d'arrondissements, ont subi longtemps un sort analogue ; composés d'abord au gré du chef de l'État, ils ont
acquis ensemble, en 1833, le précieux privilège d'émaner du suffrage des citoyens. En un mot, durant les
quarante premières années de ce siècle, une simple
différence de degré dans la hiérarchie administrative,
sépare les deux nouvelles divisions du territoire français créées par la Révolution.

Mais, quel changement depuis cette époque ? Aujour-
d'hui l'arrondissement est, pour ainsi dire, une branche
morte de l'arbre administratif. C'est à peine si le conseil qui se réunit deux fois par an dans chaque sous-
préfecture, participe à la vie locale. La répartition des
contributions directes, voilà sa seule raison d'ôtre.
Les conseils généraux, au contraire, ont de véritables

sessions chaque année; quelques-uns tiennent jusqu'à vingt-cinq ou trente séances longues et laborieuses, sans compter celles de la commission départementale; et cependant le vote qui décide la répartition des impositions directes, prend à peine quelques minutes. C'est que de telles assemblées ont la gestion de nombreux intérêts. Leurs attributions se sont successivement élargies; et chose remarquable, cette extension dont il est facile de suivre la marche dans les trois lois de 1838, de 1866 et de 1871, n'a subi aucun retour en arrière malgré la diversité des régimes politiques.

La personnalité civile des départements est le ressort caché qui a donné l'impulsion à un pareil mouvement en faveur de la décentralisation. Par cela seul que les conseillers généraux ont compris qu'ils étaient les représentants d'un être moral qui possède, qui a un patrimoine et des revenus, leur zèle s'est accru, ainsi que le sentiment de leur responsabilité. Un mouvement d'opinion s'est produit, et les lois de 1866 et de 1871 ont été votées.

Aussi le principe de la personnalité civile n'est-il plus contesté. Reconnu et sanctionné par le législateur en 1838, il n'a été, croyons-nous, l'objet d'aucune attaque depuis cette époque. Tout le monde comprend que l'unité de l'État n'est en rien compromise par la création de personnes morales telles que les départements.

Bien différente était la situation avant 1789.

Tout a été dit contre la centralisation excessive qui opprimait les pays d'élections et ne laissait aucune place à l'individualité des provinces qui y étaient soumises. Que de plaintes a également suscitées l'omnipotence des intendants qui représentaient le pouvoir central dans chaque généralité ! Toutefois, il ne faudrait pas oublier le point de vue auquel se plaçaient quelques-uns des adversaires du système d'administration inauguré par Richelieu. Ce qu'ils revendiquaient, c'étaient les privilèges dont jouissaient par exception les pays d'États, privilèges, tout au moins nominaux, dont aucun de ceux qui réclament aujourd'hui avec le plus d'ardeur l'extension des libertés locales, n'oserait se déclarer le défenseur.

De pareilles prétentions étaient encore émises au moment où éclata la Révolution. C'est ainsi qu'on vit comparaître à la barre de l'Assemblée constituante les délégués du Parlement de Rennes, et leur président, M. de la Haussaye, parler de la Bretagne comme d'une nation indépendante, « Nos franchises, disait-il, sont des droits et non pas des privilèges ; les corps ont des privilèges, les nations ont des droits. » Aussi comprend-t-on jusqu'à un certain point les appréhensions dont étaient assailli Louis XVI, en inaugurant le régime des assemblées provinciales en 1778, et les restrictions de toute nature dont fut entourée cette nouvelle institution.

A vrai dire, la question était mal posée, beaucoup ne concevaient pas de milieu entre ces deux termes extrêmes : absence de toute liberté locale ou octroi de privilèges exhorbitants, et tels qu'on ne pourrait les établir sans empiéter sur les attributions normales du pouvoir central dans un état non fédératif.

La Constituante résolut le problème plus sagement. Malheureusement son œuvre fut éphémère ; la Convention ramena pour ainsi dire la situation des départements à celle des généralités des pays d'élections avant 1778; et ce n'est qu'avec lenteur que les nouvelles circonscriptions parvinrent à acquérir une individualité propre.

Le but de ce travail est d'étudier en détail la formation de la personnalité civile du département, et de rattacher à ce principe fondamental, l'exposition des règles qui dominent aujourd'hui, la gestion des intérêts purement départementaux.

Une première partie est entièrement consacrée à l'administration provinciale dans notre ancienne France. Nous n'avons pas hésité à remonter assez haut dans notre histoire pour mettre en regard du système actuel, les deux régimes différends qui se partageaient nos provinces avant 1789. La comparaison ne peut manquer d'être instructive, et, du reste, en pareille matière, les faits portent en eux-mêmes leur intérêt.

PREMIÈRE PARTIE

DE L'ADMINISTRATION DES PROVINCES

AVANT 1789.

INTRODUCTION

Au point de vue administratif, la France se divise avant 1789 en pays d'Élections et pays d'États. Les premiers sont complètement soumis à l'autorité du pouvoir central ; les seconds ont conservé une certaine indépendance. « La différence entre les pays d'États et les autres, dit Guy Coquille, vient de ce que ceux là ont retenu leur droit, et les autres l'ont laissé perdre. » Des considérations historiques seules peuvent expliquer cette diversité de régime. Il n'entre pas dans le cadre de ce travail de les exposer ici. Qu'il nous suffise de dire que l'œuvre de concentration monarchique ne s'est pas opérée avec la même force sur toutes les parties du territoire français. Les provinces étaient réunies à la couronne soit par conquête ou confiscation, soit par suite de mariages de successions, de reversions, d'apanages. Les circonstances variaient à l'infini. A l'origine, le pouvoir royal respecta plus ou moins les institutions spéciales à chaque province.. Au XIIIe et au XIVe siècle, il leur reconnut une certaine autonomie par l'établissement d'États provinciaux. Mais bientôt une profonde distinction s'opère; quelques pays perdent leurs assemblées locales, et prennent le nom de pays d'Élections. La royauté les soumet à un régime commun, celui de la centralisation la plus absolue. D'autres conservent leurs États, mais sont en lutte continuelle avec le pouvoir central et cherchent à faire respecter une indépendance dont les limites varient suivant les provinces, mais sont partout mal définies. Nous aurons donc à nous occuper successivement des pays d'Élections et des pays d'États.

Dans les premiers, la monarchie française a si bien fait sentir son autorité, qu'à partir du milieu du XVIIe siècle, il ne reste aucune trace de l'institution des États provinciaux, et l'on peut parler de l'administration des intendants au XVIIIe siècle sans avoir à faire allusion une seule fois à ces assemblées. Il est au contraire indispensable de rechercher quels furent les véritables prédécesseurs des fonctionnaires qui viennent d'être nommés, et de donner quelques détails sur les agents qui dès l'origine furent envoyés par les rois de France pour les représenter dans les provinces.

Quant à l'étude du régime des pays d'États, elle doit être nécessairement précédée de quelques considérations sur les assemblées provinciales au XIVe et XVe siècle.

Tel est l'ordre qui sera suivi dans ce travail.

CHAPITRE PREMIER

DES ORIGINES DE L'ADMINISTRATION PROVINCIALE

C'est au xıı° siècle qu'ont été posées les premières pierres de l'édifice administratif.

Auparavant, la France était divisée en grands fiefs, tous souverains indépendants et isolés quoique relevant de la même couronne. Aussi, ne connaissait-on que des intérêts locaux « et a-t-on pu dire avec raison que l'administration était locale comme les intérêts » (1). Le souverain d'un fief déléguait son pouvoir administratif à un prévôt, chargé : 1° De rendre la justice ; 2° De maintenir la police ; 3ⁿ D'exiger les corvées dûes pour les services publics ; 4° De convoquer les milices et de percevoir les revenus du domaine (2). Tout vassal noble ayant souveraineté exerçait dans sa terre les mêmes pouvoirs que son suzerain dans la sienne. Le clergé avait aussi le pouvoir administratif dans ses terres. Enfin, des communautés, des associations acquirent certaines libertés et les firent reconnaître par leurs suzerains. Elles s'administraient elles-mêmes sous la surveillance du prévôt

(1) *Histoire de l'administration en France*, par Dareste de la Chavanne.

(2) Dans le Midi, ces agents prirent le nom de Bayles ; leurs attributions étaient moins étendues ; elles se bornaient à l'administration proprement dite. Quant à la juridiction, elle fut remise à de véritables magistrats n'ayant pas d'autres fonctions, les viguiers ou les juges suivant les cantons, De là, les circonscriptions de la France méridionale appelées *vigueries* ou *jugeries*.

du seigneur. Mais bientôt on commença à concevoir l'existence d'intérêts généraux, communs à plusieurs fiefs, et l'idée d'une administration centrale prit naissance.

Comme suzerain, le roi pouvait exiger des grands feudataires certaines obligations, les traduire devant sa cour de justice, leur réclamer le payement des aides, les convoquer à la guerre. C'est ce que fit Philippe-Auguste quand il réunit la première assemblée des pairs du royaume pour juger Jean-sans-Terre en 1203, et quand il fit combattre sous ses ordres à Bouvines en 1214, les milices des grands fiefs, C'était là sans aucun doute un commencement de centralisation administrative. Les agrandissements successifs du domaine royal vinrent permettre de la développer.

Le roi comme tous les seigneurs, avait des prévôts, dont le nombre augmenta nécessairement avec l'extension du domaine de la couronne. Les offices de prévots étaient ordinairement vendus, mais ils étaient conférés à vie et non à titre héréditaire. C'est là ce qui les distingue des charges de comtes et de ducs sous la première dynastie. Les concessionnaires étaient donc de véritables agents du gouvernement placés sous la surveillance d'un des grands officiers de la couronne, du grand sénéchal.

Le grand sénéchal chargé de l'administration des revenus du roi devint le grand juge en matière domaniale. Il eut aussi, du moins après la suppression de l'office du comte du Palais, la juridiction sur tous les officiers de la maison. Mais bientôt ce grand officier parut trop puissant. Sa charge fut abolie.

Philippe-Auguste pour le remplacer créa l'office de baillis que l'on a désignés sous le nom de grands baillis pour les distinguer des officiers inférieurs appelés du même nom. Les baillis avaient chacun une circonscription comprenant plusieurs prévôtés, ils faisaient des tournés annuelles pour recevoir les plaintes des administrés ; ils tenaient des assises où étaient jugées en appel les décisions des cours prévôtales.

Ils recueillaient les revenus du domaine royal, fermes des prévôtés, produit des amendes. Ils prélevaient sur les revenus les sommes nécessaires pour solder les dépenses de la province placée sous leur autorité. Ils étaient de plus chargés de veiller à l'accomplissement des devoirs féodaux des seigneurs, vassaux, habitant le domaine. Ils avaient autorité sur eux, et pour ménager la susceptibilité de ces derniers, le roi choisissait les grands baillis parmi les chevaliers. Dans le midi de la France, on ne trouve pas de baillis, mais des sénéchaux investis des mêmes fonctions. En effet, Louis VIII ayant réuni à la couronne la sénéchaussée de Beaucaire, on ne remplaça pas dans cette circonscription les sénéchaux des seigneurs par des baillis ; on donna aux premiers les fonctions que ces derniers exerçaient dans le domaine royal. De même dans d'autres provinces méridionales on conserva les *juges* ou les *viguiers* comme tribunaux de premier degré.

Ainsi donc, au commencement du xiiie siècle, des prévôts ou agents locaux se partagent tout le domaine royal qu'ils administrent ; au-dessus d'eux des baillis dans le Nord, des sénéchaux dans le Midi, correspondent directement avec le conseil du roi. Il y a deux degrés de fonctionnaires ; mais chaque fonctionnaire surtout dans le Nord s'occupe de tout ce qui concerne l'administration et la justice ; il est universel.

Saint-Louis étendit la juridiction des baillis et sénéchaux en leur donnant non seulement l'appel du jugement des prévôts royaux, mais encore celui des justices seigneuriales et municipales dans les terres d'obéissance au roi, et peu après, il diminua les pouvoirs régaliens des grands feudataires par l'établissement des cas royaux.

Dès lors, le bailli devient l'agent tout puissant du roi. Peu à peu ses attributions se restreindront, par la création de nouvelles fonctions judiciaires et financières : mais il conservera une haute autorité pendant le xve siècle. » Par leur persévérance les baillis arrivèrent à forcer le seigneur à faire sur ses propres terres une large part à la souveraineté du roi. Ils imposèrent au nom de celui-ci des règlements et des défenses, et malgré les prétentions obstinées des seigneurs haut justiciers, le mauvais vouloir des juges seigneuriaux qui cherchaient par tous les moyens à entraver l'exercice des nouveaux droits de la couronne, graduellement ils accomplirent leur rude tâche (1). »

Telle était d'une façon générale la situation des baillis au commencement du xıvᵉ siècle. A cette époque, une révolution qui devait avoir des conséquences durables se produisit dans l'administration centrale.

Philippe-le-Bel scinda l'ancien conseil des rois capétiens, composé des principaux vassaux et des grands officiers de la couronne, et placé au dessus des baillis et des sénéchaux. Il décida qu'à l'avenir les questions judiciaires, seraient réservées à une cour de justice issue du sein du conseil et ainsi fut créé le Parlement. La Chambre des comptes également confondue dans l'origine avec le conseil, fut désormais distincte de ce dernier corps, et s'occupa de l'administration financière.

C'est ainsi que commença au plus haut degré de la hiérarchie des fonctionnaires, la division des attributions. Il était naturel qu'elle s'étendit aux degrés inférieurs, c'est-à-dire, aux baillis ou sénéchaux et aux prévôts. Sous Philippe-le-Bel paraissent à côté des administrateurs ordinaires des agents spéciaux pour les eaux et forêts. A partir de Philippe-le-Long commence la révolution qui doit avoir pour résultat d'ôter aux baillis leurs attributions finançières et de les donner à des receveurs spéciaux,

En effet, comme nous l'avons déjà dit, le bailli, qui rendait la justice, était en même temps receveur-payeur et comptable. Il envoyait au trésor royal les deniers qu'il avait perçus distraction faite de la somme nécessaire aux dépenses de la province.

Mais il lui arrivait souvent de charger du maniement des

(1) M. A Maury. L'*Administration Française avant la révolution de* 1789.

deniers un secrétaire placé sous ses ordres. Celui-ci se transforma bientôt en agent du trésor royal sans devenir pour cela indépendant du bailli. Il y eut ainsi dans diverses parties de la France des receveurs qui relevaient directement des gardiens du trésor royal. Du reste, Saint-Louis avait déjà institué à Paris pour ses domaines un receveur dont les attributions étaient distinctes de celles du prévôt.

Dès le milieu du XIVe siècle, les baillis cessent d'être comptables. Les receveurs se rendent eux-mêmes à la chambre des comptes ; il existe une ordonnance de 1347 leur imposant l'obligation de venir prêter serment.

Cette nouvelle organisation s'appliqua naturellement aux prévôts ; ces derniers cessèrent d'administrer le domaine, et devinrent juridiction royale du premier degré.

Voilà donc une administration domaniale qui se constitue. Les revenus composant le domaine comprenaient le produit des immeubles, les redevances fixes ou censuelles connues sous le nom de droits féodaux, tous objets de nature à composer des fortunes privées ; et de plus divers produits résultant des droits de la puissance publique, tels que les émoluments du sceau des greffes et des chancelleries, des actes judiciaires, des amendes, confiscations, aubaines, bâtardises etc... Jusqu'en 1311, ces revenus furent confiés d'abord à un officier, puis a plusieurs nommés trésoriers de France, du nom de l'apanage et fief spécial du roi, duc de France.

Les trésoriers étendirent bien vite leurs attributions à tout le royaume. Ils étaient juges, ordonateurs, administrateurs de tout ce qui concernait le domaine. Le roi Jean porta le nombre de ces officiers à quatre, qui, vu l'accroissement du domaine, se départirent : « L'un en Languedoc, le second en Langue-d'ouy, le troisième en outre-Seine, et le quatrième en Normandie, en quoi consistait alors toute l'étendue du royaume. » Bientôt on distingua parmi les trésoriers ceux sur le fait des finances, et ceux sur le fait de la justice ; ces derniers formèrent la chambre du Trésor qui connaissait de toutes les contestations relatives à la collecte des deniers du roi en matière domaniale. Les autres s'occupèrent de l'administration proprement dite.

Parallèlement à cette administration du domaine, se développa une nouvelle institution financière, nécessité par les circonstances. Philippe-le-Bel avait créé un revenu distinct des revenus domaniaux celui des impositions (aides ou tailles) (1).

(1) L'origine de l'impôt royal est assez délicate à déterminer. A l'époque féodale, il faut distinguer deux espèces de tailles bien distinctes : la première, dite taille ordinaire, est celle qui est levée par le seigneur sur les serfs de sa terre, une ou deux fois par an. Elle est arbitraire, *ad voluntatem*, *ad placitum ;* c'est à elle que s'applique la célèbre formule : le serf est taillable à merci. La seconde, la taille extraordinaire, est un des modes d'application de l'aide *féodale aux quatre cas ;* elle pèse sur tous, aussi bien sur les vassaux libres que les simples tenanciers.

La taille ordinaire se modifia sous l'influence de deux faits, l'affranchissement des communes et celui des serfs. « Le résultat général des chartes communales, à l'égard des redevances féodales et spécialement de la taille, est celui-ci : les redevances arbitraires ou incertaines sont réglées d'une manière fixe, et un certain nombre de droits disparaissent dans l'intérieur des villes ou dans leur banlieue. Souvent on abolit la taille, mais souvent aussi on se contente de la régler : de taille arbitraire elle devient taille abonnée. Enfin, un certain nombre de droits exercés par les seigneurs passent aux mains des villes qui, ayant une existence propre, doivent avoir des revenus pour pourvoir à leurs dépenses ; elles n'innovent pas et prennent en les régularisant les anciennes taxes, comme la taille qui devient proportionnelle » (M. Vuitry, *Régime financier de la France,* p. 272).

D'autre part, le serf affranchi, prenant place dans la classe des roturiers, n'était plus taillable à merci. D'arbitraire l'imposition qui le frappait devenait fixe, était convertie en cens et prenait également le nom de taille abonnée.

La taille ordinaire n'est certainement pas l'origine de l'impôt royal.

Quant à la taille extraordinaire, elle était, avons-nous dit, une des formes de l'aide féodale ou subside (*auxilium*) dû au seigneur en vertu du droit ou plutôt de la coutume féodale dans trois cas, quand le seigneur armait son fils chevalier, quand il mariait sa fille, quand prisonnier il avait à payer une rançon pour se racheter. A l'époque des croisades, on ajouta le cas d'un voyage en Terre-Sainte, et même, dans certaines localités, toute espèce de guerre entreprise par le seigneur donna droit à la levée de l'aide. Le roi, quand il percevait l'aide féodale, ne faisait qu'exercer un pouvoir seigneurial. Rigoureusement, il n'avait aucun droit en dehors de son domaine propre. Aussi ne devait-

Charles V voulut que le produit de ces impositions fut centralisé au trésor qui recevait déjà tous les produits domaniaux. Mais une des règles de la féodalité était que les subsides fussent consentis librement par ceux qni les payaient au suzerain. Aussi dut-on réunir en assemblée les principaux membres ecclésiastiques, les nobles, les hommes du tiers-état pour leur faire voter l'imposition. C'est-là, remarquons-le en passant, l'origine des États provinciaux et des États généraux.

Nous verrons plus tard dans la suite de cette étude, le rôle des députés des trois ordres principalement dans les États provinciaux relativement au vote des impositions. En ce moment nous nous occupons seulement de ce qui concerne la répartition et le recouvrement.

Los premiers impôts furent accordés librement par les États sous certaines conditions, et l'une d'entre elles fut à l'origine qu'ils seraient régis et gouvernés par des officiers particuliers

on lui reconnaître que la faculté d'imposer ses tenanciers et ses vassaux directs, à l'exclusion des arrières-vassaux et de leurs tenanciers. A l'égard de ces derniers, le consentement des seigneurs était donc nécessaire. C'est probable_ment dans ces conditions que furent levées dans la seconde moitié du xiie siècle, plusieurs contributions qui semblent avoir le caractère d'un impôt général.

Ainsi en 1147, Louis vii se préparant à la croisade créa le premier une imposition d'un vingtième. On ne peut dire sur quelles bases elle fut établie. En 1188, Philippe-Auguste obtint des prélats et des barons le vote d'un subside connu sous le nom de la Saladine. Saint Louis n'usa du droit de demander l'aide à ses vassaux qu'une seule fois quand il arma chevalier Philippe son fils aîné. Il reçut seulement des dons de certaines villes.

Jusqu'à cette époque, il n'y a pas véritablement de contribution publique. Mais bientôt Philippe-le-Bel étendant outre mesure le principe de l'aide féodale, créa l'impôt royal. Cette réforme se fit lentement, et ce n'est que peu à peu que les vassaux s'habituèrent à payer l'aide en dehors des cas prévus par la coutume.

D'autre part, l'ancien principe en vertu duquel les seigneurs devaient donner leur consentement pour que leurs tenanciers fussent imposés au profit du roi, se conserva longtemps, et même ces seigneurs furent naturellement portés à réclamer le droit de percevoir eux-mêmes ou par leurs délégués ce qu'ils devaient fournir au domaine royal. C'est là ce qui explique que les États de 1355 se soient réservés ou aient confiés aux États provinciaux la nomination des agents des finances, différents de ceux à qui les rois confiaient l'administration de leurs domaines. « Comme la nation ne craignait rien autant que la perpétuité des impôts, elle redoutait même la qualité des personnes qui devaient présider à leur levée. Elle avait été alarmée de les voir entre les mains des officiers domaniaux, dans la crainte qu'on ne s'habituât à les considérer comme faisant partie du domaine de la couronne » (*Mémoire sur les trésoriers de France et généraux de finances fait en 1780, par Poitevin de Maissemy, conseiller à la Cour des aides*) (1).

En conséquence fut rendue l'ordonnance du 28 décembre 1355 qui portait que : « Les États choisiront neuf personnes trois de chaque ordre, qui seront appelées généraux ou surintendants sur le fait des aides avec pouvoir d'en ordonner la distribution et l'emploi, d'en recevoir les comptes et de prononcer souverainement sur tous les différends qui en naîtront » (2).

Outre les généraux des aides, les États nommèrent des officiers particuliers qu'on appela *élus*. Ils devaient être subordonnés aux généraux.

Les généraux des aides, du moins, dans les premières années restèrent à Paris. Leur nom même indique qu'ils avaient une mission générale s'étendant à toute la France. Quant aux élus ils résidaient dans les provinces. De là la création de nouvelles circonscriptions purement administratives et distinctes des circonscriptions judiciaires. Tout d'abord on prit pour base les circonscriptions ecclésiastiques, qui du reste n'étaient à peu de chose près que la reproduction des anciennes divisions administratives de l'empire romain. Les élections eurent donc les mêmes limites que les diocèses.

(1) Ce mémoire a été publié en partie par M. Vignon, dans ses *Études historiques sur l'administration des voies publiques en France*, t. Ier, pièces justificatives, p. 30.

(2) *Ordonnances du Louvre*, t. III, p. 19. Voir également Isambert : *Recueil général des anciennes lois françaises*, t. IV, p. 734.

Mais bientôt eut lieu une révolution importante ; Charles V, tout en conservant le nom de ces fonctionnaires, changea profondément leur caractère ; de délégués des États, ils devinrent de véritables agents de la royauté. D'abord soumis à des inspecteurs nommés par le roi, ils furent transformés en officiers royaux.

D'après une ordonnance de février 1388 (1), ils prennent le titre de généraux conseillers pour le fait des aides, et leur nombre est fixé à six. On leur applique le même système qu'aux trésoriers de France ; on distingue parmi, eux, les généraux sur le fait de la justice (c'est l'origine de la Cour des aides), et ceux sur le fait des finances. Le mot finances remplace le mot aides, parce que ce dernier n'a plus qu'une signification restreinte ; il s'applique seulement aux revenus indirects. Les trois généraux sur le fait des finances ne conservèrent pas des attributions indivises pour ainsi dire sur tout le domaine royal. Ils se partagèrent le royaume et chacun prit sous sa dépendance un certain nombre d'élections. De là les nouvelles circonscriptions plus étendues que les élections que l'on appela généralités et qui sont devenues les véritables divisions administratives de l'ancienne France.

Ce système fut momentanément abandoné en 1400 « Avons ordonné, dit un édit du roi (2), que les dits généraux ne partent point le pays de notre royaume en en prenant chacun une contrée sous son gouvernement. » Mais on y revient en 1411. Cette institution des généraux de finances subsista sans changement pendant tout le xvᵉ siècle. Au xviᵉ siècle seulement, leur nombre fut augmenté· Une ordonnance de 1523, énumère en effet dix généralités. Une seconde ordonnance de décembre 1542 (3), éleva à 17 le nombre de ces circonscriptions. Dans chacune d'elles existait à la même époque un receveur général centralisant le produit des impôts, et ayant au-dessous de lui des receveurs particuliers dans chaque élection. Toutefois les

(1) Isambert. *Op. cit.*, t. VI, p. 652.
(2) Isambert. *Op. cit.*, t. VI, p. 855.
(3) Isambert. *Op. cit.*, t. XII, p. 224 et 805.

généraux des finances, restaient chargés de tout ce qui concernait les impôts et principalement la répartition. Ils nommaient et destituaient les élus receveurs, grenetiers et contrôleurs. Ils dressaient les budgets des receveurs, et arrêtâient
les comptes des receveurs généraux sauf rectification à la
chambre des Comptes. Ces attributions étaient, en somme,
exclusivement financières. Le pouvoir central ne songeait
pas encore à s'occuper de la tutelle des communautés et des
questions d'intérêt général fort nombreuses qui furent plus
tard confiées aux intendants. Au-dessous des généraux les
élus s'occupaient de l'assiette et de la répartition locale,
c'est-à-dire contre les paroisses ; ils bâillaient à ferme les impositions indirectes.

Pendant que l'administration des finances prenait de jour
en jour plus d'importance, celle des domaines voyait également ses attributions s'accroître. En 1508, on lui confia tout
ce qui concerne la voirie.

A l'origine les baillis, sénéchaux, prévôts s'occupaient concurremment, et avec un peu de confusion, des faits de voirie.
Il y avait bien quelquefois des commissaires royaux. Souvent
aussi c'étaient les magistrats municipaux, capitouls ou consuls
qui s'attribuaient le droit de faire réparer les chemins et les
ponts. En effet, à cet époque la voirie municipale n'était
pas distincte de la grande voirie. En 1388, le prévôt de Paris
reçut des pouvoirs spéciaux en cette matière. En somme, l'autorité royale n'administrait pas elle-même les voies publiques ;
c'étaient des concessionnaires qui se chargeaient de construire ou de réparer, et, qui se procuraient des ressources au
moyen de péages qu'on leur donnait l'autorisation de percevoir. Il n'y avait donc pas besoin d'administrateurs, ni d'ingénieurs spéciaux. Il suffisait, pour assurer l'exécution des
édits, de donner aux magistrats ordinaires le pouvoir de
prononcer des décisions répressives. Au commencement du
xvi⁰ siècle, on sentit le besoin de confier à une autorité unique,
le droit d'intervenir. L'ordonance de 1508, qui énumère les

fonctions des trésoriers de France chargea ces agents, « de visiter tous chemins, chaussées, ponts, pavés, ports et passages de notre royaume, et eux informer ou faire informer et enquérir de l'État en quoi ils sont : et s'il y en a aucuns esquels, pour le bien de nous et de la chose publique, il soit besoin de faire réparations et édifices et empierremements, de les faire faire de nos deniers, au regard de ceux qui sont en notre charge, et des autres qui sont en la charge d'autrui et que pour ce faire ont et prennent péages, pavages, barrages, qu'ils les contraignent chacun en leur regard, à les faire faire selon qu'ils y sont tenus » (art. 18) (1).

Les trésoriers dont nous parlons sont ceux sur le fait des finances ; ils n'eurent pas plus le contentieux en matière de voirie qu'ils ne l'avaient en matière de domaine. Ce contentieux fut confié aux baillis et sénéchaux.

Telles étaient les deux administrations des finances et des domaines ; on songea bientôt à les réunir. Une ordonnance de 1551 supprima les trésoriers de France ainsi que le changeur du Trésor entre les mains duquel étaient centralisés tous les revenus du domaine et confia dans chaque généralité, au général de finances, les fonctions de trésorier de France. Les fonds domaniaux devaient être versés dans les caisses des receveurs généraux. Ainsi, les trésoriers ne forment plus un corps unique résidant auprès du roi ; leurs attributions sont réparties entre tous les généraux.

Cette réunion des offices de trésoriers de France et généraux de finances subit plusieurs vicissitudes qu'il est inutile d'exposer ici en détail. Ce ne fut qu'en 1577 qu'elle fut définitivement consacrée par un édit de Henri III. La même ordonnance portait à cinq le nombre des trésoriers généraux dans chaque généralité. Cette mesure n'avait d'autre raison qu'un intérêt fiscal, les offices de trésoriers étant vénaux. Aussi, le nombre de ces officiers alla-t-il toujours en croissant. On créa successivement des procureurs, des greffiers, et c'est

(1) Isambert, XIII, 236-247.

ainsi que se constitua ce que l'on a appelé les bureaux des finances, qui, jusqu'à la création des intendants eurent véritablement en main l'administrationn locale.

Ces bureaux de finance sont donc les héritiers directs des généraux superintendants et des trésoriers de France. Toutefois, il ne faut pas oublier que les généraux se répartissaient en deux classes, suivant qu'ils s'occupaient du contentieux ou de l'administration. Les premiers formèrent la Cour des aides, qui jugeait en matière de contributions directes ou indirectes. Les seconds seuls transmirent leurs attributions administratives aux bureaux de finance. Ceux-ci eurent donc l'ordonnancement des dépenses ; ils donnaient les aides à ferme ou les faisaient régir pour le compte du roi, ils répartissaient entre les élections de leur généralité, les impôts directs (1).

D'autre part, comme successeurs des trésoriers de France ils eurent à s'occuper de la voirie et du domaine. Ils ne géraient pas, mais surveillaient simplement la rentrée des revenus ; et baillaient à ferme les domaines royaux. Ce n'est que plus tard, au moment de la création des intendants, qu'on leur confia le contentieux du domaine et de la voirie.

Il n'est pas difficile d'expliquer pourquoi le rôle administratif des bureaux de finances fut de courte durée. Administrer est le fait d'un seul ; or, chaque bureau formait une compagnie. Par suite, aucune initiative ; aucune unité d'action. Mais ce n'était pas tout ; les charges de trésoriers étant vénales, leurs titulaires acquirent un esprit d'indépendance

(1) Sur ce point, la distinction des pouvoirs administratif et judiciaire fut assez bien observée. Il n'en fut pas de même pour les fonctionnaires du second degré ; les élus dont nous avons déjà indiqué brièvement les fonctions attributions, devinrent peu à peu un véritable tribunal, qui jugeait en première instance les affaires de la compétence de la Cour des aides. Cependant leur rôle administratif subsista. Ils continuèrent à s'occuper de la répartition des impôts, mais leur autorité fut bien réduite à partir du moment où ils cessèrent d'être les seuls représentants locaux du pouvoir central, et où les généraux de finances, et plus tard les bureaux étant eux-mêmes répartis sur le territoire devinrent les intermédiaires naturels entre le gouvernement et les élus, du moins pour ce qui concernait les attributions administratives de ces derniers.

vis-à-vis du pouvoir central. Aussi la royauté songea-t-elle bien vite à remplacer les bureaux de finance. Ce travail s'opéra peu à peu ; les administrateurs uniques et révocables à volonté qui succédèrent au bureau de finances furent les intendants. Mais ceux-ci avaient été eux-mêmes précédés par les gouverneurs.

Par la création des trésoriers de France et des généraux supérintendants, les baillis et sénéchaux avaient perdu leurs attributions en matière domaniale et financière. Sur d'autres points encore, le rôle qu'ils avaient eu à remplir à l'origine subit des changements considérables. La révolution se fit lentement et voici les phases qu'elle suivit. Les baillis et sénéchaux souvent peu versés dans la jurisprudence avaient pris pour habitude de se faire suppléer par des lieutenants qui à partir de 1493 furent institués par le roi. François 1er créa en outre dans chaque bailliage et sénéchaussée un lieutenant criminel.

Les baillis appelés d'épée, pour se distinguer de leurs lieutenants, et choisis parmi les nobles ne gardaient plus que l'autorité militaire. A ce titre ils devaient maintenir la police parmi les troupes du ban et de l'arrière-ban, faire exécuter les ordonnances interdisant les réunions de gens armés, prononcer la dissolution des compagnies rassemblées par les seigneurs. Ils acquirent un droit de surveillance sur les troupes soldées quand celles-ci eurent été rendues permanentes par Charles VII. Enfin, étant gentilshommes, ils se réservèrent ce que nous appelons aujourd'hui la police, parce qu'elle avait à cette époque un caractère militaire. « A la tête des nobles ils allaient, dit M. Maury, faire des chevauchées, arrêter les malfaiteurs et les vagabonds » (1).

Mais bientôt ces attributions militaires elles-mêmes disparurent. Les bailliages et sénéchaussées ne restèrent plus jusqu'en 1789 qu'une circonscription judiciaire et électorale. Le fait qui amena ce changement fut la création des gouverne-

(1) M. Maury, *op. cit.*

ments. De bonne heure les rois avaient donné quelquefois par mesure spéciale des pouvoirs extraordinaires à des princes du sang. Sous Louis XII, les provinces reçurent toutes des gouverneurs auxquels la direction des forces militaires fut attribuée et dont les charges considérées comme un démembrement des offices des grands baillis d'épée furent confiées à des princes. Ces gouverneurs exercèrent une autorité presque discrétionnaire ; ils ont certainement servi la cause de la centralisation politique, mais comme ils se transmettaient héréditairement leurs charges, ils devinrent peu à peu indépendants, et ainsi qu'on l'a dit justement, ils furent bien plutôt les représentants des provinces vis-à-vis du roi, que ceux du roi vis-à-vis les provinces. Du reste, les gouvernements rappelaient la division de la France en grands fiefs, et cette considération suffit à les rendre bientôt suspects au pouvoir central. François 1er fixa le nombre des gouverneurs à douze et chercha à mettre quelque uniformité dans leurs attributions dont l'étendue variait auparavant suivant les lettres d'investiture. On peut dire d'une façon générale qu'ils avaient pour mission de conserver en l'obéissance du roi les provinces et les places de leur gouvernement de les maintenir en paix, de les défendre contre les ennemis de l'État, de veiller à ce qu'elles fussent bien fortifiées et munies de toutes choses nécessaires, de prêter main-forte à la justice quand ils en étaient requis.

Bien peu de gouverneurs se restreignirent à cet ordre d'attributions. Au xvie siècle, pendant les guerres de religion, on les voit chercher à secouer le joug royal. Quelques-uns tentèrent de lever des troupes en leur nom, de percevoir des impôts, en un mot de s'arroger de véritables droits régaliens. En 1580, le gouverneur du Dauphiné faisait publier les arrêts du parlement de Grenoble en son propre nom. Une ordonnance dut le lui interdire. Henri IV eut à soutenir contre ces étranges représentants du pouvoir central, une lutte incessante, et surtout à réprimer leur prétention d'être propriétaires de leur charge et de la transmettre à leurs héritiers. A l'avènement de Richelieu, la liste des gouverneurs comprend les plus grands noms de France, le duc de Montmorency en Languedoc, le duc de Guise en Provence, le duc de Rohan en Poitou, le duc de Chevreuse en Auvergne, le prince de Condé en Berry. Ce n'est pas sur de pareils hommes que pouvait compter le premier ministre, pour en faire des agents dociles. Si l'on songe d'ailleurs que les officiers de judicatures et de finances étaient devenus presque leurs venaux, on comprendra facilement que le gouvernement exerçait sur tous ses fonctionnaires une autorité bien restreinte. Il avait il est vrai comme ressource suprême la suppression des charges, mais un pareil moyen entraînant le remboursement du prix aux titulaires devenait très onéreux.

Aussi un écrivain a-t-il pu tracer ce tableau de l'administration française à cette époque : « Quand on examine la situation du pouvoir central à la fin du xvie siècle et au commencement du xviie siècle, dit M. de Carné, dans son livre sur les *États de Bretagne*, il est impossible de ne pas constater toutes les facilités que l'on avait de lui résister. De tous côtés s'élevaient en face de la royauté des forces dont l'indépendance s'appuyait sur des titres d'une légitimité tout au moins apparente. D'abord le clergé, maître d'une grande partie du sol, administrait lui-même. Les nobles dépouillés d'une partie de leurs pouvoirs locaux étaient maîtres de l'armée. Enfin le tiers-état avait obtenu à prix d'argent la concession de certains droits déterminés. Parmi les fonctionnaires, les uns, maires, échevins, consuls, capitaines de compagnie de garde civique, procédaient de l'élection ; les autres, officiers royaux proprement dits, juges ordinaires ou spéciaux ayant acquis leurs charges, conservaient une certaine indépendance » (1). Et plus loin le même auteur ajoute : « le gouverneur ou plutôt son lieutenant nommé à cette époque par le roi ne disposait d'aucun agent proprement dit. » Il n'existait qu'un

(1) M. de Carné. Les *États de Bretagne*.

moyen de remédier à un pareil état de choses ; diminuer graduellement l'influence des titulaires d'office, réduire les pouvoirs des gouverneurs, et créer de nouvelles fonctions confiées à de véritables agents de gouvernement révocables à volonté. De là l'institution des intendants qui a transformé l'administration des provinces, et a achevé l'œuvre de centralisation.

CHAPITRE II

CRÉATION DES INTENDANTS

Il existait assez anciennement auprès du roi une juridiction spéciale appelée les *Requêtes de l'hôtel* ; elle dérivait de la juridiction d'un des grands officiers de la couronne au temps des premiers Capétiens, le grand maître d'hôtel. Ce tribunal connaissait des causes des princes, des commensaux de la maison du roi et de tous ceux qui se rattachaient à la cour. Il était composé d'officiers nommés *maîtres des requêtes*, parce que dans le principe ils avaient mission de recevoir les requêtes ou pétitions apportées au roi. Sur chacune de ces pétitions il faisait un rapport au Conseil. Ces fonctionnaires étaient complètement dans la main du roi, et celui-ci fut amené à s'en servir comme de mandataires particuliers ; il les envoyait dans les provinces remplir une mission de surveillance et de contrôle. De là l'usage des *chevauchées*, nous dirions aujourd'hui tournées d'inspection, que ces agents étaient chargés de faire au nom du roi (1). Ils devaient veiller de près à l'exécution des ordonnances, et tenir le Conseil exactement informé. A l'origine le royaume fut divisé en six régions qui correspondaient à peu près aux ressorts des Parlements provinciaux. Un édit de 1553 décida que les chevauchées se feraient désormais par généralités (2).

(1) On a rapproché avec juste raison les fonctions des maîtres des requêtes à cette époque de celles des *missi domicili* de Charlemagne.

(2) L'*Administration des Intendants*, par M. d'Arbois de Jubainville, p. 14.

Une pareille institution devait fatalement aboutir à l'établissement d'agents sédentaires. Aussi rattache-t-on communément l'origine des intendants aux chevauchées des maîtres des requêtes.

Cependant dès le milieu du xvie siècle, on voit à côté des maîtres de requêtes, des fonctionnaires ou des magistrats, non plus seulement chargés de surveiller ou de contrôler, mais investis par mesure spéciale du droit de rendre des jugements, de casser des officiers, en un mot d'accomplir de véritables actes d'autorité. Ce point a été mis en lumière dans un livre récent (1). L'auteur établit que le pouvoir central donnait des commissions pour mille objets divers ; parmi ces commissaires, quelques-uns prirent le nom d'intendants, c'était ceux qui étaient *départis*, suivant l'expression usitée alors, sur le fait de la justice, de la police et des finances. Ces trois attributions étaient tantôt réunies, tantôt séparées, on voit que tous les intendants étaient des commissaires mais que la réciproque serait inexacte. Ce qui explique pourquoi, à leur titre de commissaires départis, on devait ajouter une formule spécialisant leurs fonctions. En un mot, l'intendant est un magistrat que le pouvoir central a chargé en vertu d'une commission de faire sentir loin de la cour l'action de la puissance royale, et qui parmi ses titres officiels peut citer celui d'intendant de la justice, ou de la justice et police, ou de la justice, police et finances. Le mot police à cette époque avait un sens plus général qu'il ne l'eut plus tard à la fin du xviie siècle, il était synonyme de politique.

Le premier intendant dont on ait connaissance serait, d'après M. Hanotaux, un sieur Panuce qui, vers l'année 1553, fut chargé en vertu d'une commission de l'intendance de la justice en l'île de Corse. C'était le président de la Cour des aides de Montpellier : « Icelui, dit l'ordonnance, avons commis, ordonné et député pour soi transporter en ladite île de

____

(1) *Origines de l'Institution des Intendants*, par M. Hanotaux.

Corse, ou nous lui avons donné plein pouvoir, autorité, commission et mandement spécial..... il se informera des coutumes, constitutions, usage et style qui se observent en ladite île pour le regard du fait de ladite justice, ou nous voulons qu'il ait la supérintendance générale pour l'exercice et l'administration d'icelle tant en civil qu'en criminel sur toutes personnes. » Ce sont bien là des pouvoirs extraordinaires, dont l'établissement était motivé par l'état de guerre civile dans lequel se trouvait la Corse.

En 1565, un nommé Jacques Viole, conseiller au Parlement de Paris, est député à Blois. A la même époque, on trouve également des intendants établis à poste fixe en Touraine avec mission « de connaître de toutes les causes civiles et criminelles, malversation des juges, ports d'armes, assemblées illicites, séditions, de présider en toutes les justices du bailliage, d'évoquer les causes des juges inférieurs, de voir les départements des élus, de leur faire administrer la justice, et en cas d'abus ou de malversation d'en donner avis à Sa Majesté ». En 1580, Henri III à la suite de vives remontrances des États de Blois, supprima ces fonctionnaires.

Après les guerres de religion, quand le gouvernement eut ressaisi son autorité, on voit réapparaître les commissaires royaux. Dès l'année 1600, Henri IV reprend le système de ses prédécesseurs. Il donne des commissions spéciales pour la levée de la taille. Souvent même il pourvoit un individu d'une commission pour l'intendance de la justice ou l'intendance des finances en une armée. Ces intendants des armées devinrent les intendants des provinces : « Chaque fois qu'une province était troublée par des désordres ou des rébellions, le pouvoir royal naturellement y envoyait une armée. Et cette armée était accompagnée d'un intendant de justice qui avait à la fois autorité sur l'armée et sur la province. Les troubles finis, l'intendant restait quelque temps dans le pays, il devenait intendant de province » (1).

(1) M. Hanotaux, *Op. cit.*

Au commencement du xviie siècle, il y eut aussi un grand
nombre d'intendants de justice, et quelques intendants de
finances. Les attributions n'étaient pas toujours les mêmes ;
elles dérivaient de la commission souvent conçue en termes
assez vagues.

Il ne faudrait pas croire que ces délégués du pouvoir central fussent accueillis sans protestations dans les provinces.
Ainsi, en 1628, Richelieu installa à Bordeaux un intendant
nommé Servien avec des pouvoirs très étendus pour faire le
procès des Rochellois convaincus de crimes de lèse-majesté,
de rébellion et d'entente avec les Anglais. Servien ne fit pas
enregistrer sa commission au Parlement de Bordeaux et
exerça des actes d'une autorité presque souveraine. Les remontrances du Parlement ne se firent pas longtemps attendre ; en voici quelques extraits : « Les commissaires
extraordinaires passent comme éclairs dans les provinces, paraissent et disparaissent, souvent considérés des
peuples comme des comètes de sinistre présage ; c'est
pourquoi les États assemblés ont souvent fait plainte des
commissions extraordinaires qui privent les juges naturels de leur juridiction... Les pouvoirs extraordinaires, dit un
ancien, sont de mauvaise conséquence à l'État ; qu'eût-il
dit, Sire, du vôtre qui contient un nombre suffisant d'officiers
pour administrer la justice et les finances de toute l'Europe ?
Sans doute il eût jugé les pouvoirs extraordinaires fort inutiles », et les remontrances ajoutent en ce qui concerne l'intendant : « Par respect pour Votre Majesté, nous avons souffert sans faire plainte l'an passé que les sieurs Portier et
Servien, maîtres des requêtes de votre hôtel, et autres Messieurs qui étaient vos officiers, exerçassent à la vue de votre
Parlement, diverses commissions pour juger souverainement ;
le sieur Servien a pris avantage de notre patience et respec-
tueux silence pour obtenir une commission d'intendance de
la justice, police et finances dans la Guienne, pour l'observation ou infraction de vos édits ou ordonnances, pour le règle-

ment des officiers, des villes et communautés, et pour faire vivre vos sujets en paix. Elle lui a donné aussi tout le pouvoir souverain attribué par vos édits et ordonnances à votre Parlement et à vos officiers subalternes. » Et l'auteur des remontrances pour protester contre cette concentration de pouvoir ajoute cette phrase curieuse : « Il est des rayons de votre autorité souveraine, Sire, comme de ceux du soleil, lesquels épars et dispersés sur la face de l'univers donnent une douce chaleur, mouvement et vie à toutes les parties de l'âme, mais qui ramenés comme centre dans un miroir brûlent et consument. »

Ces protestations n'arrêtèrent pas Richelieu. Il continua à nommer des intendants en Bourgogne, en Provence, en Touraine. L'existence officielle de ces fonctionnaires est consacré par l'article 81 du Code Michaud ainsi conçu : « Nul ne peut être employé es-charges d'intendant de la justice et des finances que nous dépêchons en nos armées ou provinces, qui soit domestique, conseil ou employé aux affaires ou proche parent des généraux des dites armées ou gouverneurs des dites provinces » (1).

Enfin en 1633, il existe des intendants à peu près partout. Il semble du reste qu'à la même époque avaient encore lieu les chevauchées des maîtres des requêtes. En effet, la même ordonnance de 1629 dit dans son article 58 (2) : « Les maîtres de requêtes de notre hôtel visiteront les provinces suivant le département qui sera fait par chacun ou par nos chanceliers ou gardes des sceaux et se transporteront tant en nos cours de parlement qu'au sièges des bailliages et autres. Recevront toutes plaintes de nos sujets sur les fautes et incommodités qu'ils reçoivent même en l'administration de la justice tant pour l'ordinaire qu'à raison des levées et impositions, oppression des faibles pour la violence, crédit et autorité des grands ; informeront d'office des choses susdites et de tous crimes, et

(1) *Ordonnance de janvier 1629.* Isambert, t. XVI, p. 250.
(2) Isambert, t. XVI, p. 241.

autres choses concernant notre service et le bien et soulagement de notre peuple. » Le texte ajoute que les maîtres dès
requêtes auront autorité sur tous les fonctionnaires, pourront réduire les taxes, salaires et épices excessivement
prises par les juges et officiers subalternes, et faire rendre
ce qui a été indûment exigé, devront surveiller le traitement
fait aux sujets en l'imposition levée et recette de la taille, et
qu'à cet effet ils se feront représenter les rôles et rendront
de véritables sentences exécutoires nonobstant appel ou opposition.

Ainsi l'ordonnance de 1629 dans deux articles distincts et
très éloignés l'un de l'autre (58 et 81) s'occupe des maîtres
des requêtes, puis des intendants. Il semble donc qu'il y ait
eu là deux institutions qu'il ne faut pas confondre, qui ont
subsisté quelque temps l'une à côté de l'autre. Les maîtres des
requêtes faisaient des tournées d'inspection. Les intendants
étaient au contraire de véritables administrateurs. Cependant
on voit les premiers intervenir activement en ce qui concerne
la levée des impôts. Il serait donc difficile de trouver une
formule exacte pour caractériser ces fonctionnaires ; il faut
éviter de mettre dans les termes une précision qui n'existait
peut-être pas dans la réalité. Maître des requêtes et commissaires royaux ont fini par disparaître pour donner place aux
intendants proprement dits. Du reste, il serait difficile de pré-
ciser l'époque de l'apparition des intendants.

Cependant on a longtemps attribué à une ordonnance du
mois de mai 1635 la création des fonctionnaires qui nous
occupent. Cette ordonnance est portée dans la collection
Isambert (1) comme ayant créé les intendants ; mais c'est là
une méprise ; l'ordonnance, ce point est aujourd'hui certain,
ne s'occupe que des présidents des bureaux de finances.

Par des édits de 1608 et 1627, il avait été créé dans chaque
bureau de finances, quatre charges de présidents et de trésoriers généraux. Ces présidents choisis parmi les trésoriers de

(1) Isambert, t. xvi, p. 442.

France, avaient bientôt acquis une autorité dont ils abusaient pour entraver l'exécution des ordres du roi. C'est pour faire cesser un pareil état de choses que Richelieu sépara des bureaux de finances ces quatre charges de présidents, qu'il remboursa ceux qui en étaient possesseurs, et s'en réserva l'entière disposition. « Et combien que les dits présidents et trésoriers généraux de France soient obligés tant par le devoir de leurs charges que par le serment qu'ils nous ont prêtés de nous servir bien et dûment en l'exercice d'icelles, néanmoins depuis quelques années ils se sont rendus tellement difficiles à l'exécution de nos édits et commissions, qu'il semble qu'ils s'y soient voulu directement opposer et les traverser dont nous avons reçu un très grand préjudice au bien de nos affaires par le retardement qu'ils y ont apporté. » Les nouveaux présidents étaient investis des mêmes prérogatives que les anciens. Ils recueillaient les voix des trésoriers généraux sur toutes les affaires qui se traitaient dans les bureaux de finance ; ils avaient à s'occuper de ce qui concernait la grande et petite voirie, les étapes de gens de guerre. Ils devaient faire exécuter les édits et les commissions qui leur étaient adressés par le pouvoir.

Tel est l'objet de l'édit de 1635 (1). Ce qui a trompé M. Isambert, c'est la qualification d'intendants attribuée aux trésoriers généraux de France. Plusieurs raisons rendent inadmissible toute confusion à cet égard. Les fonctions d'intendants ne constituaient pas des offices, mais de simples commissions ne pouvant s'acheter, et n'ayant pas besoin d'être enregistrées en Parlement. Or l'édit de 1635, dit que les charges et qualités de présidents seront dorénavant tenues et possédées *en titre d'office*. De plus, les présidents, d'après l'édit, sont quatre par généralité tandis qu'il n'y a qu'un intendant. Enfin, les attributions de ces présidents ne

____

(1) Ce point a été parfaitement mis en lumière par M. Caillet dans le volume : *De l'administration en France sous le ministère du cardinal de Richelieu.*

touchent qu'aux finances, ceux des intendants à la police et à
la justice en plus.

La mesure prise par Richelieu ne produisit pas l'effet qu'il
en attendait et c'est peut-être une des raisons qui le porta à
augmenter les attributions des intendants.

En résumé, il n'est guère possible de rapporter à une date
fixe la création des intendants. Le pouvoir central pour faire
sentir son autorité a usé de tous les moyens. Les agents qu'il
envoyait dans les provinces soit pour y remplir une mission
de surveillance comme les maîtres des requêtes, soit pour y
exercer temporairement des pouvoirs extraordinaires comme
les commissaires royaux, se transformèrent peu à peu en
agents permanents et sédentaires. Ils devinrent les intendants ou commissaires départis qui ont joué un si grand rôle
depuis le milieu du xviie siècle jusqu'en 1789.

Du reste, toutes ces modifications se firent lentement. Les
changements passaient presque inaperçus ; les Parlements
protestaient bien, ils reprochaient à ces nouveaux agents
d'être « officiers de justice » sans avoir payé finance ; et de
leur enlever certaines causes. Ils firent des remontrances et
même annulèrent des ordonnances rendues par les intendants. Mais ces derniers trouvèrent un appui dans le Conseil
d'État. Les arrêts des Parlements furent cassés.

Pendant la Fronde, le pouvoir des intendants fut momentanément diminué. On trouve, à la date du 18 juillet 1648,
une déclaration du roi ainsi conçue : « Nous avons, dès à
présent, révoqué et révoquons toutes les commissions extraordinaires qui pourraient avoir été expédiées pour quelque
cause et occasion que ce soit, même les commissions d'intendant et de justice dans les généralités de notre royaume,
fors et excepté dans les provinces de Languedoc, Bourgogne,
Provence, Lyonnais, Picardie et Champagne, esquelles provinces les intendants qui seront par nous commis ne pourront
se mêler de la levée de nos deniers, ni faire aucune fonction
de la juridiction contentieuse, mais pourront seulement

esdites provinces être près des gouverneurs pour les assister en l'exécution de leur pouvoir. »

Cette concession dura peu. Dès le début du règne de Louis XIV, nous trouvons les intendants rétablis, leurs pouvoirs augmentés. Ces nouveaux agents n'avaient pas supprimé les anciens gouverneurs militaires. Ils s'étaient placés à côté d'eux, mais pour les dépouiller de presque toutes leurs attributions. Le territoire était donc partagé en intendances et en gouvernements. Ces divisions ne se correspondaient pas toujours exactement. Telle intendance pouvait comprendre plusieurs gouvernements, tel gouvernement plusieurs intendances. Par suite, l'intendant ne résidait pas toujours dans la même ville que le gouverneur.

La division en gouvernements était la division officielle, les généralités formaient les véritables circonscriptions administratives. Elles comprenaient en moyenne près de trois de nos départemets actuels ; mais il y avait entre elles beaucoup d'inégalité, tant au point de vue de l'étendue du territoire qu'à raison de leur importance propre. Aussi certaines intendances étaient-elles, comme aujourd'hui nos préfectures, plus recherchées que d'autres. De là une certaine hiérarchie parmi les titulaires et une possibilité d'avancement pour ceux qui se distinguaient dans l'accomplissement de leurs missions. Ce point est signalé par Necker à la fin du xviiie siècle. « Un intendant, dit-il, le plus rempli de zèle et de connaissances est bientôt suivi par un autre qui dérange et abandonne les projets de son prédécesseur. » Plus loin, il ajoute qu'à « chaque variation les intendants perdent le fruit des connaissances locales qu'ils peuvent avoir acquises ».

Au-dessous des intendants, on trouve les subdélégués dont les attributions sont indiquées dans une ordonnance de 1704. « Les subdélégués recevront chacun dans leur département les requêtes aux intendants ; ils les enverront avec les éclaircissements nécessaires ; dans les cas qui le requerront ils dresseront leurs procès-verbaux qu'ils enverront avec leur avis. Ils recevront tous les ordres qui leur seront adressés par les intendants, tiendront la main à leur exécution, et s'instruiront le plus exactement que faire se pourra de l'état de chacune des paroisses de leur département. »

Le subdélégué était ordinairement un homme du pays choisi par l'intendant et non par le pouvoir central. N'étant pas agent de l'État, il ne recevait pas de traitement du trésor. On le rétribuait sur les fonds de la circonscription qu'il administrait.

CHAPITRE III

L'intendant est avant tout un administrateur. A l'origine
la commission dont il était pourvu, l'investissait bien quelquefois d'un pouvoir de juridiction très étendu. C'est ainsi
qu'il pouvait réformer des jugements et des arrêts. A partir
de 1630 ou 1640, ses attributions se limitent au domaine administratif, il enlève aux gouverneurs et aux bureaux de finances tout ce qui touche à ce domaine ; aux premiers il ne
laisse qu'une autorité nominale, aux seconds que des attributions judiciaires. Sans doute, le principe de la séparation
des pouvoirs n'est pas appliqué aussi rigoureusement qu'aujourd'hui. L'intendant a une juridiction mais tout exceptionnelle. C'est là ce qui le distingue du *præses* romain qui
était juge ordinaire en même temps qu'administrateur. Il est
vrai que le pouvoir central soutenait théoriquement que
l'intendant était le juge de droit commun et avait toute juridiction qui n'était point particulièrement attribuée à un
autre tribunal. Cette thèse fût même plusieurs fois mise en
pratique. Toutefois en fait, il y a une différence considérable
entre la situation d'un intendant et celle d'un *præses* qui
statuait même sur les matières purement civiles. Des diffé-

rences encore plus considérables séparent l'intendant du
bailli du xiiie siècle, puisque ce dernier joignait à ses pouvoirs d'administrateur et de juge, le commandement militaire
du territoire confié à ses soins.

Comme mandataire direct du souverain, l'intendant recevait ses pouvoirs au moyen d'une commission scellée du
grand sceau, qui n'était soumise à l'enregistrement d'aucune
Cour ou tribunal. Il correspondait avec chaque ministre. Ses
attributions étaient des plus étendues et des plus variées.
Aujourd'hui quand on veut énumérer les pouvoirs des préfets,
on envisage successivement ces fonctionnaires à plusieurs
points de vue ; d'abord comme agents politiques du gouvernement central, puis comme délégués de l'État ; enfin, comme
représentant la personnalité civile du département et comme
chargés à ce titre de la gestion des affaires locales. Une
classification aussi rationnelle serait difficile à faire, en ce qui
concerne les intendants. La centralisation était bien plus
forte qu'à notre époque ; affaires locales et d'intérêt général
étaient remises aux mains d'un seul individu ; peu importait
dès lors de les distinguer théoriquement. Quant à la personnalité des provinces, elle n'existait pas dans les pays d'élections,
ou du reste les généralités ne correspondaient pas exactement aux anciennes provinces.

Nous devons donc considérer l'intendant comme seul investi de tous les pouvoirs administratifs dans l'étendue de sa
généralité. Ces pouvoirs peuvent se ramener à plusieurs
chefs que nous examinerons successivement.

En qualité de commissaire du conseil du roi, les intendants avaient des attributions extraordinaires, qui ne se bornaient pas toujours aux mesures d'ordre administratif ; mais
qui combinées avec le système des évocations empiétaient
souvent sur le domaine judiciaire. De plus, ils avaient le droit
de siéger au Parlement, de présider les bailliages, sénéchaussées et autres tribunaux inférieurs et d'exercer sur les actes
et la procédure un certain contrôle. Nous laisserons de côté

tout ce qui concerne cet ordre d'idées pour nous maintenir
sur le terrain purement administratif.

Les impôts.

Avant 1789, comme aujourd'hui les impositions se divisaient
en directes et indirectes. Ces dernières étaient mises en ferme,
et les administrations provinciales n'avaient point à s'en occuper, sauf pour quelques-unes d'entre elles, en ce qui concerne le contentieux comme nous le verrons plus loin. Mais
il n'en était pas de même relativement aux impositions directes. Les attributions de l'intendant en cette matière étaient
considérables ; il cumulait des pouvoirs qui sont, dans notre
législation actuelle, répartis entre le conseil général, le
préfet, et même jusqu'à un certain point le conseil de préfecture.

Les impositions directes étaient au nombre de trois, taille,
capitation, et vingtièmes. Il n'entre pas dans le cadre de cette
étude de faire l'historique de ces divers impôts. Nous pren-
drons la situation telle qu'elle était au xviiie siècle, et nous
nous occuperons successivement de la répartition du recouvrement et du contentieux.

Le montant de la taille et de la capitation était fixé annuellement par ce qu'on appelait le brevet. Unique jusqu'en 1768,
il fut à cette époque divisé pour les généralités d'élection en
deux parties. Le premier brevet comprenait le principal de
la taille et crues anciennes, le taillon établi par Henri II pour
tenir lieu des vivres exigés par les troupes, le fonds des
maréchaussées, le fonds des étapes, et les deux sous pour
livre de ces diverses impositions. Dans le second brevet
étaient réunies la capitation et les impositions accessoires à
la taille.

Les fonds du premier brevet étaient dits fixes parce qu'ils
variaient peu d'une année à l'autre, et étaient affectés à des

dépenses déterminées (1). On procédait à leur répartition au moyen de plusieurs opérations successives. Tout d'abord le Conseil du roi déterminait la part pour laquelle devait contribuer chacune des généralités du royaume. Ces généralités étaient celles des pays d'élection et des pays conquis, savoir pour les pays d'élection : Alençon, Amiens, Auch, Bordeaux, Bourges, Caen, Châlons, Grenoble, La Rochelle, Limoges, Lyon, Montauban, Moulins, Orléans, Paris, Poitiers, Riom, Rouen, Soissons et Tours et pour les pays conquis : Alsace, Comté de Bourgogne (Franche-Comté) Flandres et Haynaut, Lorraine et Bar, Metz et Roussillon.

La seconde opération se faisait au moyen des commissions générales. Elle avait pour but d'assigner à chaque élection une part dans la somme imposée sur une généralité. Le montant de cette somme était indiqué à l'intendant et au bureau de finances qui renvoyaient séparément au Conseil leurs propositions. Les trésoriers ne devaient donner leur avis que d'après les instructions prises lors de leurs chevauchées. Quant aux officiers des élections ils pouvaient également intervenir, et réclamer auprès du conseil, au sujet des surcharges que les trésoriers auraient faites sur leur circonscription au profit d'une autre. Le conseil prenait connaissance de tous ces avis, faisait le partage et renvoyait une commission pour chaque élection. Ces commissions étaient adressées aux intendants et trésoriers de France. Elles devaient être ouvertes au bureau de finances, en présence de l'intendant qui présidait. Il était enjoint aux trésoriers d'y mettre leur attache ; l'attache consistait en un ordre formel donné aux officiers des élections de procéder au département entre les paroisses.

La troisième opération qui consistait à faire le partage entre les paroisses prenait en effet le nom de département. A

---

(1) Le brevet de la taille était le seul de tous les actes portant établissement de contributions royales qui ne fut pas soumis à l'enregistrement des Parlements.

l'origine elle était confiée aux élus seuls ; tous devaient y assister à peine de radiation de leurs gages ; il était défendu d'y admettre aucuns autres officiers. Il y eut un temps ou n'étaient admis au département que ceux des officiers de l'élection que l'intendant choississait à ce sujet, de telle sorte cependant que tous y assistaient à tour de rôle ; mais plus tard on revint au système de les réunir tous en corps. Régulièrement le département devait se faire au bureau de l'élection, mais bientôt l'usage prévalut de le faire au logement de l'intendant, avec l'assistance d'un député du bureau des finances et des officiers de l'élection. Ces derniers devaient donc se rendre au chef-lieu de la généralité où ils jouaient le plus souvent le rôle de simples comparses. « Voulons, dit une ordonnance du roi de 1663, que pour éviter au retardement des impositions, la voix desdits commissaires départis prévalle sur celle des officiers d'élection, tant au département nomination d'office des collecteurs que taxe d'offices. » La cour des aides protesta « Le roi sera très humblement supplié d'avoir agréable que les officiers en titre des élections rendent la justice à ses sujets, sans qu'au département des tailles et aucuns autres cas, la voix d'un seul puisse prévaloir et que tout sera fait, jugé, réglé à la pluralité des voix ». Des lettres de jussion forcèrent la Cour des aides à céder.

Pour le second brevet, il était expédié en droite ligne à l'intendant qui en faisait la répartition seul au marc le franc de la taille. Et même avant 1761 la capitation était répartie par un rôle particulier que les intendants vérifiaient seuls et rendaient exécutoire. Ce n'est qu'à partir de 1762 que la répartition a dû en être faite sur les mêmes rôles que la taille « conjointement avec les autres impositions et au marc la livre d'icelle ». Toutefois à l'égard de la capitation des nobles, privilégiés, habitants des villes franches, officiers de justice et employés des fermes, le Conseil sur la proposition des intendants arrêtait des états dont des extraits étaient délivrés à chaque receveur pour les particuliers domiciliés dans son élection.

Ce receveur faisait le recouvrement lui-même et le montant de toutes ces capitations était déduit de la somme fixée pour l'élection . Le restant seul était réparti au marc le franc.

Enfin la 4ᵉ opération avait pour objet la répartition entre les particuliers d'une même paroisse. On distinguait deux sortes de rôles ; ceux faits à l'ordinaire pour les collecteurs seuls dont nous n'avons pas à nous occuper ici et les rôles faits d'offices par l'intendant. Les collecteurs devaient retrancher le montant de ces taxes d'office, de celui de la taille afin de ne répartir que le surplus.

« L'usage des taxes d'offices, dit le Code des tailles, est fort sage. Souvent les collecteurs ou asseeurs n'avaient pas le courage de taxer les plus riches ou les plus puissants de la paroisse à ce qu'ils auraient dû supporter : il fut enjoint aux élus de vérifier exactement si toutes les cotes étaient proportionnées aux facultés, et si tous ceux qui devaient être imposés l'étaient réellement. Il leur fut enjoint de taxer d'office ceux qui n'étaient pas imposés et d'augmenter d'office les cotes de ceux qui ne l'étaient pas assez. Lors de la suppression de quelques privilèges exemptions de taille, ceux dont les privilèges étaient supprimés devaient être pour la première fois taxés d'office. » (1) Les cotes d'office étaient arrêtées au moment du département c'est-à-dire en réalité par l'intendant sur le rapport de l'élu, qui avait fait sa chevauchée dans la paroisse. Elles étaient signifiées à la requête

(1) Outre ces taxes d'office, « il y a encore, ajoute le Code des tailles, celles qui regardent les particuliers à qui ce privilège a été accordé par des charges relatives au finance ou à la police publique ; charges qui n'exemptent point de taille; et celles qui concernent les commis et employés à la perception des droits du roi. On n'a pas voulu que leur taxe fut laissée à la discrétion des collecteurs ou asseeurs, de crainte qu'ils ne les surchargent. La 3ᵉ espèce est pour ceux qui étant taillables se sont retirés dans une ville franche, tarifiée ou abonnée, où il doivent demeurer taillables pendant dix ans par droit de suite. La 4ᵉ est pour les incendiées ou autres taillables qui ont souffert des pertes, qui sont imposés d'office à une somme modique et inférieure à celle qu'ils portaient les années précédentes. La 5ᵉ est celle que l'on fait sur les habitants que font valoir dans une paroisse autre que celle de leur domicile. »

des receveurs particuliers des finances chargés d'en faire le recouvrement.

Il résulte de cet exposé qu'au point de vue de la répartition, l'autorité de l'intendant était considérable. Il donnait son avis sur la répartition entre les élections ; il procédait à peu près seul au département entre les paroisses des fonds du 1er brevet ; quant à ceux du 2me brevet, il jouissait d'une autorité absolue. Enfin les taxes d'office lui permettaient d'intervenir dans la répartition entre les contribuables de chaque paroisse. L'établissement de commissaire des tailles étendit encore ces attributions. Depuis un temps assez reculé c'étaient les mêmes individus nommés collecteurs ou asseeurs qui étaient chargés dans chaque paroisse de la confection des rôles et de la levée de l'impôt. Ils touchaient six deniers pour livre, imposés en sus de la taille pour les rénumérer de leurs frais. Ils étaient responsables envers les receveurs du montant de la collecte dont ils étaient chargés. Cette responsabilité fort lourde rendait difficile leur recrutement. Aussi d'après des déclarations de 1716, 1717 et 1723 tous les habitants étaient-ils tenus de remplir ces fonctions chacun à leur tour d'année en année. Ces asseeurs, dans les pays de taille personnelle, et c'étaient les plus nombreux faisaient la répartition sans autre base certaine que la déclaration des contribuables. Cette organisation vicieuse et qu'on opposait souvent à celle des pays de taille réelle, ou existait un cadastre fixa à plusieurs reprises l'attention du pouvoir. En 1715 un édit attribua à l'intendant, dans certains cas déterminés, la faculté de faire procéder devant des commissaires nommés par lui à la confection des rôles. Le commissaire agissait ordinairement avec le concours des principaux habitants, ou des collecteurs qui conservèrent intactes leurs attributions au point de vue de la perception de l'impôt mais qui, en ce qui concerne la confection des rôles remplirent désormais une mission à peu près analogue à celle de nos répartiteurs. Ce système fut généralisé en 1768 malgré les protestations de la cour des aides. Il avait pour but, sinon d'arriver plus tard à l'établissement d'un cadastre général, du moins de rapprocher les uns des autres les rôles de toutes les paroisses des élections, et de permettre de procéder d'une façon plus équitable à la répartition, non seulement entre les habitants d'une même paroisse, mais entre les élections d'une généralité.

Quant au recouvrement proprement dit des impositions, l'intendant ne s'en occupait pas. Mais il intervenait encore au point de vue contentieux. En matière de taille les réclamations se portaient devant l'élection ; et en appel devant la Cour des aides. Ce n'était qu'en cas d'imposition d'office que l'intendant devenait compétent. Il n'en était pas de même pour la capitation ; le gouvernement n'ayant plus à compter avec d'anciens usages et des droits établis (la capitation date de 1695), posa comme règle générale que les intendants auraient tout le contentieux, jusqu'à 50 livres en dernier ressort, et au delà sauf recours au conseil.

Jusqu'ici, nous n'avons parlé que de la taille et de la capitation. L'administration du troisième impôt direct, les vingtièmes établi en 1750 fut mise entre les mains des intendants. Les élections et bureaux de finance y restèrent complètement étrangers. Les rôles étaient dressés par des contrôleurs placés sous l'autorité du directeur des vingtièmes qui était lui-même subordonné à l'intendant. La perception était confiée à des agents nommés par l'intendant. Enfin ce dernier jugeait toutes les réclamations, sur l'avis du directeur des vingtièmes. On voit que son autorité était sans limites.

Les contributions indirectes étaient mises en ferme. Il n'y avait donc pas lieu à l'intervention de l'administration, en ce qui concernait le recouvrement. Quant au contentieux, il faut faire une distinction qui tient aux tendances de plus en plus centralisatrices du gouvernement. Pour les droits anciennement établis, dont le recouvrement était donné à des fermiers, des lois précises remettaient aux diverses espèces de tribunaux, juges des traites, greniers à sel etc., la solution des difficultés qui pouvaient s'élever. Mais d'autres droits moins anciens furent soumis à la juridiction des intendants. Parmi eux, on peut citer : 1° le droit de jauge et courtage établi en 1527 au profit des jaugeurs et courtiers, officiers royaux qui devaient empêcher la fraude de s'exercer dans le transport des vins. (Ces officiers furent supprimés et les droits continuèrent d'être perçus au profit du roi.) 2° le droit sur les cartes, les droits sur les papiers et amidons et plusieurs autres. Mais les plus importants sont sans contredit les droits domaniaux. On sait que le contrôle des actes est ce que nous appelons aujourd'hui dans un sens étroit l'enregistrement, et qu'il a pour objet de donner une date certaine aux actes auxquels il s'applique. L'insinuation correspond à notre transcription actuelle. Or le contrôle et l'insinuation donnaient lieu à une série de droits dont le contentieux était remis à l'intendant. En ce qui touche le domaine proprement dit, la compétence appartenait aux bureaux de finance, mais l'intendant avait certains pouvoirs administratifs. Par exception, lorsque des biens étaient séquestrés par suite d'une mesure politique, et mis sous la main du roi, la connaissance de toutes contestations à naitre était réservée aux intendants sauf appel au conseil.

Enfin les droits d'amortissement de nouvel acquêt et de franc fief étaient mis en ferme, et les oppositions jugées par l'intendant sauf appel au conseil.

Administration militaire.

Dans les temps féodaux, le roi pouvait convoquer le ban et l'arrière-ban. Mais bientôt à ces masses incohérentes et indisciplinées, de vassaux, de paysans, de bourgeois mal armés, le pouvoir central préféra des troupes soldées, recrutées au moyen d'enrôlements volontaires, et composées d'hommes

faisant du service militaire leur métier. Le succès de cette-
nouvelle institution donna l'idée des enrôlements forcés. C'est
ainsi que Charles VII, en même temps qu'il institua des troupes soldées-permanentes, les gens d'armes, établit le corps
spécial des francs-archers. Chaque paroisse devait fournir
un homme. C'est ce système qui fut repris plus tard au xvii[e]
et au xviiie siècle. La milice provinciale, comme le corps
des francs-archers, se composait d'hommes recrutés par voie
du tirage au sort dans les paroisses. Elle formait une sorte
de réserve. A l'origine, le milicien de chaque paroisse était
désigné par les habitants de la localité ; il devait être non
marié et âgé de 20 ans au moins et 40 ans au plus. Ce système
entraîna de graves inconvénients ; chacun cherchait à se
dérober à l'obligation de servir : on en était arrivé dans certaines localités à payer celui qui consentait à partir. Enfin en
1691 le gouvernement décida que le milicien serait tiré au sort.
Une ordonnance de 1705 admit et réglementa le système du
remplacement. Il est presque inutile de faire remarquer combien un pareil procédé était peu équitable, puisqu'il ne tenait
aucun compte de la population ; les habitants d'une petite
paroisse, devant fournir un milicien, tout comme ceux d'une
paroisse très peuplée, avaient bien plus de chances d'être
désignés par le sort. Aussi voit-on dans les derniers temps
de la monarchie plusieurs paroisses peu importantes se réunir pour le tirage au sort d'un milicien, tandis que des paroisses
plus considérables sont obligées de fournir deux ou trois soldats chacune. La milice formait tantôt un corps à part, tantôt
était versé dans les régiments de l'armée active.

Le principe admis aujourd'hui que l'autorité civile et non
l'autorité militaire doit présider aux opérations du tirage au
sort et même jusqu'à un certain point, de la révision (on sait
que, dans nos conseils de révision, la majorité est donnée à
l'élément civil), ce principe était reconnu dans notre ancienne
législation. Tout ce qui concernait le recrutement de la milice était dans les attributions de l'intendant ou de ses subor-

donnés. Une fois que le conseil du roi avait fixé le contingent général et la part de chaque province, l'intendant réglait le nombre d'hommes à lever dans chaque paroisse. Le subdélégué présidait au tirage, réglait les cas d'exemption, désignait les miliciens pouvant rester dans leurs foyers, et ceux qui devaient partir. Toutes ces décisions étaient susceptibles de recours à l'intendant et au conseil du roi.

L'intendant ne s'occupait pas seulement de la milice, son autorité s'étendait aussi sur l'armée active, surtout en ce qui concernait les enrôlements volontaires. C'est ainsi qu'il publiait des règlements pour défendre les violences et les abus trop fréquents envers ceux que les recruteurs forçaient à s'enrôler. Il pouvait déclarer certains enrôlements non valablement contractés.

Lorsqu'il exista des compagnies de bourgeoisie, il dut veiller à ce qu'elles fussent bien inspectées, à ce qu'elles ne prissent les armes qu'après commandement. Il s'occupait aussi des soldats invalides et des officiers réformés. Il les faisait payer, habiller ou admettre dans les hôpitaux militaires.

Le règlement du prix des fournitures faites par les habitants pour le service des troupes en marche, la solution des difficultés touchant au casernement, au logement des troupes, au service des hôpitaux militaires, appartenaient aux intendants. Ils jugeaient les contestations relatives aux occupations temporaires, pour établissement de camps de manœuvres et aux indemnités dues en pareils cas aux propriétaires.

Ponts et chaussées.

L'administration des voies publiques est peut-être la première qui ait été l'objet d'une décentralisation. Aujourd'hui, les attributions les plus importantes des conseils généraux portent sur ce point. Déjà avant 1789, le régime de la voirie avait été confié aux assemblées provinciales établies sous Louis XVI. Il est donc important d'examiner de près le système de l'ancienne monarchie, pour l'opposer à la pratique ultérieurement suivie.

Il a été déjà dit que, en vertu d'une ordonnance de 1508, les trésoriers généraux de France avaient été chargés de veiller à la conservation des travaux publics et des ouvrages qui en dépendent, et que lors de leur fusion avec les généraux de finances, ils avaient transmis ces fonctions aux bureaux de finance. Les bureaux indépendants les uns des autres, n'avaient du moins, en la matière qui nous occupe, aucun supérieur hiérarchique spécial dans les conseils du roi. De là une certaine négligence apportée dans l'exercice de leur charge. C'est alors qu'intervint la création du grand voyer de France par édit de mai 1599. D'après un règlement de 1605, les fonctions de grand voyer étaient de prendre connaissance de tous les deniers levés pour les travaux publics en vertu de commissions royales, et de visiter les ouvrages faits ou à faire. Dans chaque généralité, le grand voyer avait sous ses ordres, outre les membres des bureaux de finance, des lieutenants nommés par lui. Il devait s'informer des péages et autres droits perçus pour ouvrages utiles, et faire contribuer les péagers aux réparations.

Rien ne fut changé en ce qui concernait la juridiction. Cependant une partie, dès l'année 1607, en fut attribuée au grand voyer et à ses commis. Cette disposition amena une certaine confusion en la matière.

Cette charge de grand voyer ne devait pas subsister longtemps. En 1621 fut rendu un édit qui portait à douze dans chaque généralité le nombre des trésoriers généraux. Ce n'était là qu'une mesure fiscale. Mais l'édit ajoutait que : étaient révoqués « tous pouvoirs et commissions qui pourraient avoir été expédiés à quelques personnes et par qui que ce soit pour le fait de la connaissance et direction des deniers et ouvrages des dits ponts et chaussées » (1). C'était revenir à l'état de choses antérieur à 1599. Les bureaux de finances recouvraient le droit « d'ordonner les deniers destinés pour les ponts et chaussées ». L'édit de 1626 qui, sur les plaintes des trésoriers, supprima l'office de grand voyer ne fut que confirmer ces dispositions (2). Enfin, un second édit d'avril 1627 attribua aux bureaux de finances la juridiction en première instance de la voirie.

Telle était la situation qui devait subsister jusqu'à Colbert; jusqu'aux réformes de ce grand ministre, l'administration des travaux publics fut pour ainsi dire provinciale, confiée à des officiers de finance indépendants du pouvoir central, et affranchis de toute surveillance. Il y eût seulement quelques conflits entre les trésoriers généraux et les autorités locales. Le Conseil d'État dût plusieurs fois intervenir.

Enfin, Colbert vint centraliser les services des ponts et chaussées et faire sentir la main du pouvoir central en cette matière. Aux trésoriers de France, pourvus d'offices héréditaires, véritables tribunaux, il laissa la partie financière et la juridiction contentieuse ; il leur enleva la partie administrative et technique pour la confier aux intendants placés directement sous ses ordres. En outre dans chaque généralité, fut adjoint à l'intendant un commissaire pour les ponts et chaussées choisi parmi les membres des bureaux de finance, et qui eût pour fonctions de visiter, soit seul, soit conjointement avec le commissaire départi, les ponts, chemins et chaussées. Il devait également faire faire l'état, les devis et estimations des ouvrages nécessaires au point de vue de la réparation ou de l'entretien, et procéder aux adjudications publiques, enfin il était chargé de la réception des ouvrages terminés. Ces trésoriers-commissaires étaient placés sous les ordres de l'intendant, qui du reste faisait les propositions pour leur nomination. Ils touchaient un traitement fixe.

Il ne suffisait pas d'organiser un personnel ; il fallait encore

(1-2) V. M. Vignon, *op. cit.*, t. 1ᵉʳ, 2ᵉ partie, p. 96 et 97.

supprimer les entraves mises à la circulation. Or la principale consistait dans les péages, qui justifiés à l'origine,
n'avaient plus de raison d'être, et devenaient abusifs depuis
que les produits détournés au profit de particuliers de leur
véritable destination n'étaient plus consacrés à l'entretien
des routes. Une grande enquête fut prescrite, et un certain
nombre de péages supprimés. Quant à ceux qui furent maintenus, il fut déclaré que, « comme les dits péages ne sont établis que pour l'entretien des dits chemins, ponts et chaussées,
les propriétaires et engagistes des péages devront entretenir
les ponts et chaussées et même les chemins dans l'étendue
de leur juridiction ». La mise à exécution de cette mesure
fut confiée aux intendants et aux trésoriers de France.

Mais bientôt le produit des péages ne suffit pas à couvrir
les dépenses des ponts et chaussées. Il fallut chercher d'autres ressources. Déjà à plusieurs reprises les rois avaient
affecté à l'exécution des travaux publics des sommes tirées
de leur trésor. Ce fut seulement sous Louis XIV, vers 1668,
que l'allocation devint annuelle et forma l'*état du roi* des
ponts et chaussées. Cet état du roi était dressé chaque année
sur les propositions faites par les intendants. A chaque généralité était attribuée une somme déterminée. A ces allocations annuelles venaient s'ajouter des impositions spéciales
levées dans certaines localités. En effet, le trésor royal, souvent épuisé par les guerres, ne pouvait fournir que des sommes restreintes. Aussi trouva-t-on naturel que la dépense
des ouvrages fut faite par les généralités, les élections ou les
villes, et pesa directement sur les personnes qui profitaient
le plus des travaux exécutés. C'est ainsi que les frais nécessités par les travaux que l'on faisait pour protéger les pays
riverains de la Loire contre les inondations, étaient payés au
moyen de deniers levés sur les contribuables aux tailles des
généralités d'Orléans, Tours, Bourges, Moulins et Riom.
Malheureusement les localités n'étaient nullement appelées à
se prononcer sur la qualité des fonds qu'elles pouvaient four-

nir. Il n'y avait dans un pareil système aucune idée décen-
tralisatrice. C'était le roi seul qui décidait en cette matière,
qui frappait telle généralité de telle imposition (1), et statuait d'après les propositions de l'intendant sur l'emploi des
fonds.

Il résulte des chiffres publiés par M. Vignon (2) que dans
les dernières années du xviie siècle, les fonds tirés du trésor
royal pour les ponts et chaussées ne montaient pas à la moitié des sommes totales consacrées à ce service.

Parmi ces fonds, on en voit appliquer quelques-uns à l'établissement d'*ateliers de charité*. Afin de remédier à la misère
qui se manifestait dans les provinces, le gouvernement ima-
gina de créer des ateliers publics pour faciliter la subsistance
des pauvres durant l'hiver. Les intendants furent chargés de
trouver des travaux propres à occuper « toutes espèces de
personnes, même des femmes et des enfants robustes »,
ainsi des terrassements faciles et des amas de matériaux,
et de les adjuger à des entrepreneurs qui seraient tenus
d'employer les pauvres à certaines conditions déterminées.

L'autorité des intendants en matière de travaux publics ne
fut guère amoindrie par l'organisation du corps des ponts et
chaussées, qui remonte aux premières années du xviiie siècle.
Mais ce furent les attributions du trésorier-commissaire qui
tendirent à disparaître.

« L'homme de l'art, dit M. Vignon, qui, appelé par le trésorier-commissaire, devait faire en sa présence le devis des
ouvrages que celui-ci avait jugés utiles, est remplacé par un
ingénieur nommé par le roi, commissionné pour le service

_____

(1) Quand on voit dans la correspondance du contrôleur général avec les
intendants des expressions comme celle-ci : le roi a frappé telle généralité de
telle imposition, il n'en faut nullement conclure que la généralité est une personne civile ayant un budget et pouvant fournir une somme déterminée. L'expression rapportée ci-dessus signifie seulement que les taillables de la généralité payeront chacun en plus de leur imposition, une part supplémentaire
suffisante pour parfaire la somme fixée, .

(2) M. Vignon, *op. cit.* t. 1er, 1er partie, p. 130 et suiv.

des ponts et chaussées d'une généralité entière, appartenant à un corps hiérarchique placé sous les ordres d'un directeur général, visitant lui-même les chemins, proposant les ouvrages à faire, rédigeant les devis sans aucune sujétion vis-à-vis du trésorier-commissaire, dirigeant les travaux, et enfin dressant les procès-verbaux de réception d'après lesquels en sera effectué le payement... En somme, le trésorier-commissaire se trouve presque annulé entre l'intendant et l'ingénieur. »

Du reste, les ressources affectées au service des voies publiques proviennent toujours, soit d'impositions spéciales, soit des fonds du trésor. Seulement, à partir de 1717, on ne voit plus d'impositions frappées par arrêt particulier à chaque généralité ni l'allocation sur les fonds du Trésor. Un nouveau système fut suivi. Une somme fixe, et toujours la même, fut prélevée dans les caisses des receveurs des finances des généralités sur les produits de la taille et autres impositions spéciales ; à cette somme venait s'ajouter une imposition supplémentaire générale établie sur tout le royaume et répartie au marc la livre de la taille. Le gouvernement centralisait ces ressources et les distribuait entre les généralités comme il l'entendait. Il restait bien encore quelques impositions spéciales dont le produit était dépensé au profit de la généralité qui les acquittait ; mais elles avaient un caractère tout exceptionnel. En réalité, il existe une caisse des ponts et chaussées, unique pour tous les pays d'élection, et le roi en affecte les fonds à tels travaux qu'il juge convenables. Dans la période qui s'étend de 1720 à 1740, la dépense annuelle consacrée aux ponts et chaussées monte à environ trois millions. Cette somme alla toujours en augmentant. En 1786, elle s'élevait à plus de six millions (1).

Malheureusement, il paraît établi qu'il était rare que ces sommes annuelles fussent employées intégralement au ser-

(1) On peut consulter à ce sujet les renseignements détaillés fournis par M. Vignon, *op. cit.*

vice des ponts et chaussées. Depuis 1770 principalement, les impositions étaient bien perçues en réalité ; mais le plus souvent leurs produits étaient en partie affectés à d'autres dépenses. Tous les ans, un ou deux millions étaient détournés de la caisse des ponts et chaussées, de telle sorte que le trésor royal se trouvait, en 1782, débiteur envers cette caisse de plus de quinze millions. Pour masquer ces détournements, on faisait figurer chaque année sur l'état du roi des ponts et chaussées des recettes fictives et des travaux fictifs. Cet abus ne cessa qu'à partir de 1786. L'édit du 6 novembre 1786, relatif à la suppression de la corvée, contient, en effet, un article créant dans le service des ponts et chaussées une amélioration importante.

« Les fonds levés dans chacune des généralités du royaume pour la confection des ouvrages d'art de ses routes, et qui font partie du brevet général des impositions, seront à l'avenir remis à la disposition des intendants, pour être employés à leur destination, d'après les états du roi dans la forme ordinaire, et pour la généralité de Paris à la disposition du sieur intendant des ponts et chaussées, pour être pareillement employés sur ses ordres et sur les mandements des trésoriers de France au bureau de finance de la dite généralité. »

Cette disposition apportait un remède à l'état de choses antérieur. En premier lieu elle rendait impossible le détournement au profit des dépenses de la guerre des fonds affectés aux ponts et chaussées, puisqu'ils n'étaient plus versés au Trésor, et que chaque intendant devait justifier de leur emploi intégral. De plus, elle ôtait au pouvoir central la faculté de répartir à son gré entre les généralités des sommes qui n'étaient plus centralisées. Les contributions payées par chaque province devaient être désormais employées au profit du pays qui les avait fournies.

Dans la disposition de l'édit de 1786 qui vient d'être rapporté, on indique que les fonds dont il a été question jusqu'ici étaient affectés aux ouvrages d'art. Il n'est nullement question des dépenses d'entretien d'empierrement, etc., qui sont peut-être les plus considérables. C'est qu'en effet on subvenait à ces dépenses, non pas au moyen de contributions pécuniaires, mais grâce au système de la corvée.

La corvée est l'institution de l'ancien régime où se révèle le plus complètement l'étendue des pouvoirs attribués aux intendants. Aucun édit ne l'a établie. Exigée anciennement des paysans par leurs seigneurs, puis employée d'après d'anciens usages, dans certaines provinces, ainsi, en Alsace, ou l'on avait coutume de faire réparer par corvées les routes endommagées dans les guerres, elle se généralisa peu à peu. Ce n'est qu'en 1737 que le gouvernement adressa aux intendants un mémoire sur la conduite du travail par corvées ou furent posées quelques règles (1). Mais en réalité chaque intendant agissait à peu près à sa guise dans la généralité, qu'il administrait. Le nombre des journées demandées aux corvéables variait suivant les localités dans des conditions considérables.

Le mémoire indique les travaux qu'on peut imposer par corvées. Devaient être assujeties les paroisses renfermées entre deux lignes parallèles au chemin, tracées à égale distance de ce chemin et à quatre lieues l'une de l'autre. A l'ingénieur incombait le soin de faire un devis détaillé du travail et de dresser des états de répartitions entre les paroisses eu égard au nombre de leurs corvéables. Ce nombre était fixé par l'intendant d'après les déclarations des chefs de communautés. En principe étaient seulement corvéables les personnes soumises à la taille. Mais il fallait que ces personnes fussent aptes au travail. De là de nombreuses difficultés relatives à l'âge, ou à la force physique de chacun ; les réclamations étaient jugées par le subdélégué, sauf recours à l'intendant. Quant à la question si importante du nombre des jours de corvées par an le mémoire s'exprime ainsi : « Lors-

____

(1). M. Vignon., *op. cit.*, t. III, p. 6 et suivantes.

que la répartition du travail est faite, il faut faire la répartition des temps qui peuvent etre donnés à ce travail ; étant également juste pour les peuples et intéressant pour l'État de ne pas occuper gratuitement le paysan pendant les saisons propres à la culture ou à la récolte des fruits de la terre. Or ces différentes saisons étant déduites de l'année, il en reste la moitié de libre : et sur cette moitié, retranchant encore les mauvais temps, on ne peut guère compter que sur quatre mois francs de travail, ce qui fait trente journées pour chaque contribuable à les commander par quart. » Il semble qu'il n'y ait là bien plutôt une indication donnée aux intendants, pour rédiger leurs ordonnances, qu'une détermination rigoureuse au maximum de journées pouvant être exigées. Cependant il est dit plus loin que les mêmes ouvriers ne peuvent être retenus plus de huit jours *de suite*, et que même c'est assez d'employer deux jours *de suite* ceux dont la demeure est à proximité de l'endroit où ils sont appelés à travailler. En pareil cas l'intendant doit établir un roulement. On comprend facilement qu'avec des instructions aussi élastiques, les intendants eurent toute latitude d'agir comme ils l'entendaient. Quelques-uns dépassèrent le chiffre de trente jours indiqué dans le mémoire, et allèrent jusqu'à quarante et même cinquante journées de travail par an. Mais le plus souvent on faisait travailler à la tâche. Ce qui n'empêchait pas les inégalités ; car de nombreuses erreurs se glissaient dans l'appréciation des tâches, assignées tantôt aux individus et tantôt aux paroisses. Enfin une dernière disposition du mémoire doit être citée : « Les mutins, querelleurs et blasphémateurs seront dénoncés au subdélégué ou commissaire nommés par l'intendant, et si le corvoyeur refuse d'obéir, il sera sur le champ conduit aux prisons les plus prochaines par ordre des dits subdélégués ou commissaires ; et cet ouvrier rebelle sera de nouveau commandé après son élargissement pour retourner au travail, encore que sa semaine fût remplie, même la tâche de la paroisse. »

Ainsi le mémoire indique comme punition la prison et l'augmentation de tâches. Mais dans la pratique, les intendants
infligeaient aussi des amendes qui variaient dans d'énormes
proportions suivant les localités. Ces amendes étaient imposées pour simple retard d'arrivée aux ateliers, ou bien pour
inexécution de tâches à faire dans un temps déterminé. On
voit même quelquefois la peine de la prison appliquée non
pas seulement aux mutins et aux fauteurs de trouble, mais
aussi à de simples défaillants.

Quant à la manière de procéder au travail, quelquefois
l'intendant, prescrit le système *des tâches contigues*, c'est-à-
dire que l'on réunit autant de paroisses que possible sur une
longueur de route calculée de manière à pouvoir être terminée dans l'année en continuation des parties achevées
l'année précédente ; dans d'autres généralités, on cherche à
éviter autant que possible les déplacements des corvéables.
« Aussi divise-t-on d'abord la route en parties assignées séparément à chaque paroisse et pouvant être exécutées au besoin
en plusieurs années. De la sorte la route reste entrecoupée
de lacunes pendant sa construction, et on ne peut s'en servir
avant son entier achèvement » (1).

La latitude laissée aux intendants pour réglementer le régime de la corvée put entraîner des abus ; mais aussi elle
permit à plusieurs d'user de leur droit d'initiative pour diminuer les charges imposées aux populations corvéables,
L'un d'eux alla même plus loin. Ce fut Orceau de Fontette intendant de la généralité de Caen. Tout d'abord il considéra
que ce n'étaient pas seulement les paroisses situées à proximité d'un chemin, qui en retiraient profit, mais le pays tout
entier ; aussi, augmenta-t-il le plus possible le nombre des
paroisses devant contribuer à la confection d'un chemin en
diminuant toutefois les tâches en proportion de l'éloigne-
ment. En second lieu, et c'est là le point le plus important de

______

(1) Vignon, *op. cit.*

sa réforme, il amena plus ou moins volontairement ces parroisses à transformer l'exécution de leurs tâches en une contribution destinée à acquitter les frais d'une mise en adjudication et répartie au marc la livre de la taille.

C'était convertir la corvée en un impôt, frapper tous les taillables non plus également comme auparavant, mais en proportion de leur fortune et enfin supprimer les exemptions fondées sur les inaptitudes au travail du corps. Le Parlement de Rouen protesta; sur une dénonciation du procureur général « relative aux impositions de corvées et de levées de deniers se faisant dans la généralité de Caen sous prétexte de réparations et établissements de chemins, sans aucune autorité légale » il fit « très expresses inhibitions et défenses de mettre à exécution l'ordonnance du commissaire, départie en la généralité de Caen du 10 mars 1758, et tous mandements et rôles rendus exécutoires en conséquence, sous les peines aux cas appartenant ». Deux arrêts du conseil durent casser cet acte du Parlement, et l'intendant de Caen, soutenu par le pouvoir central, put mettre à exécution son ordonnance.

Peu d'années après, Turgot nommé intendant de la généralité de Limoges en 1761, transforma également la corvée en une contribution pécuniaire au moyen d'un système analogue. En même temps l'opinion publique s'empare de la question, de nombreux écrits réclament la supression de la corvée. En 1776, Turgot, devenu contrôleur général des finances, veut appliquer à tous les pays d'élection les principes qu'il a mis en pratique quelques années auparavant dans le Limousin. Il part de ce principe que la confection des chemins profitant avant tout aux propriétaires de biens-fonds, la répartition doit se faire entre ces propriétaires en proportion du revenu sans admission de privilèges au profit de la noblesse ou du clergé.

C'est ce qu'il exprime formellement dans son mémoire au roi dans le projet d'édit tendant à supprimer la corvée, et il ajoute : « Il se présentera dans l'exécution une difficulté, lors de la répartition de cette contribution demandée aux propriétaires. Il n'existe dans les pays d'élection que deux sortes de contributions levées sur les propriétaires des terres, savoir : 1° Les vingtièmes ; 2° Les contributions locales et territoriales, telles que celles qui ont pour objet les réparations d'églises ou presbytères.... Les vingtièmes ne comprennent pas tous les privilégiés, puisque tous les biens des ecclésiastiques en sont exempts. D'ailleurs, la répartition de cette imposition est encore dans un état d'imperfection extrême. Il serait même impossible de prendre les vingtièmes pour base de cette répartition à faire entre les diverses généralités ; car la contribution de chaque généralité doit être proportionnée à la quantité de chemin qui sont à y faire et cette quantité ne suit en aucune manière la proportion des vingtièmes. L'esprit de l'opération est de regarder la contribution des chemins comme une charge locale, supportée par ceux auxquels la dépense profite. Mais il faut avouer qu'aucune loi générale n'ayant encore statué sur la répartition de ces impositions locales, qui se font communément de l'autorité des intendants, ou même par les subdélégués, l'annonce vague que la contribution serait assimilée aux charges locales présenterait à l'esprit un arbitraire inquiétant..... D'après ces réflexions, les personnes du Parlement auxquelles j'ai communiqué le projet de loi ont désiré qu'en laissant substituer le principe d'assimilation, entre la contribution et les charges locales, il fût dit dans la loi que la répartition fût faite sur les particuliers à proportion de leur cotisation aux rôles des vingtièmes, et à l'égard des biens non imposés aux vingtièmes dans la même proportion suivant leur revenu » (1).

D'autre part, Turgot veut que les fonds soient levés dans chaque généralité en proportion de ses besoins et employés intégralement dans l'intérêt de la généralité elle-même. On lit en effet dans l'édit de février 1776, qui mit à exécution ses idées. « Nous n'avons pas voulu que cette contribution fût

____

(1) M. Vignon, *op. cit.*, t. III, pièces justificatives, n° 12.

versée en notre trésor royal. Nous voulons qu'elle soit réglée tous les ans en notre conseil pour chaque généralité, et qu'elle n'excède jamais la somme qu'il sera nécessaire d'employer dans l'année pour la construction et l'entretien des chaussées ou autres ouvrages qui étaient ci-devant faits par corvées ; nous réservant de pourvoir à la construction des ponts et autres ouvrages d'art sur les mêmes fonds qui y ont été destinés jusqu'aujourd'hui, et qui sont imposés sur notre royaume à cet effet. Notre intention est que la totalité des fonds provenant de la contribution de chaque généralité y soit employée. »

Ainsi Turgot en établissant une contribution représentative de la corvée et indépendante de celle qui était déjà levée pour les ouvrages d'art et pour les ponts, voulait éviter les abus qui s'étaient introduits dans la pratique relativement à cette dernière et que nous avons déjà signalés à savoir : le détournement au profit des dépenses de la guerre des fonds affectés aux chemins et la répartition arbitraire entre les généralités. Il considérait l'entretien des chemins comme une charge locale ; il n'y avait plus qu'à enlever la gestion du service de la voirie à l'intendant et à la remettre à une assemblée provinciale pour faire œuvre de décentralisation.

Mais ce côté de la réforme de Turgot ne fut pas celui qui frappa le plus l'opinion publique. La suppression d'anciens privilèges, l'assimilation de tous les ordres au point de vue de l'impôt des chemins, puisque tous les propriétaires qu'ils fussent nobles ou roturiers y étaient assujettis, voilà ce qui souleva des protestations violentes. L'éditfut retiré et Turgot quitta le ministère. Une déclaration du 11 août 1776 rétablit l'ancien usage pour les travaux des routes. Mais la question resta à l'étude. Les intendants furent consultés à plusieurs reprises. Enfin un arrêt du 6 novembre 1786 ordonna l'essai pendant trois ans de la conversion de la corvée en une contribution pécuniaire. On reprenait les idées de Turgot ; seulement la répartition devait se faire entre les communautés d'une géné-

ralité dans des proportions déterminées avec la taille et la
capitation roturière. Peu de temps après était réunie l'assemblée des notables qui adopta en principe la conversion
définitive de la corvée en une prestation en argent ; une déclaration du 27 juin 1787 fut rendue en conséquence. Elle
expose qu'il est inutile de continuer l'essai ordonné par l'arrêt
du 6 novembre 1786 ; elle décide que désormais il n'y aura
plus à distinguer les travaux de construction et d'entretien
des grandes routes, et les ouvrages d'art qui en dépendent;
que tous seront exécutés au moyen d'une contribution en
argent, et enfin que les assemblées provinciales seront chargées de tout ce qui concerne le service de la voirie.

Administration communale.

Les intendants avaient dans leurs attributions ce qu'on
appelle aujourd'hui la tutelle administrative des communes.
L'étendue de ce droit de tutelle variait suivant les provinces·
Toutefois dans la plupart des pays d'élection on appliquait
un édit de 1683, d'après lequel les communautés de village
ne pouvaient faire aucun acte important sans qu'il intervînt
un arrêt du conseil, ou une ordonnance de l'intendant. Le
budget devait être approuvé ; les aliénations, les emprunts,
les procès étaient soumis à une autorisation. Un édit de 1764
appliqua ces dispositions aux villes de 4.500 âmes et au-dessus.
Nous ne nous étendrons pas davantage sur cette attribution
des intendants, parce qu'elle ne touche pas directement à
l'administration provinciale.

Police.

Enfin, au point de vue de la police, les intendants exerçaient
une autorité presque discrétionnaire. Leurs pouvoirs s'éten-
daient pour ainsi dire à toutes les matières de l'ordre admi-

nistratif. En matière religieuse, ils avaient la surveillance des cultes dissidents. Cette attribution remonte assez haut; c'est ainsi qu'on lit dans un édit d'août 1553 : « Les maîtres des requêtes s'informeront par les lieux où ils passeront, de la vie, de la doctrine des manants desdits lieux et s'il y en a aucuns malsentants de la foi, sans nul épargner de quelque qualité qu'ils soient et de la diligence que les juges tant ecclésiastique que séculiers font de les punir et de les corriger. »

C'est aux intendants que fut confié le soin de mettre à exécution les mesures prescrites par la révocation de l'édit de Nantes. Ils jugeaient les hérétiques relaps, ils connaissaient du crime d'apostasie imputé aux nouveaux convertis. De plus, les biens des fabriques protestantes ayant été vendus aux fabriques catholiques ou réunis au domaine, et ceux des religionnaires mis sous le sequestre, toutes les contestations relatives à ces biens furent jugées par les intendants.

En temps ordinaire, l'intendant prescrivait ce qu'il jugeait d'importance pour la salubrité publique ; au cas d'épidémie, d'épizootie, il pouvait prendre toutes les mesures nécessaires. C'est ainsi qu'on le voit interdire même sous peine de mort la circulation des personnes venant des lieux infectés par la contagion, défendre le transport des marchandises ou le règlementer, suspendre ou renvoyer les foires, cantonner les bestiaux, établir des lignes de défense et de quarantaine, punir par de sévères amendes les infractions aux règlements sanitaires.

L'intendant s'occupait également du commerce et de l'agriculture. En matière, de presse il avait un pouvoir très étendu, faisait des enquêtes, des perquisitions, des saisies chez les libraires et imprimeurs ; il autorisait l'impression de certains ouvrages ; vendait le titre d'imprimeur du roi. En ce qui concerne les postes de messagerie, il faisait exécuter les règlements relatifs aux privilèges accordés aux maîtres de postes, en vertu de la déclaration du 24 janvier 1669. Ils punissait par de fortes amendes le transport irrégulier des lettres ; il forçait les maîtres de poste à fournir le nombre de chevaux exigés. Les contestations entre loueur de voitures et voyageurs lui étaient soumises. Enfin c'était d'ordinaire devant l'intendant ou le prévôt de la maréchaussée qu'étaient renvoyés par suite d'évocation, tous les gens du peuple auxquels il arrivait de troubler l'ordre. On sait combien étaient fréquentes les émeutes causées par le cherté des grains. Les individus arrêtés étaient jugés par l'intendant qui s'adjoignait un certain nombre de gradués. Il y a des arrêts rendus de la sorte qui condamnent aux galères et même à mort.

CHAPITRE IV

DES ÉTATS PROVINCIAUX DU XIVe AU XVIIe SIÈCLE.

A côté des pays d'Élections, existaient dans notre ancienne France, un certain nombre de provinces jouissant d'une autonomie relative ; l'intervention du pouvoir central s'y faisait sentir avec moins de rudesse ; on les appelait pays d'États, attendu qu'elles se distinguaient des autres en ce qu'elles avaient conservé leurs anciens États en assemblées locales. Cette institution des États provinciaux remonte à la fin du xiiie siècle. Elle s'étend alors à une grande partie de la France et il ne sera pas inutile d'en dire ici quelques mots.

L'origine des États est assez obscure ; d'après quelques auteurs, il faudrait aller la chercher dans le système féodal : « Sous le régime féodal, les grands seigneurs s'entouraient souvent de leurs pairs, qui formaient tout à la fois leur tribunal et leur conseil ; les États provinciaux n'étaient pas autre chose à l'origine que les conseils des gouvernements des grands feudataires, d'abord composés exclusivement de la noblesse et du clergé, auxquels on adjoignit le tiers-état au commencement du xive siècle. Lorsque les provinces passèrent au roi, ses officiers continuèrent à convoquer les États provinciaux, comme le faisaient les grands feudataires avant eux » (1).

(1) Chéruel. *Dictionnaire des Institutions.*

C'est également l'opinion de M. Laferrière (1). D'après lui,
le conseil de chaque feudataire, composé comme il vient d'être
dit, s'occupait de toutes les affaires importantes et jugeait, à
titre de cour souveraine, les appels des juridictions seigneuriales. Il votait, en outre, les subsides nécessaires en temps
de guerre. C'était en effet un principe du régime féodal que
les seigneurs, quand ils voulaient obtenir un secours en
hommes ou en argent devaient réunir leurs vassaux en
conseil. A ces barons ou vassaux venaient se joindre les évêques et les abbés des monastères, qui généralement étaient
eux-mêmes possesseurs de fiefs. Enfin, les communes parti-
cipaient également à ce droit de voter l'impôt : « Par leurs
privilèges conquis à force ouverte ou octroyés de bon accord
dit M. Augustin Thierry, les villes étaient devenues comme
les châteaux partie intégrante de la hiérarchie féodale, et la
féodalité reconnaissait à tous ses membres le droit de consentir librement les impôts et les subsides. C'était l'un des
vieux usages et le meilleur principe de ce régime ; la population urbaine en eut le bénéfice, sans la revendiquer et sans
que personne le lui contestât. » C'est ainsi que par une trans-
formation insensible les anciens conseils des grands feudataires devinrent les États provinciaux. Puis, quand le pouvoir
passa des mains des grands feudataires dans celles des baillis
et des officiers royaux, ce fut le roi qui se mit à les convoquer principalement pour leur demander des subsides.
Les États provinciaux continuèrent à voter les aides, non
plus pour le compte du seigneur, mais pour celui du roi ;
à partir du xive siècle ils furent en quelque sorte un premier
degré des États-généraux du pays. Mais d'après M. Laferrière
il faut relever une différence essentielle dans la nature des
États généraux et provinciaux. Le droit de siéger aux États
généraux ne pouvait naître que de l'élection. Cette assemblée
a toujours eu le caractère d'assemblée représentative. Celui

____

(1) Laferrière. *Mémoire sur les États provinciaux.*

des États provinciaux aurait été plutôt aristocratique. Les évêques et barons y siégeaient en leur qualité propre et san-
élection ; ils pouvaient seulement se faire représenter par un
fondé de pouvoir. Quant aux maires, consuls, capiteuls,
échevins, ils étaient appelés en vertu de leur titre.

A ce système qui prétend rattacher uniquement au conseil des grands feudataires, l'institution des États provinciaux, on objecte que l'habitude de réunir les principaux
vassaux eut pour conséquence la formation d'un corps bien
distinct des États, qui a toujours conservé le nom de Conseil, et qui se retrouve dans les grands fiefs, aussi bien
qu'auprès du roi. On a remarqué en outre que les circonscriptions d'État ne correspondaient pas toujours aux fiefs
mais bien plutôt aux sénéchaussées et aux bailliages. Enfin,
pourquoi a-t-on ajouté cette institution, si elle doit son origine à la féodalité ; n'apparaît-elle que dans les derniers temps
de ce régime et n'a-t-elle pas existé avant le milieu du
XIIIᵉ siècle ? (1)

Ces considérations ont amené quelques écrivains à attribuer la création des États provinciaux aux mêmes causes
qui ont amené l'établissement des États généraux. « On a
soutenu, dit l'un d'eux (2), que les États provinciaux n'étaient
que les anciens conseils de gouvernement de chaque grand
feudataire, conseils composés de prélats et de barons, auxquels on aurait adjoint quelques représentants de la bourgeoisie dans les premières années du XIVᵉ siècle. Il est vrai
qu'après la ruine de l'empire carlovingien il n'y eut plus que
des gouvernements et des intérêts locaux, et que les assemblées générales avaient disparu. Il est vrai qu'il y avait un
conseil auprès de chaque grand feudataire. Mais outre que
toutes les attributions étaient alors confondues, ces notions
sont insuffisantes, pour expliquer l'établissement régu-

(1) M. Thomas. *Des États provinciaux sous Charles VII.*

(2) M. Rivière. *Histoire des institutions de l'Auvergne.*

liers d'États provinciaux. Selon nous, l'institution des États
provinciaux doit être attribuée aux besoins de la royauté.
Quand il fallut réparer de grands désastres publics, subvenir
aux dépenses d'une guerre malheureuse, la royauté ne pouvait obtenir les ressources nécessaires du clergé et de la
noblesse seuls, qui ne contribuaient que dans des proportions
limitées aux charges de la patrie. La part des communes
aux contributionspubliques était considérable. Le prince dut
s'adresser à celles-ci. Les bourgeois des villes pensèrent sans
doute que dans des assemblées de province les esprits moins
accessibles aux influences étrangères apprécieraient mieux
les exigences de l'intérêt général. Ils se demandaient pourquoi chaque province ne ferait pas chez elle à moins de
frais et sans dérangement les sacrifices que l'on sollicitait
de son patriotisme. La royauté accepta cette idée pensant
trouver dans les assemblées provinciales qui se bornaient à
exposer des griefs locaux, moins de résistance que dans les
grandes assemblées. C'est pourquoi elle convoqua plus souvent les États provinciaux que les États généraux, et demanda
séparément à chaque province des subsides. »

M. Thomas (1) soutient également que si la royauté n'a pas
créé de toutes pièces l'institution des États provinciaux, et
a emprunté au régime féodal le principe d'après lequel prélats et nobles devaient aide au suzerain, du moins elle a
étendu ce principe, l'a appliqué à sa manière en convoquant
les États généraux : « La royauté arriva bientôt à voir les pré-
cieuses ressources financières qu'elle pouvait tirer de cette
obligation d'aider le souverain ; elle comprit aussi que la
convocation par région était plus facile et moins dangereuse
que celle des États généraux. »

Si les mêmes causes ont amené l'établissement des États
généraux et des États provinciaux, il semble que ces deux
institutions ont dû présenter le même caractère. Il nous
paraît donc difficile d'admettre les considérations que nous

(1) M. Thomas. *op. cit.*

avons rapportées plus haut et d'après lesquelles les membres des États généraux auraient toujours eu la qualité de
représentants, tandis que ceux des États provinciaux auraient
été appelés à siéger en vertu d'un droit inhérent à leur personne ou à leur titre. A l'origine, les mêmes règles s'appliquaient aux deux institutions. Ce n'est que plus tard, que
s'introduisit dans les États généraux le principe de la représentation. Au xive siècle et durant le cours du xve, c'est le
roi qui convoque les membres du clergé et de la noblesse.
« La représentation des provinces aux États généraux par
des députés élus de chacun des trois ordres, ne s'introduisit
qu'en 1484, sous le règne de Charles VIII. Auparavant, ni le
clergé, ni la noblesse, ni le tiers-état n'étaient représentés
aux États généraux par des députés de ces divers ordres
choisis dans des assemblées particulières des provinces.
Quand les rois avaient résolu de convoquer une assemblée des
États généraux, ils le faisaient savoir par des lettres particulières adressées à ceux qui devaient y assister, et aux bonnes
villes qui étaient invitées à choisir des députés pour les
représenter. Chaque membre du clergé ou de la noblesse
qui avait reçu une semblable lettre et les députés du corps
municipal de chaque bonne ville spécialement convoquée, se
rendaient au mandement du prince. En 1484 apparaît un
nouveau mode plus propre à généraliser la représentation de
la nation. On voit les trois ordres de chaque province représentés par des députés que chacun des trois ordres a
élus » (1).

Mais en ce qui concerne les États provinciaux la royauté ne
perdit pas son droit de convocation, du moins à l'égard des
deux premiers ordres. La plupart des évêques et abbés
étaient ordinairement appelés. Quelquefois les chapitres ou
monastères déléguaient un de leurs membres. Quant aux
curés de paroisse, ils semblent avoir été toujours exclus !
C'est qu'en effet le clergé ne figurait dans les États qu'en

(1) M. Rivière. *op. cit.*

raison du rôle qu'il jouait dans le système féodal, c'est-à-dire à cause de ses possessions territoriales. Or les curés ne possédaient pas, comme les évêques, les chapitres ou monastères « temporel et justice, » suivant l'expression usitée alors (1). Du reste, ils étaient fort nombreux: il eût été impossible de les appeler tous et le principe de l'élection n'étant pas admis, ils n'auraient pu élire de délégués. Quant à la noblesse elle était aussi convoquée par le roi. Celui-ci devait faire un choix, vu le grand nombre des membres de cet ordre. Généralement le droit d'entrée aux États était attaché à une terre ou à une baronnie déterminée, quel que fut le titulaire. C'est ainsi que des seigneurs se trouvant être propriétaires dans plusieurs bailliages étaient convoqués dans chacun d'eux pour assister à la même assemblée. Les dames nobles pouvaient être également appelées ; ce qui est absolument conforme au système féodal d'après lequel les femmes possédant fiefs lèvent des impôts, administrent les finances, rendent la justice. En fait, elles étaient toujours représentées par un procureur. De même les baillistres des enfants nobles mineurs siégeaient au lieu et place de ces derniers.

Les délégués des communes désignées comme devant être représentées aux États étaient ordinairement élus par le corps de ville. Quelquefois le droit de siéger était attaché aux fonctions de conseils, maires ou conseillers. En cas d'élection les députés recevaient de leurs commettants un mandat. Il leur fallait un pouvoir formel, et l'on vit à plusieurs reprises des membres du tiers-état déclarer qu'il leur était impossible de voter les *subsides* proposés parce qu'ils n'avaient pas reçu de pouvoirs suffisants. D'autres fois ils refusaient de délibérer sur telle ou telle matière, leurs électeurs ne leur ayant pas donné procuration à cet effet.

(1) A la suite d'une tenue d'États qui avait eu lieu à Paris en 1346, le roi fit convoquer les trois ordres de Vermandois, il ordonna au bailli de ne mander à cette réunion que les « gens d'église ayant temporel et justice ».

Les États une fois réunis délibéraient tantôt en commun, tantôt par ordre ; il est probable qu'au xive siècle la délibération par ordre était la plus généralement admise, attendu qu'à cette époque chaque ordre participait dans des conditions particulières aux aides accordées au roi.

Ce vote de l'impôt (1) était, en effet, l'attribution la plus

(1) Cette expression, vote de l'impôt, demande à être bien comprise. Nous avons déjà indiqué que l'impôt royal n'a d'autre origine qu'une extension donnée au principe de l'*aide féodal*, à partir de Philippe-le-Bel. L'aide se percevait alors suivant les localités, sous formes d'impositions directes ou indirectes. Jusqu'en 1355, furent ainsi levés de nombreux subsides, pour subvenir aux dépenses nécessitées par la guerre de Cent ans. Faut-il voir dans ce système un principe conforme à nos idées modernes sur le vote de l'impôt par les contribuables ? On a longtemps soutenu qu'en 1338, il aurait été décidé, dans une assemblée d'États, qu'à l'avenir nul impôt ne pourrait être perçu qu'après avoir été consenti par les trois ordres. Il a été démontré récemment (voir l'ouvrage de M. Hervieu, intitulé *Recherches sur les premiers États généraux*), que c'est là une assertion qui ne repose sur aucune preuve. Toutefois, il est bien certain qu'en dehors des cas prévus par la coutume, l'aide légitime devait être demandée. C'est en ce sens que l'on a pu dire que nulle taxe n'était légitime si elle n'était votée par celui qui devait la payer (M. Guizot) ou que la féodalité reconnaissait à tous ses membres le droit de consentir librement les impôts et les subsides (Aug. Thierry). Mais, ajoute avec raison M. Vuitry à ce propos, dans son ouvrage sur le *Régime financier de la France aux* xiie, xiiie *et* xive *siècles,* « il est douteux que ce vote de l'aide soit entré dans les prévisions du droit féodal primitif. C'est seulement le désir de la royauté de se procurer des ressources extraordinaires, qui amena la création d'assemblées, auxquelles on appliqua tant bien que mal les règles du droit féodal. » Ainsi, d'après nos principes modernes, l'universalité des contribuables aurait dû être représentée dans les États provinciaux, auxquels on demandait le vote de certains subsides. Or, il était loin d'en être ainsi. Le tiers-état avait bien des délégués qui votaient en son nom les contributions. Mais tous les non nobles, habitant en dehors des villes, n'avaient pas de véritables mandataires. Nous savons, en effet, que, en vertu des principes féodaux, l'aide n'était exigée par le roi que de ses tenanciers propres et de ses vassaux directs. Ces derniers avaient seuls le droit de lever l'aide dans leur propre domaine, et le roi ne pouvait le faire à leur place sans leur consentement. « Ceux qui habitaient des fiefs, dit M. Vuitry, ne relevant que médiatement de la couronne et ayant des seigneurs directs et particuliers, n'étaient représentés que par ces seigneurs eux-mêmes qui se prétendaient leurs souverains, qui les imposaient comme leurs contribuables, et qui, par la force des choses, songeaient moins à les protéger contre les exigences excessives du fisc royal qu'à défendre en eux leurs intérêts personnels, en ne permettant pas au roi de lever des subsides

importante des États et leur véritable raison d'être. Le subside était réclamé par des commissaires envoyés par le roi et payés par l'assemblée provinciale.

Quant aux attributions de l'ordre purement administratif, elles consistaient dans le droit :

1° De répartir et lever par leurs officiers ou délégués les impôts, soit pour le don gratuit, soit pour l'impôt relatif aux dépenses de la province ;

2° D'examiner, pour les approuver ou les rejeter, les comptes du trésorier général ;

3° De statuer, soit par eux-mêmes, soit d'accord avec les commissaires du roi, sur les travaux publics, sur les monuments, les routes et canaux intéressant la province seule, soit la province et l'État ;

4° De pourvoir aux intérêts de la religion et de l'instruction publique par des établissements ou des subventions aux collèges ;

5° De pourvoir, par des commissions intermédiaires ou des syndics généraux, pendant l'intervalle des sessions, aux intérêts de la province, à l'exécution des décisions prises par les États, à la solution des réclamations élevées à l'occasion des impôts (1).

Du reste, il ne faudrait pas croire qu'il y eût là un système complet d'administration s'appliquant dans toutes les provinces. Rien n'était plus variable, suivant les localités, que l'organisation des États. Il serait nécessaire d'esquisser l'histoire particulière de chaque province pour arriver à des notions exactes. Ce qu'il importait de déterminer ici, c'est le caractère général de ces assemblées provinciales au xive et xve siècles. Mais dès cette époque, une grande distinction commence à s'opérer. Nous avons déjà parlé des officiers

sur leurs sujets. » Les seigneurs ne soutenaient donc pas au sein des assemblées les intérêts de leurs sujets ; ils ne faisaient qu'accorder au roi l'autorisation d'user à leur place d'une prérogative résultant des règles du droit féodal.

(1) V. Laferrière, *op. cit.*

préposés par les États à la répartition de l'impôt en vertu de l'ordonnance de 1355, et nous avons dit que dans un certain nombre de provinces, ils se transformèrent en agents vénaux et conservèrent le nom d'élus qu'ils avaient originairement, d'où le nom de pays d'Élections. Dans ces mêmes provinces, le personnel chargé du recouvrement subit un sort analogue. Les commissaires désignés à l'origine par les États pour procéder à la perception des impôts furent bientôt soumis à la nomination du roi et rendus responsables devant la chambre des comptes. Quelques États conservèrent cependant le droit de nommer un receveur chargé de recouvrer les impositions spécialement affectées à la province.

Enfin l'attribution caractéristique des États le vote des impôts devait également disparaitre peu à peu. A partir de Charles VII il y eut des contributions permanentes auxquelles les États ne pouvaient plus se dispenser de participer. Le roi soumettait à son Conseil un projet fixant la somme à imposer; il procédait ensuite à la répartition entre les provinces, et nommait des commissaires chargés de lever dans chaque province la quote-part qui lui revenait. Toutes les commissions étaient conçues à peu près de la même façon. Un préambule contenait l'exposé politique de la situation; les États n'avaient plus qu'à voter sans même délibérer sur le contenu du préambule.

M. Thomas a cherché à montrer dans son livre que le principe du consentement des États pour l'aide méconnu par la royauté reprit une nouvelle vigueur en 1418 et que si Charles VII se passa plusieurs fois des États généraux, jamais de 1418 à 1451, il ne leva d'impôt direct sans le consentement des États provinciaux. « On peut dire que de 1418 à 1451 il n'y a aucune différence à ce point de vue entre l'Auvergne ou la Marche ou le Languedoc ». Les États pouvaient réduire plus ou moins les sommes réclamées, mais les commissaires du roi exerçaient sur eux une contrainte morale. Quant aux impôts nécessités pour les besoins de la province, si quelquefois les

États s'adressaient directement au roi pour obtenir l'autorisation de lever une somme, le plus souvent, ils imposaient avec la somme octroyée au roi, des « deniers mis sus oultre le principal ».

Mais à partir de 1451 le roi supprima l'intervention des États. Il procèda du reste habilement. Depuis 1445 jusqu'à 1451, il avait levé simultanément deux impôts directs dans les provinces ; 1° L'impôt destiné à entretenir des gens de guerre logés dans chaque pays; 2° L'impôt ou aide destiné à la conduite de sa guerre et autres affaires. Or à partir, de 1451, la guerre étant à peu près terminée, il se contenta du premier impôt et même diminua le contingent de plusieurs provinces. Cette mesure fit accepter la levée de l'impôt en vertu de la seule autorité royale. « On peut donc dire que c'est à partir de ce moment que les provinces de Langued'oil deviennent pays d'Élections ». (1)

En résumé, la royauté est au milieu du xv⁰ siècle complètement affranchie en matière d'impôts ordinaires du vote des États généraux, et des États provinciaux, ainsi que de l'intervention de ces derniers dans la répartition. « La fixation du chiffre total de l'impôt, la répartition entre les provinces, et le plus souvent même entre les paroisses, la perception des deniers, tout émanait de la volonté du roi et de la juridiction de ses élus. Un système complet d'administration étranger à l'intervention des États généraux et provinciaux, sortait ainsi de l'institution même de la taille permanente, et ce système en se développant dans les xvi⁰ et xvii⁰ siècles devint celui des provinces d'Élections dont le nombre et l'étendue devaient aller chaque jour grandissant sous l'impulsion de l'autorité royale au préjudice de ce qu'on appelait les pays d'États (2) ».

Ce système complet d'administration dont parle l'auteur du mémoire, a été exposé plus haut. L'établissement des bureaux

(1) M. Thomas, œuvre citée.
(2) M. Laferrière, *op. cit.*

de finance, puis des intendants compléta l'œuvre de centralisation dans les pays d'Élections, et amena peu à peu la disparition des États dont les attributions s'évanouissaient. Toutefois ces États durèrent pour la majeure partie jusqu'à Richelieu et même jusqu'à Louis XIV, perpétuant une existence assez pâle. Malgré la présence des tribunaux d'Élections ils continuaient à se réunir et présentaient des doléances au roi.

Mais certaines provinces conservèrent jusqu'en 1789 leurs institutions locales. Ce furent les pays d'États.

CHAPITRE V

DES PAYS D'ÉTATS

Avant 1789, les provinces auxquelles pouvaient s'appliquer la dénomination de pays d'États comprenaient le Languedoc, la Bretagne, la Bourgogne, la Provence, le Béarn et autres petits pays des Pyrénées, l'Artois et le Cambrésis, la Flandre.

Ces provinces rentraient dans la division de la France en généralités. L'institution des intendants avait pénétré dans les pays d'États aussi bien que dans les pays d'Élections. Seulement ces fonctionnaires avaient naturellement des attributions plus restreintes. Elles se bornaient en général à des pouvoirs de police assez étendus, auxquels on doit joindre le contentieux de la voirie des travaux publics et de certaines taxes, ainsi que la tutelle exercée sur les villes et communautés.

Mais ce qui distinguait profondément ces provinces des autres généralités du royaume, c'est qu'en principe, du moins aucune levée de deniers pour dépenses, soit particulières à la province, soit même à la charge du Trésor, ne pouvait avoir lieu sans le consentement des États composés des trois ordres. Cette prérogative qui remontait aux assemblées provinciales du xive siècle et qui se manifestait pratiquement par le vote annuel de l'impôt était revendiquée partout avec la même énergie ; et partout le pouvoir central cherchait à éluder l'obligation qui lui incombait de consulter les États lors de l'établissement de nouvelles taxes. Ces luttes incessantes remplissent l'histoire de chaque pays d'États.

La composition des assemblées variait suivant les provinces; dans presque toutes on retrouve la division en trois ordres. Les membres du clergé et de la noblesse, comme dans les anciens États, ne procédaient généralement pas de l'élection et les conditions exigées d'eux pour être admis à siéger différaient d'une province à l'autre. C'est ainsi qu'en Languedoc on ne trouve que 23 nobles ; il y en avait près de 300 en Bretagne. Quant au tiers-état, il se composait le plus souvent des maires, consuls et députés des principales villes.

Les États étaient convoqués par le roi, qui s'y faisait représenter par ses commissaires, c'est-à-dire par le gouverneur, l'intendant et les membres du bureau de finances. Ceux-ci exposaient les demandes de subsides formés par le pouvoir central et priaient en conséquence les États de voter les contributions représentatives de la taille et de ses accessoires, le don gratuit et les abonnements. Les contributions représentatives de la taille étaient ordinairement désignées sous le nom commun d'octroi. C'était la somme que devait payer la province pour subvenir aux dépenses en vue desquelles la taille avait été originairement créée. Cette somme étant souvent insuffisante, on la complétait par le don gratuit ; les États tenaient beaucoup à cette expression qui, d'après eux, constatait leur libre consentement donné au vote des subsides, sous réserve des libertés de la province. Enfin, les abonnements étaient des tributs fixes et annuels, dont le montant avait été déterminé d'accord avec le pouvoir central, et qui représentaient la part de la province dans l'acquittement de certaines taxes indirectes et des impôts directs nouvellement établis, tels que la capitation et les vingtièmes.

Cette attribution relative au vote de l'impôt est assurément la plus importante, puisqu'elle semble laisser aux États une part de souveraineté. Elle entrainait forcément pour ceux-ci le droit de se procurer comme ils l'entendaient les subsides nécessaires à acquitter ce qu'ils étaient convenus de payer au trésor. Généralement c'était au moyen d'une taxe directe qu'il était pourvu au payement de l'octroi. Elle était établie d'après les usages locaux, et répartie par l'assemblée entre les diverses subdivisions de la province. La capitation et les vingtièmes bien qu'abonnés étaient perçus à peu près suivant les mêmes règles que dans les pays d'Élections. Quant aux taxes de consommation, les États payaient au trésor le prix de l'abonnement, et les affermaient pour leur compte ou les mettaient en régie. Le produit de tous ces impôts se divisait en deux parties ; la première était remise au trésor en vertu des délibérations des états ; la seconde était consacrée aux besoins particuliers de la province ainsi qu'aux dépenses nécessitées par certains services publics, parmi lesquels on doit citer en première ligne celui des ponts et chaussées. Ce service comprenait l'entretien et la construction des routes, soit à l'aide de contributions, soit au moyen de prestations en nature, l'amélioration des services, l'exécution des canaux. Les provinces avaient également à leur charge l'acquisition ou la contruction de certains édifices « hôtels des intendances, bureaux de l'administration provinciale, palais de justice etc.., » ainsi que les dépenses relatives à la maréchaussée, aux logements des troupes, aux étapes, les suppléments de gage en faveur des gouverneurs, et lieutenants généraux.

Les frais de matériel occasionnés par la tenue des assemblées, les émoluments qui presque partout étaient alloués aux membres des trois ordres pour la durée des sessions, enfin les traitements des commissions permanentes et des agents et fonctionnaires dépendant directement des États, venaient encore grever le budget provincial. On trouve en effet sous des noms divers, dans tous les pays d'États, une espèce de comité qui veille à l'exécution des décisions de l'assemblée. Les membres de ce comité intervenaient activement dans l'administration ; leurs attributions essentiellement de l'ordre exécutif ne se confondaient pas avec celles de l'intendant. Ils dirigeaient la répartition des impôts ; ils pourvoyaient à tout ce que leur semblait exiger les intérêts de la province. Ils s'occupaient des travaux publics, procédaient aux adjudications.

A côté d'eux, la province avait de véritables fonctionnaires. Nous ne citerons que le personnel des ponts et chaussées, et celui des finances. La perception des impôts était confiée à des receveurs particuliers, nommés par les États ; un trésorier général centralisait les fonds. Toutefois, il existait en Bourgogne, Bretagne, Provence et Languedoc des receveurs généraux dépendant du pouvoir central et chargés de la levée de certaines contributions versées directement au trésor.

Il peut être intéressant de rapprocher ces États de notre ancienne France, de nos assemblées départementales. Les différences sont frappantes ; les conseils généraux ne délibèrent plus aujourd'hui sur les impositions générales à payer à l'État. Ils n'autorisent jamais par leur vote l'établissement de cette sorte de contribution. Ils n'ont pas comme les États le droit de régler le mode de perception des impôts ; les centimes établis dans l'intérêt des départements sont levés par les agents du Trésor, et aux frais du gouvernement. Les conseils généraux ne peuvent exercer aucun droit de surveillance sur le trésorier-payeur général. Enfin ils n'ont pour faire exécuter les délibérations qu'ils ont prises, ni commissions permanentes, ni agents soumis à leurs ordres et tenus de rendre compte. Ce sont les fonctionnaires de l'État qui sont chargés de suivre, de différentes manières, les décisions insérées dans les procès-verbaux, et qui s'il y a lieu en entretiennent l'assemblée suivante. Mais comme autrefois les États, les conseils généraux font entre les arrondissements la répartition des impôts, et votent les fonds destinés à couvrir les dépenses particulières aux départements.

Après cet exposé succint, il nous sera plus facile d'entrer
dans quelques détails, et de décrire brièvement les institutions.
spéciales à la province du Languedoc.

Des États du Languedoc.

Le Languedoc était le plus vaste et le plus peuplé de tous
les pays d'États ; il contenait plus de deux mille communes
et comptait près de deux millions d'habitants. Il se divisait en
trois grandes sénéchaussées, Toulouse, Carcassonne et Beaucaire; les sénéchaussées en diocèses, les diocèses en communautés. Chacune de ces circonscriptions avait ses assemblées
particulières principalement chargées de la répartition de
l'impôt, d'où le nom *d'assiettes* données aux assemblées de
diocèses. Les assemblées des trois sénéchaussées réunies ensemble, composaient les États généraux de la province.

Ces États remontent très haut ; ils existaient au milieu du
xiiie siècle avant la réunion du Languedoc à la couronne. A
cette époque, les comtes de Toulouse se contentaient des revenus de leur domaine ; hors de là tout se réduisait à quelques subventions ou dons gratuits que l'on offrait au prince,
et l'on n'établissait d'imposition générale que dans les quatre
cas résultant du droit féodal, savoir : pour la rançon du
seigneur prisonnier, pour le mariage de sa fille aînée, pour la
réception de son fils aîné dans l'ordre de la chevalerie, pour
les voyages d'outre-mer.

Ce vaste pays du Languedoc fut réuni par parties au domaine royal. En 1228, le traité de Meaux donna à St-Louis, le
Vivarais, le Gévaudan, et plusieurs comtés et vicomtés. En
1270, Philippe-le-Hardi acquit par succession, le comté de
Toulouse. Le Languedoc devenu province française conserva
son organisation intérieure ; certaines immunités et franchises
furent expressément stipulées. Seulement le commandement
des troupes et la suprématie politique furent attribués à un

gouverneur. Les États continuèrent donc à se réunir et à voter l'impôt. Une seule modification fut introduite que Boulainvilliers explique ainsi dans son État de la France : « Comme le Languedoc avait été possédé par différents seigneurs qui tenaient les assemblées de leurs États séparément et indépendamment les uns des autres, il fut d'abord d'usage de les convoquer par sénéchaussées. Dans la suite les rois ayant réuni à leurs domaines plusieurs terres qui n'avaient point appartenu aux comtes de Toulouse, comme Narbonne, le Gévaudan, le Vivarais, le Velay, et se trouvant maîtres de toute la province, ils se portèrent à convoquer les États en un seul corps pour faciliter la distribution des impositions. »

Sous le roi Jean, et pendant sa captivité, le dauphin Charles obtint un secours annuel sous le nom d'*aide* ; l'aide comprenait : 1° Le vingtième du revenu des biens meubles et immeubles ; 2° Le fouage ou imposition directe de quatre livres par feu à la ville, et d'une livre à la campagne ; 3° Le vingtième du prix de toutes les aliénations, enfin le huitième du prix du vin vendu en détail. Cet impôt fut d'abord recouvré par des élus collecteurs nommés par le roi. Mais bientôt la province parvint à le remplacer par le paiement d'une somme fixe appelée équivalent, et dont nous reparlerons plus loin. Charles VIII jura en 1484 d'observer les franchises de l'administration languedocienne, et François 1er promulgua en 1522 la grande charte du pays de Languedoc, qui offre le caractère d'un véritable contrat synallagmatique. Cette déclaration royale constate en effet que les États ont envoyé des députés soutenir leurs droits devant la royauté, et se plaindre des entreprises faites par les officiers royaux contre les franchises et immunités de la province. Elle reconnaît qu'à la suite d'une discussion entre les commissaires et les officiers du roi, un accord est intervenu d'après lequel la province consent à payer un prix convenu et la royauté à respecter les privilèges locaux et à donner satisfaction aux nombreux griefs qui avaient été exposés.

Au siècle suivant Louis XIII voulut enlever aux États leurs attributions financières relatives à la répartition en créant vingt-deux sièges d'Élections. Les États repoussèrent cette prétention ; le Languedoc se souleva ; enfin en 1632 le roi consentit à supprimer les élections ; mais il força les États à racheter à leur compte les offices créés, et décida qu'à l'avenir le budget devrait être approuvé par arrêt du conseil. A partir de cette époque les États se réunirent tous les ans jusqu'en 1789.

Telles furent les vicissitudes subies par cette assemblée ; mais si l'étendue de ses pouvoirs varia suivant les époques et ressentit le contre-coup de la politique royale, sa composition resta toujours à peu près la même dans les derniers siècles de la monarchie.

Les États comprenaient : 1° Vingt-trois prélats, dont trois archevêques et vingt évêques, nombre égal à celui des diocèses depuis la création de celui d'Alais, en 1694 ; ces ecclésiastiques pouvaient se faire représenter en cas d'absence légitime par leurs grands-vicaires ; 2° Vingt-deux, et depuis 1694, vingt-trois barons, qui pouvaient également déléguer leurs droits soit à leurs fils, soit à d'autres gentilshommes de leur choix ; 3° Soixante-huit membres du tiers-état, savoir : des députés des villes épiscopales et diocésaines, des députés des vingt-trois diocèses élus par les propriétaires en dehors des officiers de judicature et d'administration royale ; ces députés et syndics devaient comparaître en personne, attendu qu'ils n'étaient eux-mêmes que des représentants, tandis que les prélats et les barons siégeaient en vertu d'un droit inhérent à leur siège ou à leurs terres. C'est précisément le principe adopté en Angleterre, où les pairs seuls peuvent voter par procureur. Anciennement, quelques abbés ou prieurs avaient eu place aux États, mais ils disparurent de bonne heure, et les tentatives des chapitres pour rétablir ce droit échouèrent. C'est là une première différence avec les États des autres provinces. Une seconde consistait en ce que

la noblesse entière n'était point admise, mais seulement un
comte, un vicomte et vingt et un barons, c'est-à-dire un
membre par diocèse. « Mais quoique originairement chaque
diocèse eût eu, selon toute apparence, son représentant spécial de la noblesse locale comme il avait son prélat et ses
députés du tiers, il n'avait pas continué d'en être ainsi. Les
États eurent sans doute toujours égard dans les translations
des baronnies sur de nouvelles terres, admses par eux.à ce
que tous les intérêts spéciaux et locaux de la province fussent représentés dans l'ordre de la noblesse comme ils
l'étaient dans les deux autres ; mais il n'y avait pas, après
tout, une baronnie dans chaque diocèse et quelques diocèses
en possédaient plusieurs. Il y avait parmi les barons quatre
places fixes et perpétuelles, la première pour le comte
d'Alais, la deuxième pour le vicomte de Polignac, la troisième
pour le baron, *de tour*, du Vivarais, où il y avait douze baronnies donnant entrée aux États par voie de roulement, et
la quatrième pour le baron, *de tour*, du Gévaudan, qui possédait huit baronnies donnant successivement et à tour de rôle
un siège dans l'assemblée provinciale. Quant aux autres barons, ils prenaient rang après ces quatre gentilshommes,
suivant la date de leur réception aux États, les titres de ducs,
de marquis ou de comtes que ces barons avaient pu recevoir
du roi demeurant à cet égard sans aucune conséquence.
Ainsi les ducs d'Uzès, de Castries, de Mirepoix, les marquis
de la Fare, de Bernis, de Calvisson et bien d'autres seigneurs
du premier rang n'entraient aux États qu'en vertu du droit
attaché à *leurs baronnies* languedociennes et cédaient le pas
au comte d'Alais et au vicomte de Polignac. En dernier lieu,
un prince du sang, le prince de Conti, n'était aux États que
le comte d'Alais et n'y siégeait qu'à ce titre, soit en personne,
soit par procureur (1). »

L'auteur que nous venons de citer semble admettre qu'il

(1) M. de la Farelle. *Un Pays d'États.*

appartenait aux membres des États de désigner eux-mêmes
les baronnies donnant droit de siéger parmi eux. Il est certain au contraire que la qualité de baron des États du Languedoc était une émanation de la puissance royale. Le roi
donnait ce titre de baron des États au moyen de lettres
spéciales munies du grand sceau, et l'affectait à une seigneu-
rie située dans la province, et dont le nouveau baron devait
être propriétaire. Cette terre recevait ainsi une dignité qui
s'incorporait au fief. « Mais, dit M. Laferrière (1) l'incorpora-
tion n'était pas absolue. Le baron des États pouvait avec
l'autorisation royale transporter son titre sur une autre terre,
l'aliéner, le constituer en dot, le léguer, en faire l'objet d'une
substitution. Ce titre, hors le cas de substitution expresse,
entrait dans les partages de familles ; et l'usage même s'établit que dans les partages entre frères et sœurs le titre de
baron des États du Languedoc serait évalué à soixante mille
livres. Devenu ainsi propriété séparée le titre pouvait être saisi
ou vendu par décret judiciaire. Un arrêt de conseil du 9 août
1706 autorisa la vente par adjudication du droit d'entrée aux
États attachés à la baronnie de Mérinville. Mais l'adjudicataire
devait être gentilhomme d'ancienne race de nom et d'armes,
et les titres étaient vérifiés par l'assemblée. Ce droit spécial
aux États du Languedoc, formait dans l'application un singulier mélange du droit des offices avec le droit féodal et
provincial. »

On voit que les attributions de l'assemblée en cette matière
se bornaient à un droit de vérification. Elle examinait les
titres justificatifs des degrés de noblesse exigés par les déclarations royales. Cependant elle fixait en outre l'âge de la
réception des membres de cet ordre, et le moment où les
jeunes barons acquéraient le droit de délibérer.

Le nombre des membres du clergé et de la noblesse n'a-
vait pas toujours été aussi restreint. Boulainvilliers se contente de dire à ce sujet qu'ils étaient anciennement assez

(1) Laferrière, *Mémoire sur les États provinciaux.*

nombreux et que les rois, pour éviter la multitude, réduisirent les députés de l'Église à l'évêque de chaque diocèse et ceux de la noblesse à un certain nombre de barons. « On attribue, ajoute-t-il, ce changement à une disposition de Charles VII, quoi-que assez incertainement. »

Quant aux membres du tiers-état, certaines villes députaient tous les ans aux États. Pour le plus grand nombre, il y avait un roulement ou tour de rôle régulier qui les faisait successivement participer aux affaires locales de la province.

Chaque ville avait ses règles de délégations aux États.

Mais cette délégation appartenait sinon exclusivement du moins de préférence aux maires, capitouls, consuls, soit en en exercice, soit sortant de charge. A leur défaut seulement, c'est-à-dire s'ils étaient empêchés ou s'excusaient, les villes pouvaient élire d'autres mandataires ; seulement elles devaient les prendre parmi des personnes notables qui y fussent domiciliées depuis cinq ans, ou figurassent parmi les plus forts taillables. Les contestations relatives à l'admission des députés du tiers étaient jugées par les États. Ils pouvaient prononcer l'exclusion définitive ou momentanée du candidat. En principe, ils avaient établi une incompatibilité entre les fonctions d'officiers du roi, et de membre de l'Assemblée. Toutefois la règle n'était pas absolue et l'on statuait sur chaque cas en particulier. En cas d'exclusion, on procédait à de nouvelles nominations. Ce droit pour les États de vérifier les pouvoirs avait été reconnu par des lettres patentes de 1653.

Tant que les charges d'officiers municipaux restèrent électives, les villes et communautés se trouvèrent représentées au sein des États. Mais quand à la fin du xviie siècle fut créée la vénalité des offices municipaux, le caractère de la représentation du tiers-état changea complètement. Ce furent en général les bourgeois enrichis qui achetèrent ces charges. Aussi les États s'empressèrent-ils de racheter les offices, et chaque fois que le roi les rétablit, ils n'hésitèrent pas, en

1699, en 1754, en 1774, à faire de lourds sacrifices pécuniaires pour conserver aux villes aussi bien le droit de s'administrer elles-mêmes que celui d'envoyer aux États de véritables représentants.

Les États ne pouvaient se réunir que sur un ordre exprès
du roi ; et encore fallait-il pour pouvoir y assister, une lettre
de convocation individuelle. On a remarqué à ce sujet que le
gouvernement acquérait ainsi le droit de laisser de côté ceux
qui lui déplaisaient. Mais en fait, il n'y a pas d'exemple qu'un
membre légitimé des États ait jamais manqué d'être convoqué
par le roi. Cet usage de convocation individuelle n'était
qu'une reconnaissance de la souveraineté royale. Il s'est
pratiqué en Fance de 1814 à 1848 ; il existe encore aujour-
d'hui en Angleterre.

La date de la réunion et de la séparation des États était
fixée par le roi. La durée de la session ne pouvait dépasser
quarante jours. Enfin, les membres des États ne votaient pas
par ordre ; les opinions étaient exprimées individuellement
et les décisions prises à la pluralité des voix sans distinction
entre le clergé, la noblesse ou le tiers-état. Ce système
assurait la majorité aux députés du troisième ordre dont le
nombre dépassait celui des nobles et des ecclésiastiques
réunis.

L'assemblée était présidée de droit par l'archevêque de
Narbonne. Au début de chaque session elle prêtait serment
au roi d'après une formule arrêtée en 1670.

A côté de cette assemblée organisée comme il vient d'être
dit, on trouve en Languedoc un certain nombre de fonctionnaires provinciaux désignés sous le nom commun d'officiers
des États. C'étaient les syndics généraux, les deux secrétaires-
greffiers, le trésorier de la Bourse. Tous devaient être natifs
de la province et étaient choisis par les États. Ils étaient
nommés à vie et ne pouvaient perdre leurs offices que par
démission volontaire, forfaiture ou pour cause d'incompatibilité c'est-à-dire par suite d'acceptation ou acquisition d'un

office royal. Ils n'étaient comptables de leur administration qu'à l'assemblée des États. Ils jouissaient du privilège de *committimus*, qui avait pour objet de soustraire les officiers dans leur personne comme dans leur famille à certaines juridictions, et de modifier les compétences. Ainsi l'évocation avait lieu à l'égard des juridictions de première instance à la chambre des requêtes du Parlement de Toulouse et en cause d'appel au roi lui-même, qui renvoyait l'affaire devant un autre Parlement ou une autre Cour des comptes.

Les syndics généraux étaient des commissaires permanents des États, des chargés de pouvoir, en quelque sorte pour l'exécution de toutes les délibérations pendant l'intervalle entre les réunions annuelles. Anciennement chaque sénéchaussée avait son syndic; lorsque les États particuliers des sénéchaussées se réunirent pour constituer les États généraux de la province entière, ces officiers entrèrent dans cette assemblée pour y remplir leurs fonctions en commun. Les syndics préparaient les affaires, assistaient aux réunions de tous les bureaux, et faisaient fonctions de rapporteurs habituels.

Les commissaires du roi étaient non pas nécessairement ni même constamment, mais presque toujours le gouverneur de la province, l'intendant et deux trésoriers de France, l'un de la généralité de Toulouse, l'autre de celle de Montpellier; leur seule participation réelle aux travaux de l assemblée, en dehors de leur droit de proposition au nom du roi consistait à s'occuper concurremment avec les membres des États des dettes et impositions des diocèses et communautés.

Les États ont laissé le recueil authentique des procès-verbaux de leurs séances, manuscrit jusqu'en 1777, imprimé depuis cette époque. Des copies étaient envoyées dans les diocèses pour être publiées et servir aux travaux des *assiettes*. En dehors des délibérations proprement dites, les États rédigeaient chaque année le cahier des *doléances*. Le plus souvent, ces doléances portaient sur l'augmentation incessante des impositions exigées de la province ; on en trouve sur les crues, sur le sel sur les exactions des traitants et des fermiers des gabelles, sur les exigences des douanes intérieures, sur les créations multipliées d'offices qu'il coûtait fort cher de racheter, sur l'exagération des frais de justice, sur les concessions des privilèges ou monopoles, sur les excès des gens de guerre, etc... Il faut ajouter que si les États réclamaient leur indépendance, à un autre point de vue ils étaient très intolérants ; catholiques ardents, les membres des États réclamèrent souvent du pouvoir royal des mesures de rigueur contre les protestants ; et leurs doléances à ce sujet ne furent certainement pas sans influence, sur la révocation de l'édit de Nantes.

Les États adressaient aussi des supplications relativement à des objets spéciaux, et prenaient auprès du roi la défense des intérêts particuliers des villes et communautés.

Chaque année une députation se composant des membres des trois ordres et nommée au scrutin secret, se rendait à Paris, accompagnée du syndic général. Elle était chargée de remettre au roi le cahier des doléances ; elle y joignait souvent des mémoires sur les questions importantes. Il y a là quelque chose qui rappelle les vœux de nos conseils généraux actuels.

Quant aux véritables attributions des États, elles consistaient dans le vote de l'impôt et le gouvernement de la province. Il a été déjà question de l'*Équivalent* ou somme fixe que devait payer le Languedoc pour sa part contributive à l'impôt de l'*aide* établi dans toute la France sous Charles VII. L'équivalent était originairement de quatre-vingt mille livres ; mais bientôt cette somme ne suffit pas à indemniser le roi de ce qu'il aurait retiré de l'*aide*, et la province dut payer un nouveau droit qui reçut le nom d'aide. Pour acquitter ces deux impôts, les États établirent une taxe de consommation, dont le produit était de beaucoup supérieur à la somme totale qu'ils devaient remettre au roi ; ils trouvaient à cette combinaison deux avantages : régler d'abord eux-mêmes les formes de la perception, et de plus faire sur le rendement un bénéfice considérable, destiné à acquitter les dépenses provinciales. La part remise au Trésor portait plus spécialement le nom de *preciput de l'Équivalent.*

Les contributions représentatives de la taille, de la crue et du taillon consistaient également en des sommes fixes payées à la couronne :

« Les sommes contenues dans ces commissions composent ce qu'on appelle l'octroi de la province, qui le jour de la clôture des États est porté en cérémonie aux commissaires du roi qui délivrent alors ses commissions que les États reçoivent debout et tête nue, ce qui fait également preuve et de la souveraineté du roi et de l'ancienne liberté de la province, comme si elle payait volontairement la part des impositions, que tout le monde supporte en général (1). »

En plus de ces dépenses, qu'on appelait *fixes*, la province devait acquitter le don gratuit ainsi nommé parce que les États prétendaient le payer librement. En général, ce don gratuit, solennellement demandé par les commissaires du roi, était voté sous des conditions soigneusement formulées, acceptées par les commissaires et garanties par des retenues provisoires sur la somme accordée. Il était fait un département particulier du don gratuit, qui, à partir de 1690, resta fixé à trois millions. Quand en 1694 fut établie la capitation, les États consentirent à payer ce nouvel impôt sous forme d'abonnement. « L'assemblée a estimé, disait la délibération, qu'elle n'avait point de moyen plus sûr pour soutenir le poids des affaires que cette espèce de subside qui pourra suffire à toutes les charges, qui sera fixé et certain durant le cours de la guerre, et qui, étant partagé par tous les sujets de Sa Majesté, chacun selon sa force, fournira des subsides abondants. » Enfin, quelques années plus tard les vingtièmes firent également l'objet d'un abonnement.

(1) Boulainvilliers, *État de la France.*

Ces dépenses auxquelles il faut ajouter les frais occasionnés par le passage et le logement des troupes, et les gratifications dites extraordinaires mais faites tous les ans aux commissaires du roi composaient ce qu'on appelait les deniers royaux, c'est-à-dire les deniers levés pour être versés directement au Trésor, ou pour être employés dans la province à des services d'intérêt général.

Les deniers provinciaux, que les États se procuraient au moyen soit de l'Équivalent, soit d'une partie de l'imposition directe étaient consacrés aux dépenses locales, construction et entretien des grands chemins, frais des états, traitement des fonctionnaires provinciaux, intérêts des sommes dues par la province.

A la fin du xviiie siècle, les États levaient pour le compte du Trésor plus de onze millions, et pour celui de la province de sept à huit millions.

Le vote de l'impôt se faisait en assemblée générale des États. La plupart des autres affaires relatives au gouvernement proprement dit de la province, à l'exception toutefois de la nomination des fonctionnaires, étaient discutées au sein des commissions spéciales.

La première de ces commissions était celle des affaires extraordinaires ; au commencement de chaque session les commissaires du roi remettaient sur le bureau de l'assemblée un état des impositions ordinaires annuellement requises, cette liste était devenue à peu près immuable et comprenait tous les impôts cités plus haut. Mais sous prétexte de besoins momentanés, le roi demandait souvent des sommes supplécentaires. Généralement les États s'abonnaient et conservaient la liberté de se procurer le montant de l'abonnement comme ils l'entendaient. De même quand le roi créait des offices, ils les rachetaient ou les remboursaient. Toutes ces affaires extraordinaires étaient renvoyées à une commission qui proposait les voies et moyens pour subvenir à ces nouvelles charges ; cette même commission s'occupait de certaines affaires des villes financières ; elle les autorisait à s'imposer extraordinairement des subventions, c'est-à-dire des droits à percevoir, elle examinait leurs demandes de remises des impositions dues dans certains cas déterminés. Elle liquidait leurs dépenses extraordinaires et en arrêtait les comptes.

Une autre commission dite des impositions et travaux publics des diocèses fut définitivement instituée en 1734 ; elle se composait de commissaires nommés par le roi, et de commissaires choisis par les États. Elle avait mandat de surveiller, de modérer et d'arrêter les dépenses trop fortes des diocèses et des communautés.

Elle vérifiait la répartition faite par les assiettes, entre les communautés ; elle examinait les budgets des diocèses ainsi que les demandes qu'ils faisaient de subvention ou d'emprunts pour les travaux publics particuliers.

Mais une des commissions les plus importantes était certainement celle des *travaux publics*, intéressant la province entière ; elle était *permanente*, et exerçait des pouvoirs assez étendus ; ses membres avaient, durant l'intervalle des sessions, le droit de prendre des mesures pour parer à toutes les éventualités, sauf à obtenir plus tard l'approbation des États. Nul travail ne pouvait être entrepris sans l'autorisation expresse des États. Chaque ouvrage était donné en adjudication sur un cahier des charges, publiquement et à la « moins dite » au rabais, sous la condition d'un cautionnement à fournir comme garantie de la bonne exécution. D'après les devis dressés et les mémoires rédigés à l'appui par les ingénieurs, la commission présentait chaque année un rapport détaillé ; les États décidaient les travaux à faire, faisaient passer les baux d'adjudication, et statuaient sur les réclamations des entrepreneurs et adjudicataires. Ils achetaient à l'amiable, ou expropriaient les immeubles nécessaires, et fixaient eux-mêmes la somme à payer aux expropriés. Enfin ils pourvoyaient aux dépenses, et avaient tracé certaines règles d'exécutions qui liaient les ingénieurs.

Nous pouvons encore mentionner deux autres commissions, celle des manufactures et celle de l'agriculture qui s'occupaient des subventions à accorder aux agriculteurs ou aux manufacturiers, rédigeaient les vœux au roi, concernant ces matières. Puis venaient la commission pour la vérification des dettes des diocèses et des communautés. Ces deux commissions examinaient *conjointement avec les commissions du roi*, si les communautés n'avaient pas imposé au delà de ce qui leur était permis, et si les emprunts avaient été accompagnés de toutes les formalités prescrites. Enfin la commission des comptes constituait la véritable commission du budget, ou plutôt des finances pour employer les termes usités dans nos assemblées départementales actuelles. Elle devait arrêter les états des intérêts et de toutes les dépenses à payer dans le courant de l'année ; elle vérifiait les comptes du trésorier de la province. Elle poursuivait la liquidation et le règlement contre le titulaire ou contre ses héritiers. Elle fixait le montant des avances dues à ce comptable. Elle mettait sous les yeux des membres des États le détail et la liquidation de tous les emprunts contractés par la province, en un mot elle présentait et faisait adopter le budget.

Ce droit de s'occuper seuls de leurs finances fut constamment revendiqué par les États. Au milieu du xviie siècle après la tentative avortée de Richelieu, pour créer des bureaux d'élection, l'assemblée motivait ainsi une de ces décisions : « Attendu qu'il a plu à la bonté du roi de rétablir les États en tous leurs anciens droits et pouvoirs, l'un des plus essentiels desquels est de faire, par leurs députés, ouïr et arrêter les comptes du trésorier de la Bourse et autres officiers du pays. » Ainsi les États s'opposèrent à ce que les autres cours souveraines, le Parlement de Toulouse, la Cour des aides s'immiscent dans les attributions et vérifient les comptes du trésorier.

En résumé, les États administrent véritablement ; ils établissent les impositions, en réglementent la perception, en approuvent les tarifs, vérifient, contrôlent l'emploi des fonds, contractent, autorisent les emprunts, décident les grands travaux publics, concourent à l'établissement des manufactures et les soutiennent, affirment les impositions et rédigent les baux, enfin publient les règlements.

On voit par là que les États ont une certaine part de souveraineté.

Il est bien vrai que depuis 1642 ils devaient obtenir l'approbation royale pour établir une imposition, et que la plupart de leurs délibérations n'étaient pas exécutoires par elles-mêmes. Mais, d'autre part, ils soutenaient qu'aucune levée de deniers ne pouvait être ordonnée et faite dans le Languedoc sans leur consentement préalable et exprès. Ce droit, qui constituait un véritable attribut de souveraineté, fut constamment défendu. Les États tiraient de ce principe plusieurs conséquences. D'après eux, seuls ils pouvaient autoriser la perception des impôts, et régler les moyens de contrainte à employer pour le recouvrement de la taille. Quand le roi créait une charge nouvelle, son édit devait être soumis au consentement des États avant même d'être enregistré par le Parlement de Toulouse.

En matière d'impositions, il était admis que les terres étaient de *franc-alleu*, c'est-à-dire ne relevant d'aucun seigneur. C'est l'application de la célèbre maxime du droit écrit « Nul seigneur sans titre ». Aussi voit-on les États protester toujours contre la perception illégalement essayée de lods et ventes.

Enfin, les États soutenaient que seuls ils pouvaient affermer l'équivalent et en toucher le prix, moyennant le préciput au roi. Les commissaires n'avaient que le droit d'assister aux enchères, mais ils ne prononçaient pas l'adjudication. Ces prétentions des États soulevèrent bien souvent des conflits. Plusieurs fois, le roi voulut toucher une imposition de sa propre autorité; aussitôt les États se révoltaient; ils ordonnaient aux communautés d'en refuser le paiement, et déclaraient exclus de l'assemblée les représentants de celles qui paieraient malgré les prohibitions. Ces moyens de résistance ne réussissaient pas toujours. Alors les États étaient bien obligés de céder, et ils en étaient réduits à négocier et à faire accepter par le pouvoir royal, des abonnements fixes, à la place des impositions établies par le roi, ou bien ils rachetaient les offices créés. De cette manière, une fois le roi désintéressé, ils se chargeaient eux-mêmes de pourvoir au paiement de ces dépenses nouvelles. Ce qu'ils voulaient avant tout, c'était éviter l'intervention directe des mandataires du fisc royal. En réalité, ils déguisaient sous le nom d'une contribution volontaire leur obéissance forcée.

Ainsi, en 1751, le roi établit en Languedoc la nouvelle imposition du vingtième sans consulter les États. Aussitôt ceux-ci présentent un mémoire où ils rappellent leurs privilèges et leurs coutumes. Pour toute réponse, Louis XV ordonne de délibérer sur le don gratuit « toute affaire cessante ». Les États protestent; l'archevêque d'Albi est un des plus ardents à encourager la résistance; ils sont suspendus. En 1752, le roi les rétablit mais leur impose de délibérer désormais avant toute autre affaire sur le don gratuit. Ils durent céder. On voit que l'indépendance des États est plus apparente que réelle. Lorsqu'on les forçait à racheter ou à rembourser les offices créés, quand on leur accordait comme un privilège de s'acquitter d'une imposition nouvelle au moyen d'un abonnement, on ne leur laissait qu'une liberté bien restreinte. Et cependant ils s'en servaient encore d'une façon utile en organisant eux-mêmes avec intelligence les services administratifs de la province. Et, du moment qu'ils étaient tombés d'accord avec les représentants du roi sur le don gratuit, sur la capitation, sur les demandes fixes et éventuelles, sur le préciput de l'équivalent et autres abonnements, ils avisaient seuls au moyen de faire face aux engagements qu'ils prenaient ainsi envers le pouvoir royal.

Ainsi, malgré les restrictions apportées par le gouvernement, les attributions des États sont en somme considérables. Ils ont pour ainsi dire entre les mains toute l'administration de la province. Toutefois, ils n'ont rien à voir dans l'administration militaire et religieuse, et quant à la police générale, elle reste confiée à l'intendant. Il faut même ajouter que ce fonctionnaire profita habilement de la faculté qui lui était laissée de rendre des ordonnances en toute matière pour étendre son pouvoir et empiéter sur les droits des États. A la veille de 1789, l'intendant en Languedoc est parvenu à réunir en lui diverses attributions administratives.

Tout d'abord, en sa qualité de commissaire du roi, il avait entrée à l'assemblée des États pour exposer les demandes du gouvernement central. Régulièrement, il ne devait pas assister aux délibérations ; mais en fait il intervenait souvent. En matière de finances, il ne pouvait que provoquer et déterminer les délibérations des États sur toutes les impositions. Mais par ses ordonnances il statuait sur les réclamations à raison des taxes indues sur les oppositions aux rôles de la capitation ; il prononçait des condamnations. En matière de droit de contrôle, il avait une véritable juridiction : publication des édits et déclarations, ordonnances pour la bonne exécution, pour la levée et le paiement des droits principaux et des centièmes. Il prononçait des décharges d'impositions en faveur ou de particuliers, ou d'ordres religieux pour les dixièmes, vingtièmes, cinquantièmes ou centièmes deniers, dont il réglait la levée, ainsi que pour les francs-fiefs et les droits d'amortissement. Il faisait des règlements généraux et des injonctions spéciales aux contrôleurs.

Quant aux impositions levées dans l'intérêt de la province ou de ces divisions diocésaines, l'intendant n'avait plus le droit de statuer seul, et par ses ordonnances particulières. Il faisait seulement partie d'une commission instituée en 1784 pour procéder à la vérification des impositions des assiettes, et de tout ce qui avait rapport aux travaux publics dans les diocèses.

A l'égard des travaux d'une grande utilité générale, comme les ponts, si la province ne payait qu'une subvention, l'intendant agissait seul pour le compte du roi ; c'est ce qui eut lieu pour les ponts de Cette, d'Agde, de la Nouvelle, et les canaux du Midi, de Beaucaire. Si les États fournissaient la dépense entière, alors la commission permanente des travaux publics reprenait tous ses droits. Cependant, là encore on retrouve l'intervention de l'intendant qui assurait par ses ordonnances la bonne exécution des délibérations de l'assemblée. Il étendait sa surveillance sur l'entretien, la bonne conservation, la police et la sûreté des chemins construits par les États. C'est ainsi qu'on le voit enjoindre à des entrepreneurs d'exécuter des travaux d'entretien sous peine d'amende ; autoriser ces mêmes entrepreneurs à prendre des pierres ou extraire du sable sur les terres riveraines, à charge d'une indemnité préalable ; prescrire l'entretien et le curage des fossés de grand chemin, et l'élagage des arbres ; infliger des amendes aux entrepreneurs pour négligences dans l'exécution des baux, et aux particuliers pour contraventions de voirie. Ce même genre d'ordonnance était applicable à tous les autres ouvrages publics de la province. Ces ordonnances étaient prises généralement sur les requêtes présentées par le syndic général, les syndics particuliers des diocèses, les ingénieurs ou autres agents de l'autorité publique.

Nous avons vu que les États consacraient certains fonds à encourager et à favoriser les industries commerciales. Mais il n'existait pas de commission permanente pour s'occuper de cette nature d'affaire. C'est l'intendant qui par ses ordonnances mettait à exécution les décisions des États, et réglementait en cette matière. Il en était de même pour l'agriculture.

Au point de vue de la police, l'intendant avait à peu près les mêmes pouvoirs que ses collègues des pays d'Élections. Il faisait exécuter les ordonnances du roi en matière de finances ; ainsi, en 1720, lors de l'application du système de Law, il rendit une ordonnance enjoignant aux receveurs d'accepter les billets de banque, auxquels il donna ainsi un cours forcé. Il procédait à la liquidation incessante des offices municipaux créés et détruits tour à tour dans un intérêt fiscal. Il surveillait les aliénations du domaine royal, et avait la haute inspection de tout ce qui concernait les eaux et forêts.

SECONDE PARTIE

DE LA

PERSONNALITÉ CIVILE

DU

DÉPARTEMENT

INTRODUCTION

Le département est une création de l'assemblée constituante de 1789, destinée à remplacer l'ancienne division de la France en provinces. C'est avant tout une circonscription administrative dont l'existence a pour seule origine un acte du législateur. La commune, au contraire, trouve sa raison d'être dans la nature des choses ; elle est le résultat de faits historiques ; la loi ne la crée pas. Cette différence entre les deux institutions est certaine. Mais les conséquences qu'on en peut tirer sont très discutables. Faut-il refuser au département, avec la personnalité civile, le pouvoir de posséder, d'acquérir, d'administrer, d'aliéner ? Doit-on, au contraire, lui reconnaître une existence propre lui permettant de remplir plus facilement le rôle qui lui est assigné dans l'organisation administrative de notre pays ? Cette question a divisé les esprits ; elle a été la cause de discussions juridiques qui se sont élevées jusqu'en 1838. Aujourd'hui, elle se trouve résolue dans un sens favorable aux départements. La loi de 1838 s'est expliquée formellement sur ce point, à la suite de curieux débats que nous aurons à résumer plus tard.

Il ne sera donc pas sans intérêt de rechercher comment s'est constituée peu à peu la personnalité civile du département et de rappeler les diverses mesures législatives qui, depuis 1789, ont été rendues sur ce point.

Mais l'œuvre de la Constituante en ce qui concerne l'organisation départementale, toute nouvelle qu'elle fût, avait été précédée d'une institution longtemps laissée dans l'oubli, et que des travaux assez récents (1) ont remis en honneur. Nous voulons parler des assemblées provinciales établies par Louis XVI dans tous les pays d'Élections. Les pays d'Élections soumis à la centralisation la plus excessive étaient de simples circonscriptions administratives, n'ayant aucune individualité. Les pays d'États, au contraire, jouissaient de certaines libertés, revendiquaient même certains attributs de souveraineté et formaient des corps bien distincts. Ils étaient propriétaires, levaient des impôts en leur nom et affectaient de traiter d'égal à égal avec l'État. La réforme de Louis XVI ne porta pas sur ces provinces. Jusqu'en 1789, elles conservèrent leur organisation propre, et ne cédèrent que devant la Constituante. Le régime des pays d'Élections fut, au contraire, profondément modifié par la création d'assemblées

_____

(1) M. de Lavergne, *Les Assemblées provinciales sous Louis XVI* ; — M. de Luçay, *les Assemblées provinciales sous Louis XVI et les divisions administratives en 1789.*

locales chargées de la gestion de divers services. Cette nouvelle institution eut-elle pour résultat de donner une certaine individualité à ces pays d'Élections, et de dégager leur personnalité de celle de l'État qui l'avait absorbée depuis si longtemps ? Une étude préliminaire sur ce point nous paraît devoir compléter le résumé historique que nous nous proposons de faire.

CHAPITRE PREMIER

DE LA PERSONNALITÉ CIVILE DES PAYS D'ÉLECTIONS SOUS LE RÉGIME DES ASSEMBLÉES PROVINCIALES
(1778-1789)

La première réforme de Louis XVI date de 1778. Elle est l'œuvre de Necker. Mais la question des assemblées provinciales avait été soulevée depuis longtemps dans l'opinion publique.

Il fallait que l'unité du pays fût achevée pour que l'on commençât à sentir les abus de la centralisation. Le pouvoir des intendants particulièrement était souvent attaqué avec une violence extrême.

« Parmi les misères de notre siècle, il n'en est point qui mérite avantage la compassion de ceux qui viendront après nous que l'administration des intendants. L'opposition que formèrent presque tous les peuples de la monarchie à cette nouveauté a été le dernier effort de la liberté française..... ; ce peuple a appris par une expérience douloureuse, que ces nouveaux magistrats devaient être les instruments de sa misère, que les vies, les biens, les familles, tout serait à leur disposition, maîtres des enfants jusqu'à les enrôler par force, maîtres des biens jusqu'à ôter la subsistance, maîtres de la vie jusqu'à la prison, au gibet, à la roue » (1).

(1) Boulainvilliers, *État de la France*, publié en 1727.

Et plus loin le même auteur ajoute :

« L'on était encore bien éloigné de prévoir l'énorme multiplication qui s'est faite de cette odieuse magistrature par la création des subdélégués des intendants dans toutes les divisions des généralités ; nouveauté qui revêt à nos yeux le dernier des hommes de tout le pouvoir de la monarchie, qui livre le peuple à l'esclavage le plus dur, la noblesse à la honte d'une dégradation continuelle, et toute la campagne au pillage de ces officiers et de leurs créatures. »

Boulainvilliers exprime avant tout les rancunes de la noblesse. D'autres esprits, animés d'un pareil sentiment contre les intendants, mais par d'autres causes, cherchèrent à remédier au mal. Fénélon, un des premiers, dans son plan de gouvernement concerté avec le duc de Chevreuse pour être soumis au duc de Bourgogne, proposait une nouvelle division des provinces ; le territoire aurait été partagé en vingt circonscriptions. Dans chacune, des États composés de députés des trois ordres se seraient assemblés annuellement pour régler tout ce qui concernait les finances et le commerce, « avec pouvoir de corriger, policer, destiner les fonds, écouter les représentations des députés des assiettes, mesurer les impôts sur la richesse naturelle du pays et du commerce qui y fleurit. »

La mort prématurée du duc de Bourgogne arrêfa l'exécution de ce projet. Durant la régence il ne fut pas question d'États provinciaux. Mais en 1750, le marquis de Mirabeau, l'auteur de l'*Ami des Hommes,* publia un mémoire à ce sujet. Il reconnaît en commençant qu'il ne fait que s'emparer des idées de Fénélon et les développer ; il établit « que le prince obligé de remettre le maniement d'une partie des objets de l'administration à des préposés voit lorsqu'ils sont en petit nombre les règles s'oublier et fuir avec elles la confiance publique d'où dérive l'obéissance. Qu'au contraire, lorsque l'autorité est répartie sur un grand nombre de têtes, les lois sont suivies et que l'autorité suprême n'a plus que l'impulsion à donner : mais pour que cette organisation ne devienne pas pernicieuse, il faut *que les assemblées n'aient aucune autorité qu'émanée du souverain ;* que leurs détails soient soumis à l'inspection de ses préposés ; qu'elles n'aient aucune juridiction qu'en vertu de l'autorisation du gouvernement ».

Le marquis de Mirabeau montre ensuite l'utilité des États provinciaux pour le bonheur des peuples ; il cherche à prouver que dans les pays d'États on trouve un ordre et un bien-être inconnus aux pays d'Élections, l'absence de tous les anciens abus de fiscalité qui dans ces dernières provinces faisaient « de chaque habitant des campagnes tour à tour le tyran ou la victime de ses voisins », qu'au contraire dans les pays d'États la levée s'opère avec exactitude, célérité et sans exactions. « Tout en rendant au roi autant que les pays d'Élections, ils payent beaucoup moins, n'ayant pas à fournir les énormes bénéfices des fermiers généraux et particuliers. »

En définitive, il proposait de constituer des États formés d'évêques et d'abbés, de nobles et de membres du tiers en nombre égal à celui des deux ordres privilégiés, de confier à ces assemblées ce qui est relatif aux travaux publics et à la répartition des impôts et enfin de les faire délibérer en commun. En ce qui concerne spécialement les finances, le mémoire indiquait le système suivant : faire le calcul de ce que rapportent au roi les fermes dans la province, ainsi que les contributions de toute nature, exiger des États une somme égale, et leur laisser le droit d'y pourvoir pour les impositions indirectes dans la forme qu'ils jugeront convenables ; et pour les autres au moyen d'une taille réelle.

Quelques années plus tard, Turgot reprenait la question.

Dans son intendance de Limoges, Turgot s'était occupé d'établir un cadastre. Il avait fait tracer de grandes lignes sans avoir recours aux corvées, et avait créé des ateliers de charité. Devenu ministre, il conçut le projet de supprimer les deux vingtièmes et les quatre sols pour livre du premier, et de les remplacer par une subvention territoriale. Il trouvait que les petites propriétés étaient rigoureusement taxées à leur valeur, tandis que les grandes ne l'étaient pas à leur véritable taux. C'est pour la répartition de cet impôt qu'il conçut son système d'une hiérarchie de municipalités s'engendrant successivement l'une l'autre par la voie de l'élection et auxquelles on aurait transporté les attributions des agents du gouvernement. C'est ainsi que les municipalités provinciales composées de députés des municipalités d'Élections, devaient être chargées de la répartition de l'impôt, et des travaux publics. Mais ces attributions étaient uniquement consultatives.

Enfin en 1779, un économiste, Le Trosne, publia un ouvrage intitulé : *De l'administration provinciale*, dans lequel il expose un plan plus radical. Le Trosne, qui appartenait à l'école des physiocrates, et considérait la terre comme la source de toute richesse, supprime les contributions indirectes, et les remplace par une taille réelle unique. La répartition en est confiée comme dans le système de Turgot à une hiérarchie d'assemblées procédant de l'élection. Dans chaque généralité, une assemblée provinciale doit se réunir un mois tous les deux ans pour régler tout ce qui concerne l'administration intérieure de la généralité. Un conseil provincial, ou commission permanente, fait exécuter tous les travaux arrêtés par l'assemblée.

Ces divers systèmes restèrent à l'état de projet jusqu'en 177. A cette époque Necker, présenta au roi un mémoire rappelant toutes les plaintes élevées contre l'administration des pays d'Élections et proposant une nouvelle organisation. Dans ce mémoire Necker s'exprimait ainsi : « Il est sans doute des parties d'administration qui tenant uniquement à la police, à l'ordre public, à l'exécution des ordres de Votre Majesté, ne peuvent jamais être partagées et doivent par conséquent reposer sur l'intendant seul ; mais il en est aussi, telles que la levée et la répartition des impositions, l'enttriene

et la construction des chemins, le choix des encouragements
favorables au commerce, au travail en général, et aux débouchés de la province en particulier, qui, soumises à une marche plus lente et plus constante peuvent être confiées préfé-
rablement à une commission composée de propriétaires, en
réservant à l'intendant l'importante fonction d'éclairer le gouvernement sur les différents règlements qui seraient proposés. »

Pour la composition de ces trois assemblées, Necker admettait le principe des trois ordres, mais il introduisait la
délibération en commun, et le doublement du tiers.

En conséquence, un|arrêt du conseil du roi du 12 juillet
1778 ordonna la formation à titre d'essai dans la province de
Berry d'une assemblée composée de douze ecclésiastiques,
douze nobles et vingt-quatre membres du tiers-état. Cette
assemblée était chargée de répartir les impositions dans la
province, d'en faire la levée, de diriger la confection des
grands chemins et les ateliers de charité. Elle devait être
représentée dans l'intervalle des sessions par un bureau intermédiaire. L'intendant ne conservait pour ainsi dire que des
attributions de police.

Il importe de déterminer aussi exactement que possible le
caractère de cette nouvelle institution.

Tout d'abord, en lisant l'arrêt instituant une assemblée
dans le Berry, il semble que cette province acquiert une
existence propre. Il est dit en effet que toute levée de deniers
sans l'approbation préalable du gouvernement est formellement interdite et que toute dépense déterminée par l'assemblée doit être expressément autorisée par le roi. Ce qui paraît entraîner l'existence d'un budget. D'autre part, on peut
relever dans le mémoire de Necker la considération suivante : D'après Necker, pourvu que la répartition de l'impôt
fût faite dans une juste proportion entre les provinces, il n'é-
tait pas nécessaire que les contributions fussent levées partout de la même manière, il fallait laisser une certaine lati-

tude aux assemblées provinciales. Avec ce nouveau système, ajoutait l'auteur, les provinces auront du crédit et pourront contracter des emprunts. Ce point avait aux yeux du contrôleur général une grande importance ; il voulait rendre applicable à toutes les provinces ce qui se passait dans les pays d'États. En effet, ceux-ci prêtaient à l'État ou cautionnaient les emprunts du gouvernement. Ainsi la ville de Gênes n'avait consenti à faire des avances de fonds au roi de France que sous la caution des États du Languedoc.

Cette faculté de prêter ou d'emprunter suppose également, semble-t-il, le droit pour la province de constituer un être moral. Cependant on déniait absolument aux membres de la nouvelle assemblée la qualité de représentants de la province. Le roi s'était réservé la nomination d'un certain nombre d'entre eux laissant à ceux-ci le soin de se compléter. L'assemblée une fois réunie discuta un règlement qu'elle soumit à l'approbation royale, et dans lequel était exposé un système de renouvellement par tiers au moyen de l'élection. « La nomination des députés par l'assemblée, disait le préambule, est peu faite pour lui concilier l'affection des peuples ; si, désignés dans le principe par la volonté du souverain, les administrateurs se reproduisent les uns par les autres, ils n'auront jamais reçu leur mission de la province et ne paraîtront aux yeux de la multitude qu'un tribunal établi pour substituer l'autorité de plusieurs à l'autorité d'un seul. » Le pouvoir central n'écouta pas ces sages paroles ; le système qu'on lui proposait fut repoussé, et l'assemblée conserva le droit de se recruter par tiers de trois en trois ans. Et plus tard Necker lui-même dans son volume de l'*Administration des finances* semble répondre aux lignes que nous venons de citer quand il dit que les administrations provinciales n'avaient pas été instituées pour traiter avec le souverain comme fondés de pouvoir de la part de ses sujets, mais qu'elles avaient simplement reçues du souverain la mission de veiller sur les intérêts des contribuables. « Ce sont, ajoute-t-il en parlant des membres de l'assemblée autant de commissaires départis autorisés par le souverain à seconder en commun ses vues bienfaisantes et à remplir une partie des devoirs cumulés auparavant dans la seule personne d'un intendant » Et ailleurs il s'exprime ainsi : « Je suppose que les membres de l'administration y arrivassent comme députés de tel ou tel canton ; on devrait craindre que rapportant leur élection à la confiance particulière d'un district, ils ne fussent plus occupés d'intérêts particuliers que d'affaires générales » (1).

En présence de pareilles affirmations, il semble difficile d'admettre que Louis XVI et son ministre, en créant les assemblées provinciales, aient voulu modifier le caractère qui distinguait les pays d'élection et leur donner une certaine individualité. Le gouvernement craignait que les nouvelles assemblées ne voulussent traiter d'égal à égal avec lui, ainsi que les États de Languedoc et de Bretagne. Aussi ne cessa-t-il de rappeler qu'elles ne sont qu'une émanation du pouvoir central. A ce point de vue, il avait certainement raison. Aujourd'hui encore, on peut dire que l'existence des Conseils généraux émane en définitive du pouvoir législatif, qui les a créés. Mais on doit ajouter que ce même pouvoir les a reconnus comme les représentants attitrés d'une circonscription territoriale et comme ayant mission de gérer les intérêts d'un groupe. La personnalité civile du département est une conséquence forcée de ce principe, et ne compromet en rien l'unité de l'État. Avant 1789, les idées sur les rapports des pouvoirs locaux et du gouvernement central n'étaient pas aussi nettes dans les esprits qu'à l'heure actuelle. Les souvenirs de la féodalité étaient trop récents, et la royauté ne voulait en rien compromettre sa grande œuvre de l'unification du pays. Si l'on songe, du reste, qu'après 1789, il a fallu plus de quarante ans pour faire reconnaitre d'une façon formelle la personnalité civile des départements, que jusqu'à 1838, les lois ont pu donner lieu à des débats juridiques sur ce point,

(1) Necker. *Administration des Finances.* t. 2. p. 298 et 289.

il n'y a rien d'étonnant à ce que dans une première tentative de décentralisation la question n'ait pas été tranchée, ou plutôt ait été laissée dans l'ombre.

Nous ne faisons pas ici une histoire des assemblées provinciales ; aussi n'exposerons-nous pas en détail les travaux de l'assemblée du Berry ni de celles qui leur ont succédé. Toutefois, il importe de citer quelques faits et de compléter ainsi les considérations qui précèdent (1).

D'après l'article premier de l'arrêt du conseil du 12 juillet 1778, l'assemblée du Berry était chargée de répartir les impositions et d'en faire la levée. Ce sont-là deux opérations absolument distinctes. Aujourd'hui, la levée des impôts est considérée comme attribution du pouvoir central. Au contraire la répartition a été laissée aux conseils généraux ; mais à ce titre ils agissent comme représentants de l'État et par délégation expresse du souverain. Il ne faudrait donc pas dire que le département s'engage à fournir à l'État une somme déterminée sauf à se la procurer comme il l'entend, qu'il contracte avec ce dernier un espèce d'abonnement. Cette idée cependant paraît au premier abord avoir influé sur la disposition de l'article premier ; c'était pour ainsi dire un principe traditionnel. On semblait rétablir une prérogative qu'avaient eu toutes les assemblées provinciales au xive siècle, et qu'avaient conservée certains États. Mais en réalité on la restreignait ; l'exercice en était subordonné à la sanction royale (2) Du reste, l'assemblée du Berry à peine réunie usa de cette faculté de s'abonner. Un arrêt du conseil du 27

(1) Nous avons recouru pour cette partie de notre travail à un ouvrage publié en 1845 à Bourges par M. le baron de Girardot, conseiller de préfecture du Cher, et intitulé : *Essai sur les assemblées provinciales et en particulier sur celle du Berry.*

(2) Disons mieux ; on en modifiait complètement le caractère, puisque l'assemblée n'était en somme que substituée à l'intendant, et devait régler la levée de tous les impôts quel qu'ils fussent au nom du roi. On ne faisait ainsi que mettre en application l'idée que Necker avait exposée dans son mémoire et d'après laquelle il n'était pas nécessaire que toutes les provinces fussen soumises au même régime fiscal.

novembre 1779 autorise l'abonnement des deux vingtièmes
et quatre sols pour livre du premier, à partir de 1780 et pour
tout le temps de leur durée, moyennant la somme à laquelle
montait à cette époque la contribution de la province
(646,000 livres) ; sur cette somme devaient être déduits les
frais ordinaires de recouvrement, les fonds pour non-valeurs,
décharges et modérations, les pensions en faveur des
employés des vingtièmes supprimés ; enfin les frais de la
nouvelle administration (640,000 livres). Le soin de répartir
était laissé à la commission intermédiaire, ainsi que le jugement des contestations et la réception des comptes des
receveurs. En ce qui concerne la taille, il n'y eut pas d'abonnement, la question du mode de répartition fut seulement
mise à l'étude, dans la première session, elle ne devait être
résolue qu'en 1783. Mais les délibérations de l'assemblée
portèrent dès cette première réunion sur un autre point qui
doit nous occuper spécialement ; nous voulons parler des
routes.

Les routes royales comprenaient la plus grande partie du
système de viabilité du pays. Elles correspondaient à nos
routes nationales, départementales et à nos chemins de
grande communication et d'intérêt commun, voire même à
quelques-uns de nos chemins vicinaux. Il n'y avait en dehors
que des chemins mis le plus souvent à la charge des communautés, ou bien appartenant aux seigneurs. Les routes royales
avaient été divisées par Turgot en quatre classes : la première
comprenait les grandes routes qui traversaient la totalité du
royaume et qui conduisaient de la capitale aux principales
villes ou aux grands ports ; la deuxième, les routes faisant com-
muniquer entre elles les principales villes ; la troisième, les
routes de province à province. Enfin, les communications des
petites villes et des bourgs étaient placées dans la quatrième
classe. Ce furent toutes ces routes dont l'administration fut
remise à l'assemblée du Berry.

La première question qui se présenta fut celle de l'abolition de la corvée. Elle était déjà agitée dans l'opinion publique. En 1776, Turgot avait en vain essayé une réforme applicable au pays entier. Un grand nombre de systèmes fut discuté dans le sein de l'assemblée. Les uns voulaient conserver la corvée en nature, mais avec une réglementation; quelques-uns proposaient d'employer les troupes à la construction des routes; d'autres penchaient pour la conversion en une contribution pécuniaire, mais étaient loin de s'entendre sur l'assiette de cette contribution. Rien ne fut résolu dans la première session; on supplia seulement Sa Majesté de trouver bon que « sur les cinquante mille francs destinés par elle à des ateliers de charité, il fut prélevé pour procurer quelques soulagements aux corvéables la somme de vingt-cinq mille livres, laquelle avec les secours volontaires qu'il sera possible de se procurer dans la province, sera divisée entre les notables des différentes paroisses ».

Ainsi, l'assemblée ne se reconnaissait qu'un droit d'avis; les ateliers de charité comme les chemins rentraient dans ses attributions; des fonds étaient alloués par le Trésor tous les ans, à la généralité du Berry pour chacun de ces objets; l'assemblée se contentait de demander un espèce de virement.

Dans la deuxième session la question fut reprise. Mais on voit que l'assemblée n'est pas bien éclairée sur l'étendue de ses droits. A propos de la conversion de la corvée, quelques membres demandaient qu'on fît concourir au paiement de la nouvelle contribution non seulement les taillables, mais tous les citoyens, sans distinguer les corvéables des non-corvéables. On objecta que l'assemblée ne devait pas porter atteinte à des privilèges, qu'elle avait pour seule mission de répartir sur les citoyens de la province les charges publiques auxquelles les lois soumettaient chacun d'eux, qu'autrement elle s'attribuerait le droit de discuter sur la création de nouveaux impôts.

On proposa également l'établissement d'une corvée mixte. On conservait la corvée en nature; mais chaque corvéable devait recevoir une somme équivalente à la moitié du prix de sa journée. Pour subvenir à cette dépense, on aurait fait un emprunt annuel remboursable en cinquante ans par parties égales. « L'emprunt annuel ainsi remboursé, disait le rapport, diminue la somme à laquelle monteraient les intérêts et présenterait les premières années un fardeau plus léger, qui ne s'augmenterait qu'avec les ressources qu'il aurait créées, et enfin l'emploi en étant fait sur-le-champ, il n'y aurait pas à craindre d'en voir détourner les fonds. » Enfin on aurait subvenu au remboursement en établissant des droits d'octroi. Cette proposition fut repoussée; on objecta que l'assemblée n'avait pas qualité pour engager la province, qu'elle n'obtiendrait peut-être pas l'assentiment du gouvernement, qu'elle n'avait pas encore acquis le degré de stabilité et de consistance nécessaire pour essayer son crédit, et que les prêteurs pourraient bien refuser leur confiance.

D'autre part, à côté de ces résolutions timides, on voit la même assemblée réclamer avec insistance des mesures décentralisatrices. Ainsi elle demande au roi la libre disposition d'un fonds assuré sur la caisse des ponts et chaussées à la charge d'en compter avec le directeur général des ponts et chaussées; elle veut avoir la direction entière des travaux publics de la province et la nomination des ingénieurs. L'assemblée se sépara encore sans avoir résolu la question relative à la corvée, qui fut provisoirement maintenue.

Ce ne fut qu'en 1782 qu'un arrêt du conseil pris en conformité des délibérations de l'assemblée, supprima la corvée dans le Berry et la remplaça par une contribution en argent ; celle-ci ne devait pas excéder le tiers de la taille, ni être moindre que le quart. La répartition devait s'en faire sur tous les taillables au marc la livre de leur taille. A la commission intermédiaire étaient confiés la fixation du nombre d'ateliers, le choix de leur emplacement, la surveillance et la réception des travaux, l'ordonnancement des fonds. Le jugement du contentieux était remis à l'assemblée.

Terminons en disant que l'assemblée avait le droit de régler les frais de la nouvelle administration ; les députés recevaient un traitement ainsi que les membres de la commission intermédiaire, les procureurs-syndics, les greffiers. Les sommes destinées à acquitter ces dépenses se prenaient sur les fonds libres de la capitation et des vingtièmes, c'est-à-dire sur les fonds que le roi allouait annuellement à chaque généralité en déduction du montant de ses impôts pour secours aux incendies et pour dépenses locales. Ces fonds étaient distincts de ceux accordés pour décharges et non-valeurs.

On voit, en résumé, que la nouvelle administration provinciale ne fait que disposer des sommes qui lui sont remises par le roi sur les fonds de l'État pour assurer certains services considérés comme étant d'intérêt général. Il n'y a rien qui rappelle le système créé par la loi du 2 ventôse an XIII. (cette loi est considérée par beaucoup d'auteurs comme ayant établi la personnalité civile du département), et d'après lequel les pouvoirs locaux peuvent voter, dans des limites fixées d'avance, des impositions additionnelles à celles de l'État. En ce qui concerne spécialement les travaux publics, la caisse des ponts et chaussées fournissait à la province une somme déterminée ; celle-ci ne levait pas, comme nous dirions aujourd'hui, de centimes spéciaux affectés à cet objet. Quant au droit pour la province d'être propriétaire, nulle part il n'en est question.

En 1779, une seconde assemblée fut établie dans la Haute Guyenne sur le modèle de celle du Berry. Cette assemblée avait les mêmes attributions ; c'est ainsi qu'elle conclut un abonnement pour les vingtièmes et s'occupa de la répartition de la taille qui était réelle. La corvée n'existait pas ; elle était remplacée par une contribution pécuniaire additionnelle à la taille ; l'assemblée répartit cette contribution d'une façon plus équitable et en fixa le taux au onzième de la taille. Les ordres privilégiés voulurent concourir aux dépenses des routes ; la noblesse offrit d'acquitter, au profit de la province, le quinzième de la taxe des vingtièmes ; le clergé donna également le dixième de ses décimes. Ces ressources étant insuffisantes, on dut recourir à un emprunt. Les mêmes objections qui avaient été soulevées au sein de l'assemblée du Berry furent reproduites. On les écarta ; et un édit de juin 1785 autorisa la province à contracter un emprunt de 1,500,000 livres. Le Parlement de Toulouse fit quelques difficultés pour enregistrer l'édit, mais il finit par céder, et la souscription fut couverte en huit jours dans l'intérieur même de la province.

La retraite de Necker amena dans la Haute-Guyenne comme dans le Berry une modification dans l'étendue des pouvoirs de l'assemblée et de la commission intermédiaire. L'intendant recouvra certaines attributions. C'est ainsi qu'on lui donna la délivrance des ordonnances comptables sur les fonds des ponts et chaussées et de toutes les autres ordonnances de paiement sur les fonds destinés par le roi au service de la province et aux frais d'administration.

Mais en 1787, la face des choses a tourné. L'assemblée des notables vient d'être réunie, et le roi se décide à étendre à tous les pays d'Élections l'institution des assemblées provinciales. Quelques modifications furent seulement apportées au système antérieurement suivi. L'intendant ne conservait plus qu'une juridiction contentieuse et des pouvoirs de police générale. Il devenait complètement étranger à l'exécution des délibérations de l'assemblée. En ce qui concerne le côté financier, les dispositions du nouveau règlement furent assez détaillées ; voici les principales : « Aucune levée de deniers pour le compte soit du roi, soit de la province ou des élections, villes et communautés qui la composent, ne sera faite, qu'elle n'ait été préalablement ordonnée ou autorisée par le Conseil d'État lorsque la dépense excédera 500 livres. Si la dépense est inférieure à 500 livres, elle sera imposée sur les communautés par une simple délibération de l'assemblée provincial ou de sa commission visée de l'intendant. Cette approbation ne sera que provisoire, et tous les six mois il devra être adressé au conseil un projet d'arrêt à l'effet de valider les impositions ainsi établies ».

Le règlement donne ensuite à l'assemblée le droit de délibérer au sujet des dépenses nécessaires pour les frais d'administration, les travaux publics et autres objets d'utilité publique. L'état de ces dépenses doit être présenté au conseil du roi, qui l'approuve. La somme fixée est répartie entre les élections par la commission intermédiaire. Une instruction postérieure, du 5 novembre, fait remarquer que les dépenses destinées aux frais d'administration ne devaient pas faire l'objet d'une imposition nouvelle, mais être acquittées sur les fonds libres de la capitation et des vingtièmes. Il ne pouvait y avoir lieu à une taxe spéciale qu'en cas d'insuffisance de ces derniers.

Il n'en fut pas de même pour les travaux publics. Comme nous l'avons montré en nous occupant de l'administration des pays d'Élections, les fonds levés pour les travaux d'art des routes devaient être en vertu d'un édit de 1786, employés intégralement dans la généralité où ils avaient été levés. Le même édit remplaçait à titre d'essai la corvée par une contribution pécuniaire et appliquait à celle-ci une règle analogue. En 1787 une nouvelle ordonnance eut pour objet de rendre définitive cette mesure, et décida que tout ce qui concernait la forme et le montant de cette contribution devait ainsi que les travaux eux-mêmes être réglé par les assemblées provinciales sous l'approbation du roi. En un mot le service entier des routes, matériel et personnel était remis aux administrations locales.

Cette disposition fort remarquable peut être rapprochée du décret du 16 décembre 1811 qui mit à la charge des départements la construction et l'entretien de certaines routes. Il est probable que si les assemblées provinciales avaient vécu plus longtemps la question de propriété des routes aurait été soulevée par elles à un moment donné comme elle l'a été après 1811, par les départements. La personnalité civile, qui croyons-nous n'existait pas d'après le système adopté en 1787, se serait constituée peu à peu et par la force des choses. Les assemblées provinciales auraient au bout de quelques années obtenu la libre gestion de tous les intérêts locaux et avec elle l'individualité de leur province.

CHAPITRE II

HISTORIQUE DE LA PERSONNALITÉ CIVILE DU
DÉPARTEMENT DE 1789 A 1871

Le tableau que présente la France en 1787 et 1788 est celui
d'une nation cherchant à établir sur des bases sérieuses les
libertés provinciales. Dans les pays d'Élections presque toutes
les provinces avaient fait « leur révolution intérieure » (1).
La réforme il est vrai n'avait pas touché les pays d'États.
Mais parmi ces derniers, deux seulement la Bretagne et la
Bourgogne avaient une constitution essentiellement aristocratique. Les autres, ceux du Languedoc, de la Provence, de la
Flandre, de l'Artois, du Béarn, avaient déjà appliqué dans
une mesure plus ou mois large, les idées qui allaient triompher
avec la révolution de 1789.

Au point de vue qui nous occupe, cette révolution a eu
pour résultat d'imposer un système unique à toutes les parties
de la France, et d'effacer les différences que les réformes de
1787, avaient laissé subsister entre les pays d'États et les pays
d'Élections. Dans tous les documents de 1789 on voit que la
question des assemblées provinciales agite les esprits. Les
cahiers s'en occupent ; tous s'accordent à accepter le mode
d'organisation institué par l'édit de 1787, et modifié dans le
Dauphiné. - Quelques-uns même se prononcent pour la sup-

(1) M. de Lavergne, *op. cit.*

pression des intendants. Chaque province réclame une administration distincte. Quand elles sont plusieurs à former une
généralité, elles demandent à se séparer. C'est à ce besoin
qu'allait répondre l'institution des départements (1).

Dans son discours d'ouverture aux États généraux, Necker
posa la question avec une grande netteté : « Ce n'est pas seulement pour former et constituer largement des États particuliers dans les provinces où il n'y en a point encore que le
roi aura besoin de vos conseils et de vos réflexions. Sa Majesté attend de vous que vous l'aidiez à régler plusieurs contestations qui se sont élevées sur les constitutions des anciens
États de quelques provinces. Sa Majesté désire que sa justice soit éclairée ; elle désire faire le bonheur de ses peuples
sans exciter aucune réclamation légitime. »

Ainsi, le ministre croyait le moment venu de toucher aux
pays d'États, et réclamait l'appui des États généraux pour
résoudre une difficulté aussi grave.

L'assemblée Constituante s'engagea résolument dans cette
voie, et rendit le décret des 4, 6, 7, 8 et 11 août, portant
abolition du régime féodal dont l'article 10 est ainsi conçu :
« une constitution nationale et la liberté publique étant plus
avantageuses aux provinces que les privilèges dont quelques-

---

(1) Le mot existait déjà avant la loi de 1790. Dans l'arrêt du Conseil du 8
août 1788 qui fixe les formes de la répartition de la taille par les assemblées
provinciales on lit : « art. 8 : à la réception de l'extrait du brevet général de
la taille, la commission intermédiaire de l'assemblée provinciale s'occupera
de dresser un projet de répartition des sommes y contenues entre les *départements formant la division de la province*, et dans le cas ou un *département*
serait composé de deux ou trois recettes particulières, la commission intermédiaire fera entre lesdites recettes la subdivision des sommes par elle
proposées pour ledit département ».

Ainsi le mot est déjà pris dans le sens d'une circonscription territoriale
moindre que la généralité et plus grande que l'élection. Ce système des départements fut appliqué pour la première fois dans le règlement du 8 juillet 1787
spécial à l'Ile de France. On trouvait les élections trop peu importantes pour
recevoir à elles seules une des administrations nouvelles. On en réunissait
plusieurs ensemble qui formaient ainsi un *département*.

(Voir M. de Lavergne, *op. cit.*, p. 158).

unes jouissaient et dont le sacrifice est nécessaire à l'union intime de toutes les parties de l'empire, il est déclaré que tous les privilèges particuliers des provinces, principautés, pays, cantons, villes et communautés d'habitants soit pécuniaires, soit de toute autre nature, sont abolis sans retour, et demeureront confondus dans le droit commun de tous les Français. »

L'obstacle qui avait arrêté Necker disparait ainsi, les pays d'États sont supprimés ; et la loi du 22 décembre 1789 vint consacrer le nouveau régime. « La division de la France en 83 départements, dit M. de Lavergne, n'a pas eu le caractère révolutionnaire qu'on lui prête. Préparée de longue main par la monarchie, elle n'a détruit parmi les anciennes provinces que celles qui existaient encore, c'est-à-dire les quatre grands pays d'États, et n'a fait à cet égard que réaliser un ancien projet de la couronne. »

Laissant de côté ce qui touche à l'organisation des nouveaux corps administratifs, mode d'élection, conditions d'éligibilité, nous nous attacherons à rechercher quel fut l'esprit de la nouvelle institution, cette étude n'ayant d'autre but que de résoudre la question de savoir si le département tel qu'il fut établi en 1789, constituait une personne civile.

On a prétendu souvent que les départements à l'époque de leur création n'eurent aucune existence propre, et n'étaient que de simples divisions administratives.

M. Béchard dans son livre de l'*Administration de la France* a dit : « Les États provinciaux se mouvaient avec une pleine indépendance dans la sphère de leurs attributions spéciales et limitées. La loi de 1790, au contraire, ne considéra les administrations de départements que comme un anneau de la grande chaîne qui devait, par une suite d'administrations subordonnées les unes aux autres et respectivement investies d'une autorité publique, rattacher au pouvoir central tous les membres de l'État. » D'où il ressortirait que l'ancien régime presentait plus de libertés administratives que le régime de 89. Cette conclusion a été vivement combattue (1) avec raison croyons-nous. Il semble bien, en effet, que dès 1789 les départements ont eu une existence propre, des intérêts particuliers, et un budget distinct de celui de l'État.

L'assemblée Constituante avait décidé qu'il serait sursis à toute convocation d'États de provinces, jusqu'à ce qu'il eût été déterminé un mode de les réunir. La question fut mise à l'étude, et dès le 29 septembre 1789, Thouret, député de Rouen, déposa son rapport au nom du comité de constitution.

Personne pour ainsi dire ne songeait à conserver les anciennes circonscriptions administratives de la France, « à cause des disproportions trop fortes en étendue de territoires » ; ce sont les mots employés par Thouret. Il ajoutait qu'il serait « à craindre que des hommes pervers et ambitieux ne profitassent de l'effervescence générale, et de la désorganisation momentanée de tous les pouvoirs pour amener le démembrement et la dissolution de la monarchie ». Mais sur quelle base faire reposer le nouveau système? Il y avait deux courants : les uns voulaient détruire tout souvenir des provinces, diviser la France en parties égales, n'ayant aucune individualité propre.

C'était l'idée du comité de constitution. En effet le rapporteur commence par établir que les nouvelles divisions administratives doivent être en même temps des circonscriptions électorales ; d'après lui, chaque grand district du royaume sera organisé de manière à servir, et à la formation du Corps législatif, et à celle des diverses classes d'assemblées administratives. Aucune des anciennes divisions, diocèses, bailliages, généralités, enchevêtrées les unes dans les autres ne peut être prise pour base de la représentation. Le comité propose donc un nouveau plan d'après lequel : « la France serait partagée en 80 grandes parties qui porteraient le nom de *départements* et seraient d'environ 384 lieues carrées chacune. On

(1) M. H. de Ferron. *L'organisation départementale et la Constituante.*

procéderait à cette division en partant de Paris comme du centre et s'éloignant de suite et de toutes parts jusqu'aux frontières. »

Ce système fut critiqué ; on lui reprochait « de présenter plutôt une théorie satisfaisante qu'une pratique aisée » de ne tenir aucun compte des habitudes, des intérêts, des affections des populations. A cette objection, Thouret répondait ainsi : « Toutes les provinces sont maintenant réunies en droits et en intentions. Elles avaient dû se créer des corps assez puissants pour résister à l'oppression ministérielle ; mais à présent ne rendons pas ces corps aussi forts. Élus par le peuple, leurs membres acquerront une trop grande prépondérance pour qu'on ne doive pas redouter une force que ces établissements tireraient de leur masse. » Ainsi, l'idée du rapporteur est bien de briser les anciens liens qui unissaient certaines populations entre elles, et d'opérer une division purement mathématique du territoire français. Dans un pareil système, il n'y a guère place pour l'idée de la personnalité civile des nouvelles circonscriptions.

Mais à côté des membres du comité, il y avait d'autres députés qui voulaient seulement affaiblir les provinces trop grandes et les soumettre à des règles uniformes. Ces derniers en général étaient les députés des pays d'États. Mirabeau et Pétion parlèrent en ce sens. Mirabeau spécialement, opposa tout un plan à celui du comité ; il voulait que la France fût divisée en 120 départements, que chaque département fût placé dans une ville principale avec un territoire qui pût facilement se prêter à un système uniforme d'administration pour tout le royaume, et enfin que l'étendue du département et sa position géographique permissent aux députés des villes et des villages qui en feraient partie, de se rendre facilement au chef-lieu pour les opérations électorales et administratives.

Du reste, c'étaient les provinces qui devaient être divisées. Les départements étant formés de citoyens de la même

province, liés entre eux par mille rapports, l'innovation serait
plus facilement acceptée.

Quelques députés allaient plus loin. Ainsi des représentants
du Languedoc et de la Bretagne demandèrent que leurs provinces conservâssent une administration unique à laquelle seraient rattachées les administrations des départements entre
lesquels ces provinces seraient partagées. En définitive,
on convint de respecter autant que possible les anciennes
limites. Dans le courant de la discussion, le rapporteur
lui-même vint déclarer que le comité attachait une grande importance à la destruction de l'esprit de province mais qu'il était
disposé à user de tous les ménagements dans l'œuvre de dé-
limitation, et à ne pas être inflexible dans l'application de la
règle qu'il proposait à l'assemblée.

A la suite de ces débats, il fut décidé dans la séance du
11 novembre, que le nombre des circonscriptions nouvelles
serait fixé entre 75 et 85. Puis on détermina de suite le mode
de nomination et les attributions des nouvelles assemblées
administratives en laissant à un décret ultérieur le soin de
délimiter les nouvelles circonscriptions. Ce décret fut rendu
le 4 mars 1790. Il commence ainsi : « La France sera divisée en
8 3départements savoir : Provence, 3 ; Dauphiné, 3 ; etc... » C'est
donc bien d'une division effective des provinces qu'il s'agit.
Dans la discussion on avait demandé que les provinces fussent
admises à fournir leurs observations, en envoyant des délégués spéciaux. On repoussa cette proposition en faisant observer que tous les députés pourraient prendre part aux travaux du comité quand serait mise à l'étude la division de
la province qu'ils représentaient. En réalité ce furent les députés de chaque province qui tracèrent les limites des départements, districts et cantons ; ils durent même dresser
des plans à cet égard, et en contresigner deux exemplaires,
dont l'un était destiné aux archives de l'assemblée et l'autre
aux administrations départementales. Enfin le décret du
4 mars lui-même indique dans ses considérants que l'assem-

blée n'a arrêté la division en 83 départements qu'après avoir entendu les députés de toutes les provinces du royaume. En fait, les anciennes frontières furent respectées autant que possible. Plusieurs petites provinces furent même laissées intactes, ainsi l'Angoûmois et le Roussillon, qui devinrent l'une la Charente-Inférieure et la seconde les Pyrénées-Orientales.

Cette œuvre de la Constituante a été diversement jugée. Burke, l'adversaire passionné de la révolution française di_ sait : « Rien n'a plus surpris et même épouvanté le reste de l'Europe qui n'était pas préparé à un pareil spectacle. C'est la première fois qu'on voit des hommes mettre en morceaux leur patrie d'une manière aussi barbare. » Plus récemment un membre de l'Assemblée législative écrivait en 1851 dans son rapport sur l'administration départementale « les provinces qui avaient fait la France disparurent avec leurs coutumes, leurs libertés et leurs privilèges. Leurs noms ne furent pas épargnés.... tout fut sacrifié à cette pensée que la grande unité ne pouvait être simple et forte, qu'autant qu'elle serait composée d'unités pareilles entre elles ». N'y a-t-il pas une exagération dans ces paroles. Pouvait-on conserver les anciennes provinces, si inégales entre elles ? Ne fallait-il pas briser l'ancienne distinction entre pays d'États et pays d'Élections ?

Nous croyons que pour arriver à ce résultat, l'assemblée Constituante a usé de tous les ménagements possibles. Sans doute il y a des points que l'on peut critiquer dans son œuvre, surtout en ce qui touche l'organisation des directoires de départements. Mais quant aux attributions des nouvelles assemblées administratives, elle n'a pas autant innové qu'on le répète souvent. Elle a emprunté plusieurs dispositions à l'institution des assemblées provinciales et même à celle des pays d'États.

Les fonctions des assemblées administratives sont énumérées dans la section III de la loi du 22 décembre 1789, et l'on

y voit que ces assemblées sont chargées de répartir toutes
les contributions directes imposées à chaque département,
d'ordonner et de faire faire les rôles d'assiettes et de cotisa-
tions entre les contribuables de chaque municipalité, de régler, et de surveiller tout ce qui concerne tant la perception
et le versement du produit de ces contributions que le service
et les fonctions des agents qui en seraient chargés, enfin
d'ordonner et de faire exécuter le payement des dépenses
qui seront assignées en chaque département sur le produit
des mêmes contributions.

Nous retrouvons là ce qui existait dans les pays d'États depuis un temps fort long, et dans ceux d'Élections depuis la
création des assemblées provinciales.

L'article 2 de la même section confie aux assemblées administratives un certain nombre d'attributions, telles que le
soulagement des pauvres et vagabonds, et le maintien de la
tranquillité et de la sûreté publiques, et d'une façon générale
les charge, sous l'autorité et l'inspection du roi comme chef
suprême de la nation et de l'administration générale du
royaume, de tout ce qui concerne cette administration. Plusieurs auteurs sont partis de là pour refuser aux membres
des assemblées créées par la Constituante, la qualité de représentants des intérêts de leurs circonscriptions et les considérer comme de simples délégués de l'État. « Dans la pensée de la Constituante, telle qu'elle l'a formulée elle-même,
dit l'un d'eux (1)), les administrateurs de départements étaient
des agents élus à temps par le peuple, pour exercer sous
l'autorité du roi les fonctions administratives ; ils se trouvaient exclusivement chargés de la gestion des intérêts généraux du pays, n'avaient aucun caractère de représentation
en ce qui concernait les circonscriptions auxquelles ils étaient
préposés et qui d'ailleurs, comme les anciennes généralités
d'Élections demeuraient dépourvues de toute individualité. »

Il est bien vrai que la Constituante qui avait prononcé la

____

(1) M. de Luçay. *Les circonscriptions administratives en 1789.*

suppression des intendants se trouva naturellement amenée à remettre aux nouvelles assemblées toutes les attributions de police générale ou touchant l'ordre public dont l'exercice avait jusque-là, aussi bien dans les pays d'États que dans les autres, été confié à des agents directs du roi. Ce système était d'autant plus singulier que ces nouvelles administrations avaient pour origine l'élection, et que les membres qui les composaient étaient pour ainsi dire indépendants du pouvoir central et ne pouvaient être l'objet d'une mesure de révocation (art. 11 de la loi du 22 décembre 1789).

On doit donc reconnaître que l'assemblée Constituante a obéi à plusieurs courants d'idées. Elle voulait l'unité du pays et en cela comme l'a montré M. de Tocqueville, elle n'a fait que continuer l'œuvre de la monarchie; elle avait horreur de tout ce qui rappelait le despotisme royal; de là la suppression des intendants; elle était imbue de la nouvelle théorie d'après laquelle tous les pouvoirs devaient procéder de l'élection; aussi n'a-t-elle rien trouvé d'extraordinaire à confier à des assemblées locales électives, des attributions considérées jusqu'alors comme réservées aux délégués du pouvoir central. Enfin, elle ne voyait aucun inconvénient à ce que le pouvoir exécutif fût remis à plusieurs et non à un seul, et elle institua les directoires.

Mais est-ce à dire pour cela que la Constituante se soit refusée absolument à toute distinction entre les intérêts généraux et les intérêts locaux ? Les textes à eux seuls nous semblent résoudre cette question.

L'article 5 de la loi du 22 décembre est ainsi conçu : « Les délibérations des assemblées administratives de départements sur tous les objets qui intéresseront le régime de l'administration générale du royaume, ou sur des entreprises nouvelles et des travaux extraordinaires ne pourront être exécutées qu'après avoir reçu notre approbation. Quant à l'expédition des affaires particulières et de tout ce qui s'exécute en vertu de délibérations déjà approuvées, notre autorisation spéciale ne sera pas nécessaire. » Et dans l'instruction rendue le 8 janvier pour l'application de cette loi, on lit : « L'État est un, les départements ne sont que les sections d'un même tout; une administration uniforme doit donc les embrasser tous dans un régime commun. Si les corps administratifs, indépendants et en quelque sorte souverains dans l'exercice de leurs fonctions, avaient le droit de varier à leur gré les principes et les formes de l'administration, la contrariété de leurs mouvements partiels, détruisant bientôt la régularité du mouvement général, produirait la plus fâcheuse anarchie. L'article 5 a prévenu ce désordre en statuant que, etc... *Le même motif n'existe plus lorsqu'il ne s'agit que de l'expédition des affaires particulières*, et pour tous les objets de cette deuxième classe, l'approbation royale n'est pas nécessaire aux actes des corps administratifs. » La distinction est donc formellement indiquée; d'une part, les affaires qui intéressent le régime de l'administration générale, de l'autre les affaires particulières. Quant à la phrase « l'État est un, etc... » souvent invoquée par les auteurs dont nous combattons la doctrine, on voit qu'elle ne doit pas être considérée comme une formule absolue, puisqu'elle ne s'applique aux assemblées de départements qu'en ce qui concerne leurs attributions d'administration générale.

L'article 6 nous semble encore plus explicite; il statue que les assemblées des départements ne pourront établir aucun impôt, ni faire aucun emprunt sans y être autorisées par le Corps législatif; et l'instruction ajoute à ce propos : « Il sera incessamment pourvu à l'établissement des moyens propres à leur procurer les fonds nécessaires au paiement des dettes et des dépenses locales et aux besoins urgents et imprévus de leurs départements.

Ces fonds furent créés par le décret du 16 et 17 mars-10 avril 1791 portant fixation des contributions foncière et mobilière pour 1791. « Il sera perçu, dit l'article 4, en outre du principal un sou pour livre formant un fonds de non-valeurs de douze millions, dont quatre seront mis à la disposition des administrations de département. » Article 5 : « Les départements et les districts fourniront aux frais de perception et aux dépenses particulières mises à leur charge, au moyen de sous et deniers additionnels en nombre égal sur les contributions foncière et mobilière, sans que ces accessoires puissent excéder quatre sous pour livre du principal de ces deux contributions. »

Ces mêmes dispositions furent reproduites dans le décret des 29 septembre-14 octobre 1791 portant fixation et répartition des mêmes contributions pour l'année 1792.

Les ressources établies par ces deux lois devaient servir à acquitter des dépenses de diverses natures et tout d'abord à subvenir aux traitements des administrations départementales, c'est-à-dire des membres de directoire, du procureur général syndic et des secrétaires, puis à ceux des juges de paix et membres des tribunaux. En second lieu, un décret du 16 octobre 1790 avait décidé que les administrations se logeraient dans les hôtels de ville qui pourraient les contenir, et à leur défaut dans les palais de justice. En cas d'insuffisance des uns et des autres, les administrations étaient autorisées à acheter ou à louer des bâtiments pour s'y installer.

Venaient ensuite les dépenses affectées aux travaux publics. Une loi du 19 janvier 1791 relative aux ponts et chaussées avait distingué formellement les ouvrages devant être mis à la charge des départements et ceux exécutés sur les fonds du Trésor public. On lit en effet dans l'instruction du 17 avril 1791 relative à cette loi: « Les fonds dont il sera question doivent se diviser en deux classes ; les uns, et ce seront les plus considérables, seront destinés aux dépenses qui devront être à la charge des départements, tels que l'universalité des travaux des routes qui s'exécutaient ci-devant au moyen de la corvée ou d'une prestation représentative ; les autres ouvrages qui devront être exécutés aux frais de l'État

seront ceux qui par leur importance ou leur nature semblent
en quelque sorte appartenir à tout le royaume » (1).

Cette même loi du 19 janvier 1791 mettait également à la
charge des départements le payement du personnel des ponts
et chaussées.

Le directoire de chaque département a donc à sa disposition
certaines ressources et doit subvenir à des dépenses déterminées. Aussi a-t-il un compte de gestion à rendre. C'est ce
que dit formellement l'article 21 de la deuxième section de
la loi du 22 décembre, qui confirme ainsi tout ce qui précède:
« Le conseil de département tiendra annuellement une session
pour fixer les règles de chaque partie de l'administration,
ordonner les travaux et les dépenses générales et *recevoir le
compte de la gestion du directoire* ».

Ce budget départemental qui existe dès l'époque de la
Constituante peut être rapproché des budgets des anciennes
provinces d'États. C'est ce qu'a fait M. de Ferron pour le
budget de 1792 du département des Côtes-du-Nord mis en
présence de celui de l'ancienne province de Bretagne. La
comparaison est frappante ; l'administration départementale
percevait à la fois les impôts établis tant au profit de l'État
que du département, comme autrefois le trésorier des États
recueillait non seulement les contributions levées directement par la province, mais aussi les impôts royaux pour lesquels la Bretagne avait un abonnement. Dans le budget des
dépenses des Côtes-du-Nord, on trouve cent cinquante mille
livres pour l'entretien et la confection des routes, ports :
vingt mille livres pour l'acquisition des bâtiments destinés à
l'administration du département ; neuf mille six cents livres
pour les appointements des ingénieurs ; vingt-quatre mille
livres pour les collèges et l'éducation publique ; douze mille

(1) Ce travail de répartition ne fut pas fait; La Terreur arriva. Plus tard en
l'an IV, quand furent rétablies les dépenses départementales comme nous le
verrons plus loin, il ne fut pas question de travaux publics.

livres pour la gendarmerie, cent soixante treize mille livres pour les traitements des membres du Directoire. C'est ainsi qu'avant 1789, les États de Bretagne payaient également les ingénieurs nommés par eux pour présider à la confection de leurs chemins ; entretenaient la maréchaussée, donnaient une subvention à l'enseignement, payaient les gages des officiers et employés des États. Toutes ces dépenses du budget du département des Côtes-du-Nord sont soldées uniquement sur les sous additionnels créés par l'article 5 du décret du 17 mars, 16 et 17 avril 1791.

Mais ce n'est pas tout ; le département, en cas d'insuffisance de ses revenus, recevait des avances du Trésor (décret des 9-15 mai 1791) pour la dépense des tribunaux et de l'administration, et même empruntait à l'État. C'est ainsi que le département des Côtes-du-Nord par une décision du 10 décembre 1792 emprunte à l'État cinq cent mille livres pour mettre les chemins en bon état. On sait que les pays d'États faisaient fréquemment des opérations de ce genre.

Non seulement le département avait un budget ; il était aussi propriétaire. Nous avons déjà parlé de la loi relative aux logements des administrations départementales. Elle disposait qu'en cas d'insuffisance des hôtels de ville et des palais de justice, ces administrations devaient acheter ou louer des bâtiments pour s'y installer.

Nous pouvons citer un autre texte dans cet ordre d'idées. La loi des 16 janvier, 16 février 1791, titre IV, a considéré les dépenses de la gendarmerie comme étant à la charge des départements et son article dispose que « le casernement des sous-officiers et gendarmes sera fourni *en nature par les départements* ».

Il est bien vrai que le décret des 12 - 17 avril 1791 attribua à l'État toutes les propriétés mobilières ou non, appartenant au ci-devant pays d'États, et sembla absorber dans la personnalité de l'État ces anciennes circonscriptions administratives. En voici les principales dispositions :

Article premier. Il sera incessamment procédé à la liquidation des dettes des ci-devant pays d'États, qui doivent être à la charge de la nation.

Art. 2. Seront réputées dettes des pays d'États à la charge de la nation, toutes celles qui ont été autorisées dans les formes ci-devant prescrites et usitées dans les différentes provinces du royaume.

Art. 6. En conséquence des articles ci-dessus, toutes les propriétés tant mobilières qu'immobilières, appartenant aux ci-devant pays d'États à titre collectif seront déclarés domaines nationaux.

Mais il faut considérer que ce décret ne s'applique qu'aux pays d'État, en conséquence de ce que les dettes de ces pays étaient mises à la charge de la nation. Il ne prouve rien contre la personnalité civile des départements établie sur des bases toutes nouvelles.

Tel était le système de la Constituante. Il ne devait pas durer longtemps. La loi du 14 frimaire, an II, fit disparaître les conseils des départements, ainsi que les syndics. Les directoires seuls subsistèrent, mais présidés par chacun des membres à tour de rôle avec changement mensuel. Les attributions laissées aux directoires furent purement administratives ; la direction des affaires politiques revint aux comités locaux de Salut public et aux représentants du peuple en mission. Ce système de centralisation fut complété au point de vue qui nous occupe spécialement, par la loi du 19 fructidor an II, qui réunit au principal des contributions foncière et mobilière, pour ne former qu'une seule masse et être versés indistinctement au trésor public, les sous pour livres additionnels institués à l'origine en vue des dépenses des départements. En conséquence les traitements et frais des corps administratifs, ainsi que ceux des tribunaux et juges furent inscrits au budget général de la République. La personnalité civile des départements disparaît. Du reste, ce décret avait été précédé d'une mesure qu'il importe de ne pas omettre et qui supprimait la distinction établie par la Constituante au sujet de l'exécution des travaux publics.

La Convention, vu le mauvais état des routes, la difficulté des communications et l'intérêt pour l'État de remédier surtout en temps de guerre à un pareil inconvénient, décréta, les 16-20 primaire an II (6 décembre 1793) : « Tous les travaux publics seront faits et entretenus aux frais de la République, à compter du 1er nivose. Tous les grands chemins, ponts et levées, seront faits et entretenus par le Trésor public. Les chemins vicinaux continueront d'être aux frais des administrés. »

La Constitution de l'an III ne fit que fortifier l'action du pouvoir central. Elle créa dans chaque département une administration centrale, composée de cinq membres chargés de la délibération et de l'action, nommés par les électeurs pour cinq ans, renouvelés par cinquième et destituables par le Directoire qui, en ce cas, instituait une commission. Le syndic électif disparaît et est remplacé par un commissaire nommé par le Directoire et chargé de requérir l'exécution des lois. Quant aux budgets des départements, il n'en est pas question ; ils sont confondus dans le budget de l'État.

Mais bientôt la loi du 28 messidor, an IV, revient au système de la Constituante et met à la charge des départements certaines dépenses. Elle décide en effet que : « les dépenses des administrations centrales, des corps judiciaires, de la police intérieure et locale, de l'instruction publique et des prisons, seront à la charge des départements sous le nom de dépenses d'administration, et qu'il y sera pourvu par un prélèvement en sous additionnels qui, dans aucun département, ne pourra excéder le trentième des contributions (1) ».

(1) La loi du 28 messidor, comme celles qui l'ont suivie, ne parle de centimes additionnels que sur les deux contributions foncière et personnelle mobilière. En cela, elle ne fait que reproduire le système de la loi du 17 avril 1791. Or, cette dernière loi ne pouvait parler des autres contributions, puisque les patentes n'ont été créées que par une loi du 21 avril 1791, et que les portes et fenêtres ne remontent qu'à 1798.

Jusqu'à un certain point ces dépenses peuvent être considérées comme n'étant qu'une partie des charges de l'État. C'est ce que dit formellement M. Foucart. D'après M. Vivien, le régime nouveau avait moins pour but de créer aux départements des ressources financières, que de soulager et de diminuer en apparence le budget de l'État. M. Hermann repousse cette manière de voir, « en revenant à un ordre de choses qui avait paru bon dès la création des départements, le directoire exécutif ne pouvait y être déterminé par ces seuls motifs. L'art de grouper les chiffres n'était pas né à cette époque, et la science financière n'avait pas encore fait assez de progrès pour que l'on crût arriver à présenter des charges publiques comme moins pesantes par cela seul que les contributions étaient payées sous divers titres. » Quoiqu'il en soit, cette loi eut certainement pour résultat d'amener la création d'un budget départemental. Seulement les pouvoirs des administrations de départements sont bien restreints ; c'est la loi qui fixe elle-même l'emploi des fonds, et il ne reste au département en cas de reliquat aucune partie des ressources affectées aux dépenses énumérées dans l'article 2. L'administration du département n'a donc qu'à surveiller l'exécution.

La loi du 9 germinal an V, ne fit que modifier le nombre des centimes additionnels. Elle statua en outre que les centimes additionnels de la contribution foncière seraient considérés pour partie comme fonds commun applicable aux dépenses mises à la charge des départements.

L'année suivante la loi du 15 frimaire an VI, maintient les mêmes principes. D'après l'article 3 les dépenses départementales sont celles des administrations centrales, des tribunaux civils, criminels, correctionnels et de commerce, des écoles centrales, de l'entretien et réparation des édifices publics et des prisons, des taxations et des revenus des receveurs et leurs préposés.

L'état des dépenses est dressé chaque année par l'admi-

· nistration départementale qui envoie le projet au ministre de l'intérieur. Celui-ci examine l'état et après y avoir fait les changements qu'il croit nécessaires, l'arrête, et le fait repasser à l'administration départementale (Article 8).

L'article 9 fixe à 10 le maximum des centimes additionnels destinés à l'acquittement des dépenses énumérées plus haut.

L'article 10 crée le fonds de supplément : « chaque département imposera en sus des centimes additionnels cinq centimes sur le principal de la contribution foncière et personnelle, destinés : 1° A accorder des suppléments aux départements à qui le maximum de dix centimes ne suffirait pas ; 2° A faire face aux décharges, réductions, remises et modérations à accorder sur la contribution foncière ; 3° A subvenir aux secours effectifs pour grêle, incendie, inondations et autres accidents ; 4° A la dépense des travaux relatifs à la confection des rôles.

D'après l'article 13, le receveur est autorisé à retenir les centimes ou sous additionnels destinés aux dépenses départementales et doit verser à la trésorerie le principal et les cinq centimes additionnels du fonds de non-valeurs. L'article 13 ajoute que les administrations départementales délivreront sur le receveur du département les mandats nécessaires pour le payement des dépenses telles qu'elles auront été arrêtées par les ministres de l'intérieur et de la justice, et que le receveur les acquittera sur les centimes additionnels, sans pouvoir entamer en rien le principal ni les cinq centimes du fonds de supplément.

Ces dispositions doivent être remarquées. Évidemment ce sont toujours les ministres qui arrêtent l'état des dépenses ; l'administration locale n'a qu'un droit d'avis ; mais la loi distingue bien deux budgets distincts, celui de l'État et celui du département ; le receveur ne doit jamais faire confusion entre les deux. Peu à peu le droit d'initiative va être donné aux représentants du département, et la personnalité civile se dégagera de cet ensemble de dispositions.

La loi du 11 frimaire an VII vint apporter quelques modifications à la législation que nous venons d'exposer. Aux dépenses départementales indiquées par la loi de frimaire an VI, elle ajoute celle des écoles centrales et des bibliothèques, muséums, cabinets de physique et d'histoire naturelle, et jardins de botanique en dépendants. Elle autorise chaque département à ajouter à l'état de ses dépenses une somme destinée à pourvoir aux dépenses imprévues. Cette somme ne peut excéder le dixième du montant des dépenses ordinaires. L'emploi n'en peut être fait qu'avec l'autorisation du ministre de l'intérieur pour chaque dépense non portée à l'état. L'article 15 porte qu'un maximum pour les centimes additionnels sera établi chaque année. En sus des centimes additionnels, chaque département imposera : 1º Un nombre déterminé de centimes destinés à pourvoir dans chaque département en particulier, sous le nom de fonds de supplément au déficit des recettes municipales et départementales ; 2º Un nombre déterminé de centimes destinés à former un fonds commun applicable aux mêmes objets que le fonds de supplément de l'an VI.

La même loi règle d'une façon détaillée la comptabilité départementale. Le fonds de supplément reste entre les mains du receveur, mais ne doit pas être confondu avec les centimes additionnels ; le fonds commun est versé pour les quatre-cinquièmes au trésor public.

Nous devons ajouter que toutes ces dispositions fort précises ne changent rien au système général de la loi de l'an VI. Le budget du département reste toujours bien distinct de celui de l'État ; mais il est réglé complètement par les ministres et toutes les ressources sont affectées à des dépenses déterminées d'avance.

La loi si importante du 28 pluviôse de l'an VIII ne changea que peu de chose au système que nous venons d'exposer. Elle appelle le conseil général à déterminer dans les limites fixées par la loi, le nombre de centimes additionnels dont l'imposition serait demandée pour les dépenses du département. Mais ces dépenses restent les mêmes. Le préfet doit rendre compte au conseil général de l'emploi de ces centimes : « Cette audition de compte n'est pas une simple formalité, dit la circulaire ministérielle du 16 ventôse an IX, c'est une mesure essentiellement conservatrice, qui a pour objet du constater qu'aucune des sommes portées en dépenses n'a reçu une destination différente. que celle que la loi a fixée. Les conseils doivent s'assurer de la légalité de toutes ces dépenses, et rejeter en énonçant les causes de la décision, celles qui ne seraient pas suffisamment justifiées ». Le conseil général n'a donc qu'une mission de surveillance, il n'a aucun droit d'initiative.

La loi du 25 ventôse an VIII, conserve le maximum de 10 centimes, plus cinq centimes pour fonds de non valeurs, mais ne parle pas du fonds commun qui disparaît. Il ne devait être rétabli que longtemps après. Nous passons rapidement sur cette loi qui maintient toujours intacts les principes que nous avons posés pour arriver à l'arrêt des consuls du 25 vendémiaire, an X.

Les deux premiers articles de cette loi réunissent les traitements d'un certain nombre de fonctionnaires de l'ordre administratif ou judiciaire, sous le nom de dépenses fixes et décident qu'elles seront ordonnancées par les ministres de l'intérieur et de la justice chacun pour ce qui le concerne. Les articles suivants sont ainsi conçus :

Art. 3. — Les dépenses relatives aux enfants abandonnés, aux prisons, dépôts de mendicité, telles que traitement de concierges, guichetiers, officiers de santé et autres employés, nourriture des détenus, ameublement, grosses réparations des prisons et prétoires, service de chaines et de toutes autres dépenses se rapportant à celles ci-dessus énoncées, celles relatives aux frais de justice seront payées comme les autres dépenses variables sur les mandats des préfets

Art. 4. — Le ministre des finances prendra sur le produit

des onze centimes additionnels imposés en conformité de l'article 11 de la loi du 21 ventôse an IX, en sus du principal des contributions directes, les sommes nécessaires pour le paiement des dépenses énoncées dans l'article précédent. Il ordonnancera par ordonnance d'à-compte au profit des préfets par douzième chaque mois conformément à l'état annexé.

Art. 5. — Les fonds restant libres à la fin de chaque année sur ceux destinés aux dépenses dont il est parlé à l'article 3 et aux dépenses variables en général seront laissés aux préfets pour être employés en améliorations des établissements confiés à leur service.

Art. 6. — En cas d'insuffisance des sommes mises à la disposition des préfets pour quelqu'un des articles de dépenses portés au tableau joint au présent arrêté, ils pourront y suppléer avec les fonds excédant pour les autres articles.

Art. 7. — Le compte des dépenses désignées dans l'article 3 sera soumis aux conseils généraux de départements qui feront connaître leurs vues tant sur la suppression des abus qu'ils auraient remarqués dans le service que sur les améliorations qu'ils croiraient convenables et arrêteront le dit compte.

Ainsi les dépenses départementales se distinguent en fixes et variables ; les premières, comme nous le verrons bientôt, sont destinées à rentrer dans le budget de l'État ; les autres doivent devenir les véritables dépenses locales. La réforme la plus importante est celle qui laisse à la disposition des préfets les fonds restant libres à la fin de chaque année sur ceux employés aux dépenses variables. Les départements ont donc désormais des ressources qu'ils peuvent affecter intégralement à leurs besoins particuliers. Il est vrai que c'est le préfet, agent du pouvoir central, qui emploie le reliquat en améliorations des établissements confiés à ses soins. Mais cette mission doit justement le faire considérer bientôt comme étant non plus seulement l'agent de l'État mais aussi le représentant du département.

Pour les dépenses fixes, au contraire, le reliquat retourne au Trésor. C'est ce qu'explique formellement une circulaire du ministre de l'intérieur du 30 ventôse an XII : « Quelques préfets des départements où les centimes additionnels imposés pour les dépenses fixes excèdent le montant de ces dépenses ont paru croire que cet excédent pouvait suppléer à l'insuffisance présumée des centimes additionnels destinés aux dépenses variables, c'est une erreur. Les fonds imposés pour les dépenses fixes dans chaque département sont des parties de masse commune dont la valeur balance exactement le total général de ces dépenses dans toute la République. »

Il y avait donc des centimes distincts et pour les dépenses fixes et pour les dépenses variables. Jusqu'en 1805 les départements furent quant au maximum divisés en cinq catégories. Mais à partir de la loi du 2 ventôse an XIII (21 févr. 1805), il fut décidé que la loi de finances réglerait le nombre de centimes mis à la disposition de chaque département, d'après l'appréciation de sa position individuelle. C'est ce qu'établissent les articles suivants :

Art. 32. Il sera réparti en sus du principal de l'une et l'autre contribution comme en l'an XIII deux centimes par franc pour fonds de non-valeur et de dégrèvement.

Art. 33. Il sera réparti en outre sur le principal pour être versé au trésor public, et pour servir à l'acquit du montant des dépenses fixes énoncées au tableau annexé à la présente nomenclature le nombre de centimes portés au même tableau.

Art. 34. Il sera également réparti : 1° Sur le principal des deux contributions le nombre de centimes nécessaires à l'acquit des dépenses variables énoncées au tableau n° VI, après que le conseil général en aura réglé le montant, sans pouvoir excéder le maximum porté au même tableau ; 2° Sur lo principal de la contribution foncière seulement un centime et demi qui formera fonds commun pour subvenir aux frais de l'arpentage et de l'expertise dans les divers départements. Les conseils généraux de départements pourront en outre proposer d'imposer jusqu'à concurrence de 4 centimes au plus, soit pour réparation, entretien de bâtiments et supplément de frais de culte, soit pour construction de canaux, chemins ou établissements publics. Sa Majesté en son conseil d'État autorisera s'il y a lieu la dite imposition.

Cette dernière disposition de l'article 34 est fort importante. La création d'un budget facultatif augmente le droit d'initiative des conseils généraux et consacre d'une façon définitive l'existence propre et distincte des départements.

L'intervention de l'État est réservée entièrement, puisque l'autorisation du pouvoir central est exigée pour toute espèce d'imposition. Mais il est impossible de méconnaître que la personnalité des départements ne peut être désormais confondue avec celle de l'État.

Le célèbre décret du 9 avril 1811 vint apporter une nouvelle consécration à ce principe. Il est vrai qu'il a eu pour but principal de débarrasser l'État de propriétés dont l'entretien était coûteux.

Mais cette considération ne prouve rien contre la personnalité civile des départements qui selon nous existait déjà au paravant et qui a été simplement confirmée par cette nouvelle mesure législative. Un exposé détaillé des circonstances qui ont amené le gouvernement à rendre le décret de 1811 mettra ce point en lumière.

Nous avons déjà parlé d'une loi du 16 octobre 1790-30 janvier 1791 relative au logement des administrations départementales. La Constituante venait de détruire l'ancienne administration provinciale ; il s'agisssait de savoir ce que l'on ferait des édifices qui servaient à loger les intendants, les gouverneurs, les commandants et autres fonctionnaires publics ainsi que des hôtels destinés à l'administration des ci-devant pays d'État. L'Assemblée décida que les villes continueraient à être propriétaires des édifices qu'elles justifieraient avoir construits sur leurs terrains et à leurs seuls frais. Quant aux autres, ils devaient être vendus comme biens nationaux , sauf à la nation à se charger des dettes encore existantes et qui avaient été contractées par les provinces pour la construction desdits édifices. Ce premier point réglé, il fallait déterminer où seraient logées les nouvelles administrations. L'article 2 de la loi dispose que les hôtels de ville continueront à appartenir aux villes où ils sont situés, et que lorsqu'ils seront assez considérables pour recevoir le directoire du département, ledit directoire s'y établira, et sera tenu des réparations pour la portion de l'édifice par lui occupée. D'après l'article 4, si l'hôtel de ville est insuffisant, les palais do justice recevront les directoires de départements aux mêmes conditions. Enfin l'article 5 est ainsi conçu : « Tous les autres édifices et bâtiments quelconques, ci-devant ecclésiastiques et domaniaux, aujourd'hui nationaux, non compris dans les articles précédents, seront vendus, sauf aux directoires des départements, lorsque les hôtels de ville et les palais de justice ne seront pas assez vastes pour les contenir, à acheter ou louer, et chacun aux frais de leurs administrés respectifs, ce qui pourra leur être nécessaire pour leurs établissements sans qu'aucun membre des corps administratifs puisse y être logé. »

Tel était le système de la Constituante. Les directoires devaient loger l'administration aux frais des administrés. Une loi des 31 juillet - 6 août 1791 régla le loyer à payer à l'État par les corps administratifs quand le bâtiment était national. La base du loyer devait être fixée d'accord avec les préposés de l'administration des domaines nationaux, selon la valeur locative pour le passé et pour l'avenir au denier vingt-cinq de la valeur estimative des lieux. Les corps administratifs étaient déclarés responsables en leur propre et privé nom, de l'exécution de la loi. Ils étaient tenus de toutes indemnités envers la nation, et obligés en conséquence d'en payer le montant aux receveurs des domaines nationaux.

Plus tard des difficultés s'élevèrent au sujet du payement de ce loyer à l'État. Les départements soutenaient qu'en combinant les articles 2 et 13 de la loi du 11 frimaire an VII, il en résultait que cette loi n'avait entendu mettre à la charge des départements que les réparations locatives, du moins pour les édifices publics énumérés dans l'article 13, et que dans le silence de la loi on ne pouvait exiger un loyer ; quant aux préfectures, ajoutait-on, l'article 5 de l'arrêté du 26 ventôse an VIII a compris dans les dépenses locales le loyer des bâtiments de la préfecture lorsqu'il n'est pas fourni une maison nationale, et dans le cas contraire, il met à la charge des administrés les réparations grosses et menues, ce qui exclut l'idée d'un loyer à payer à l'État, et même pourrait faire admettre le transfert de propriété aux départements.

Les domaines repoussaient ces prétentions et soutenaient qu'en tous cas, les départements devaient un loyer à l'État.

Cette question provoqua de vives discussions : le ministre des finances dans un rapport présenté à l'empereur le 11 novembre 1810 s'exprimait ainsi : « Il me paraît nécessaire de prendre une mesure générale pour tout ce qui concerne les bâtiments nationaux occupés par les corps [administratifs..... Malgré les diligences faites pour recouvrer les loyers prévus par la loi du 6 août 1791, l'administration des domaines n'a pu parvenir au recouvrement que d'une faible partie de ces loyers... Il ne me paraît pas juste que quelques départements jouissent à titre gratuit des bâtiments nationaux occupés par les préfectures, lorsque d'autres départements sont obligés pour cet objet de louer des bâtiments particuliers dont ils sont tenus d'acquitter les loyers. L'égalité qui doit exister entre tous les départements de l'empire lorsqu'il s'agit de charges à supporter, devait s'opposer à ce que l'on affranchit, aux dépens du trésor public, quelques départements de frais d'administration auxquels d'autres départements restent assujettis. Je pense que le trésor public doit recevoir une indemnité à raison des édifices nationaux qu'occupent les autorités locales dont les dépenses sont mises par la loi au compte des administrés. J'estime que l'intérêt particulier de chaque département et l'intérêt du trésor public seraient que les départements fussent propriétaires plutôt que simples locataires des édifices nationaux ou sont actuellement placées les autorités à l'établissement desquelles les administrés sont tenus de pourvoir ; ces bâtiments seraient entretenus avec plus de soin, lorsque les départements considéreraient ces édifices comme leurs propriétés, et qu'ils cesseraient de craindre que le domaine n'en reprenne la possession. L'État de son côté recevrait un prix d'aliénation..... » Ce rapport fut soumis à l'examen des deux sections des finances et de l'intérieur du Conseil d'État ; l'avis du Conseil d'État établit :

1° Que les édifices *non nationaux* affectés depuis 1789 à un service public appartiennent en toute propriété aux départements, (loi des 16 octobre 1790, 13 janvier 1791). Il ne peut être question de loyer à payer à l'État ;

2° Que pour les édifices *nationaux*, la propriété n'a pas cessé d'appartenir à l'État. La loi du 31 juillet-6 août 1791 est formelle à cet égard. La loi du 2 frimaire an VII, met à la charge des départements les frais d'entretien, mais range parmi les dépenses générales de l'État les frais de construction et de grosses réparations, ce qui implique la propriété de l'État. Quant à l'arrêté du 26 ventôse an VIII, il a fait remise au département du loyer pour l'hôtel de préfecture, à condition de payer les grosses réparations, mais il n'a pas touché à la question de propriété ;

3° Qu'il y a lieu d'adopter la vente aux départements des édifices nationaux.

Le décret de 1811 fut rendu conformément à ces conclusions, sauf en ce qui concerne la vente qui fut remplacée par une concession gratuite. Il est ainsi conçu :

« Sur le rapport de notre ministre des finances, relatif aux bâtiments nationaux occupés par les corps administratifs duquel il résulte que l'État ne reçoit aucun loyer de la plus grande partie de ces bâtiments ; que néanmoins notre trésor impérial a déjà avancé des sommes considérables pour leurs réparations; que l'intérêt particulier de chaque département, autant que celui de notre Trésor, serait que les départements, arrondissements et communes fussent propriétaires desdits édifices au moyen de la vente qui leur en serait faite par l'État ;

Considérant que les bâtiments dont il s'agit n'ont pas cessé d'être la propriété de l'État, voulant néanmoins donner une nouvelle marque de notre munificence impériale à nos sujets de ces départements en leur épargnant les dépenses qu'occasionnerait l'acquisition desdits édifices ;

Avons décrété et décrétons :

Article 1ᵉʳ. — Nous concédons gratuitement aux départements, arrondissements ou communes, la *pleine propriété* des édifices et bâtiments nationaux actuellement occupés pour le service de l'administration des cours et tribunaux et de l'instruction publique.

Art. 3. — Cette concession est faite à la charge par lesdits départements, arrondissements et communes, chacun en ce qui le concerne, d'acquitter à l'avenir la contribution foncière et de supporter les grosses et menues réparations, suivant les règles et dans les proportions établies pour chaque local par la loi du 11 frimaire an VII, sur les dépenses départementales, municipales et communales et par l'arrêté du 27 floréal an VIII pour le payement des dépenses judiciaires. »

On voit que le décret ne s'applique qu'aux immeubles nationaux. Quant aux autres, en fort petit nombre il est vrai, la propriété des départements n'est pas seulement mise en doute ; l'avis du conseil d'État la reconnaît formellement, et c'est pour cette raison que le décret est muet à cet égard.

En résumé, à partir de cette époque, les départements ont un budget distinct de celui de l'État; à côté de dépenses fixes, simple annexe du budget de l'État, viennent se placer d'abord des dépenses variables ; le montant en est bien déterminé par le pouvoir central, mais elles sont acquittées au moyen de ressources qui, en cas de reliquat, restent entièrement à la disposition des départements ; à ces dépenses viennent s'en ajouter d'autres, purement facultatives, en vertu de la loi de l'an XIII. Mais ce n'est pas tout. Voilà le décret de 1811 qui reconnaît implicitement la faculté aux départements d'être propriétaires. Il semble que la personnalité civile ne devait plus être contestée à ces circonscriptions administratives. Elle le fut cependant et très vivement. On déniait aux départements la qualité de propriétaires en disant qu'ils n'étaient qu'administrateurs des biens de l'État consacrés à un service public et l'on soutenait que l'État pouvait, sans injustice, donner à ces biens une autre destination. On disait qu'aucun texte ne règle les dons et les legs faits à des départements, que les articles 910 et 937, 2045, 2121, 2227 du Code civil parlent de l'État, des communes et établissements publics, mais jamais des départements ; enfin que le décret de 1811, s'appliquant aux arrondissements comme aux départements, l'on ne peut reconnaître la personnalité civile aux seconds sans l'accorder aux premiers.

L'exposé historique que nous venons de faire nous semble réfuter suffisamment le premier de ces arguments. Quant à ce qui concerne les textes du Code civil, il n'y a rien d'étonnant à ce qu'ils soient muets au sujet des départements. Il est certain que ces nouvelles circonscriptions administratives, de création toute récente, et dont l'organisation n'a été que le résultat du temps, ne pouvaient s'imposer pour ainsi dire à la pensée des rédacteurs du Code civil, au même titre que les communes. Mais rien n'empêche d'admettre que les départements soient compris dans la dénomination d'établissements publics qui accompagne le mot communes. Enfin nous reconnaissons que le décret de 1811, s'appliquant aux arrondissements comme aux départements, semble entraîner

la personnalité civile des premiers aussi bien que des seconds.
Du reste, la loi du 28 pluviôse an VIII ne disait-elle pas déjà :
« Le conseil d'arrondissement entendra le compte annuel que
le sous-préfet rendra de l'emploi des centimes additionnels
destinés aux dépenses de l'arrondissement ». Il y avait là
certainement un ensemble de dispositions devant favoriser le
développement des arrondissements comme personnes civiles,
si la loi de 1838 n'était venu les réduire au simple rôle de
divisions administratives.

Quoiqu'il en soit, la controverse relative aux départements
a duré jusqu'à la loi de 1838. Le décret du 16 décembre 1811,
qui mit à la charge des départements un certain nombre de
grandes voies de communications, ne tranche pas la question
de propriété et, tout en augmentant l'importance des attributions des conseils généraux, n'apporte aucune lumière nouvelle à la question qui nous occupe. La loi de finances du
28 avril 1816 vint modifier sur quelques points la législation
concernant le budget départemental. C'est ainsi qu'elle rétablit le fonds commun. La loi de finances de 1817, décida
que six centimes seraient affectés aux dépenses fixes, et six
aux dépenses variables. Ces dépenses variables devaient être
établies dans un budget dressé par le préfet, voté par le conseil général, et définitivement approuvé par le ministre de
l'intérieur. En outre, les conseils généraux pouvaient voter
cinq centimes facultatifs. Enfin deux centimes supplémen-
taires formaient le fonds commun à distribuer entre les départements. Ce système dura jusqu'à la loi du 27 juin 1833,
qui rattacha au budget de l'État les dépenses fixes. Cette augmentation progressive des contributions affectées aux dépenses des départements prouve quelle était la vitalité de
ces circonscriptions administratives, bien que leur création
fût récente. Mais la question de la personnalité restait toujours obscure. Deux avis du Conseil d'État en date du 20 novembre 1818 et du 15 octobre 1819, repoussèrent la prétention des départements d'être personnes civiles. Une instruc-

tion du ministre de l'intérieur du 17 avril 1832, conclut dans le même sens.

Cependant des textes formels promulgués vers la même époque, nous semblent infirmer cette doctrine. L'article 17 de la loi du 18 avril 1831, s'exprime ainsi : « sont et demeurent abrogés, l'article 7 de la loi du 16 juin 1824 et les dispositions des lois qui n'ont assujetti qu'au droit fixe pour l'enregistrement et la transcription hypothécaire, les actes d'acquisition et les donations et legs faits au profit des départements, arrondissements, communes, etc... » La loi de 1824, parlait en effet des départements et autres établissements publics. Le législateur ne semblait donc pas mettre en doute que les départements pussent recevoir des dons et legs et être propriétaires.

L'article 26 de la loi de 1833, sur l'expropriation pour cause d'utilité publique n'est pas moins formel : « S'il s'agit de biens appartenant à *des départements*, des communes, les préfets, maires, pourront valablement accepter les offres... etc. »

Telle était la situation quand vint en discussion la loi de 1838 ; la question de la personnalité civile ne pouvait pas être éludée. Dans son rapport à la Chambre des députés sur le projet de loi du gouvernement, M. Vivien s'exprimait ainsi : « Les départements ont des propriétés ; non seulement les bâtiments et édifices destinés au service public leur appartiennent soit en vertu du présent onéreux que leur a fait le décret de 1811, soit par suite de l'origine départementale des fonds employés à leur acquisition ou construction ; mais il en est en outre qui jouissent de certains biens à titre privé, par suite de dispositions de bienfaisance faites à leur profit, ou même d'acquisitions. Que les départements doivent ou non être propriétaires, c'est une question dont l'examen pourrait soulever de vives discussions, mais *qui ne nous était pas soumise, car elle était résolue par les faits.* » Ainsi donc le rapporteur reconnaît que les départements peuvent posséder non seulement des immeubles affectés à un service

public, mais encore des biens productifs de revenus comme
un particulier. De là deux catégories de propriétés distinctes
appelant des dispositions de lois différentes. En ce qui concernait les immeubles affectés à un service public, le projet
de la commission d'accord sur ce point avec celui du gouvernement soumettait à l'autorisation du pouvoir central
toutes les délibérations du conseil général les concernant.
Mais quant aux propriétés départementales, le rapporteur
distinguait les actes de disposition qui devaient être soumis
à l'approbation gouvernementale de ceux relatifs au mode
de gestion pour lesquels il donnait un pouvoir réglementaire
aux conseils généraux. « Les propriétés, disait le rapport,
destinées à un service public sont placées tant pour les actes
de disposition que pour le mode même de possession sous la
double autorité du département comme propriété, et de
l'État comme gardien des intérêts généraux. Mais celles qui
sont utiles, productives de revenus ne sont soumises à l'autorité centrale que pour ce qui concerne les actes de propriété. Ce sera le conseil général qui règlera le mode de
gestion. Il est à cet égard dans la même position que les
conseils municipaux à l'égard de la commune... il s'agit de
biens qui ne sont jamais l'objet d'une jouissance en nature,
et à l'occasion desquels des intérêts privés ne peuvent être
lésés. »

En conséquence, la commission proposait un article ainsi
conçu : « Le conseil général règle le mode de gestion de
propriétés départementales productives de revenus. » Une
vive discussion s'engagea à ce sujet. Un membre de la Chambre, M. Vatout, commença par remarquer que c'était la première fois que le département se présentait dans une loi
comme personne civile. Il rappela l'œuvre de la Constituante
qui, d'après lui, n'avait créé que des circonscriptions administratives, et demanda qu'il n'y fût pas porté atteinte. Enfin,
il repoussa toute assimilation entre la commune et le département ; la commune est propriétaire par elle-même, par son

droit propre, elle l'était avant tous les changements politiques survenus dans notre pays. Elle peut facilement administrer ses biens, et en individualiser pour ainsi dire les revenus. Ainsi, quand il s'agit d'un bois communal, l'affouage se distribue entre tous les habitants de la commune. Évidemment, il ne peut en être de même pour le revenu de la propriété départementale. Ce revenu, il est vrai, ne s'élève pas à plus de dix ou douze mille francs pour tous les départements. « Aussi, ajoutait l'orateur en terminant, ce n'est pas comme exécution, c'est comme principe que j'attaque l'article 4 de la commission, principe, je le sais, dont les conséquences ne sont pas présentes, ni sensibles, mais qui en se développant peuvent le devenir. Je déclare que ce principe est à mes yeux un pas rétrograde vers les États de province ».

M. le comte de Montalivet, ministre de l'intérieur, parla dans le même sens. La question, dit-il en substance, semble peu importante, la propriété dont il s'agit s'élève à un revenu assez faible ; quarante départements seulement ont des biens productifs de revenus. Mais il y a une question de principe engagée. On nous dit que le conseil municipal ayant le droit de régler la gestion des propriétés communales, c'est bien le moins que le conseil général ait un droit analogue. Il faut donc comparer les deux espèces de propriétés. Or les propriétés communales sont considérables et c'est une raison pour que le législateur s'en occupe d'une manière toute particulière. De plus, elles sont de leur nature permanentes, tandis que la propriété départementale n'est qu'un accident. Parmi les immeubles dont nous nous occupons en ce moment il n'en est pas un seul qui ait été acquis par le département ou légué par des tiers dans le seul but de constituer une propriété. Voici quelle est leur origine : lorsqu'un département a reçu de l'empire, en vertu du décret du 9 avril 1811, la concession des bâtiments affectés à un service public, il est arrivé que le service public n'a pas eu besoin de la totalité de l'immeuble concédé. Alors, le département concessionnaire a demandé l'autorisation d'affermer la portion du bâtiment qui n'était pas nécessaire au service public, et cette autorisation a été accordée. Il est de même arrivé que des acquisitions étant faites pour des travaux ou des services publics, et les terrains ou bâtiments achetés étant plus considérables qu'il n'était nécessaire, le département acquéreur a demandé l'autorisation de tirer profit de ce qui excédait les besoins du service public auquel on destinait l'immeuble. Ainsi, dans tous les actes, l'origine des propriétés départementales remonte aux nécessités du service public, et jamais un département n'est devenu propriétaire dans le seul désir de posséder des propriétés. De même, parmi les biens légués il n'y en a pas un seul, même productif de revenus qui ait été donné à un département, si ce n'est pour un service public ou pour être affecté à des actes de bienfaisance assez généraux pour rentrer dans la classe des services publics. La propriété départementale ne peut donc être assimilée à la propriété communale : ce n'est pas une propriété privée. C'est une propriété transitoire accidentelle, qui est renfermée entre son origine et le moment possible où elle reviendra à un service public, car le département ne conserve d'immeubles productifs de revenus que par la considération que, dans un moment donné, ils lui seront utiles pour les services publics. Et plus loin, prenant à partie le rapport de M. Vivien, M. de Montalivet s'exprimait ainsi : « Vous allez donner un droit non seulement aux conseils généraux des départements qui ont des propriétés, mais aux conseils généraux qui n'en ont pas. Il arrivera ce que vous voulez empêcher vous-mêmes, votre rapport l'a dit. Dans la forme incertaine dont vous avez parlé de ce droit de propriété, vous avez presque regretté que le projet du gouvernement l'ait reconnu, vous avez semblé regretter qu'on ne se soit pas arrêté à la première pensée de l'assemblée qui avait divisé la France en départements, et qui n'a jamais pensé à constituer des biens de main-morte entre les mains des départements. Le département a été, dans sa pensée, une circonscription politique placée entre l'État et la commune, propriétaires tous les deux ; mais, quant aux départements, la pensée qui a présidé à sa formation a été celle-ci : faciliter l'administration et en même temps créer une circonscription politique. Eh bien, vous avez regretté vous-même qu'on ait dévié du principe..... *on n'a pu faire autrement. Le projet de loi a dû statuer non sur un principe, mais sur des faits existants.* Notre projet peut se justifier comme reposant sur des faits, comme reconnaissant des faits et pas autre chose, tandis que celui de la commission repose sur un principe que vous regardez vous-même comme dangereux. En créant un droit pour les départements, vous leur inspirerez le désir d'être propriétaires. Nous admettons les faits existants, mais nous n'avons pas voulu aller au delà. »

M. Gaulthier de Rumilly parla en faveur du projet de la commission et repoussa la distinction qu'on voulait établir entre les biens communaux et les biens départementaux. « Du moment que vous reconnaissez que le département est une individualité, il faut que vous fassiez rentrer dans le vote souverain du conseil, le règlement quant à la jouissance des biens productifs de revenus. »

M. Vivien prit ensuite la parole et défendit le projet de la commission au moyen de considérations pratiques ; il chercha à écarter la question de principe, sentant bien que la Chambre ne lui donnerait pas raison sur ce point.

Après une réplique du ministre de l'intérieur, l'article 4 de la commission fut mis aux voix et repoussé. Le système du gouvernement l'emporta et devint celui de la loi. Ainsi le département est bien reconnu personne civile ; il peut acquérir, aliéner, transiger, plaider devant les tribunaux. Mais que de réserves au sujet de l'exercice de ses droits de propriétaire ! Comme l'on semble redouter encore le rétablissement des biens de main-morte, le retour aux privilèges des anciennes provinces ! Ces craintes n'ont pas été justifiées par les faits. Le département est resté ce que les partisans du projet du gouvernement désiraient qu'il fut avant tout, c'est-à-dire une circonscription administrative destinée à assurer certains services publics. Les propriétés productives de revenus sont encore aujourd'hui fort peu nombreuses, et personne ne songe à s'inquiéter de l'extension qu'elles pourraient prendre. Par contre, la personnalité civile sanctionnée d'une façon définitive par la loi de 1838 a puissamment aidé les départements à remplir le rôle qui leur a été confié. « Qui peut contester, dit M. Béchard, que la création de la propriété départementale n'ait excité de la part des conseils locaux un redoublement de sollicitude et de zèle pour l'accomplissement de tous les services, et ne soit devenu un principe d'amélioration de tout genre ? » (1)

C'est ce que l'on comprenait déjà en 1866; la question de la personnalité ne fut pas soulevée, le principe était acquis, et le droit donné au conseil général de régler définitivement le mode de gestion aussi bien que les aliénations des biens non affectés à un service public fut accordé sans difficulté.

(1) M. F. Béchard. *L'Administration de la France.*

CHAPITRE III

DES BIENS QUI COMPOSENT LE DOMAINE DÉPARTEMENTAL

PREMIÈRE SECTION

Du domaine privé

Les propriétés faisant partie du domaine privé des départements, sont immobilières ou mobilières. Nous examinerons successivement les unes et les autres.

Propriétés immobilières.

Laissant de côté les biens productifs de revenus qui sont peu considérables, et dont nous n'avons qu'à constater l'existence, nous nous attacherons uniquement aux propriétés affectées à des services publics.

La plupart proviennent du décret de concession de 1811 ; ce sont les édifices et bâtiments nationaux occupés à cette époque pour le service de l'administration, des Cours et tribunaux, de l'instruction publique, et dont l'entretien et la réparation étaient à la charge des départements en vertu de la législation existante. Ces immeubles comprennent en premier lieu les hôtels de préfecture et de sous-préfecture ; en effet, la loi du 11 frimaire de l'an VII classait parmi les dépenses départementales l'entretien des édifices servant aux administrations centrales.

Quant aux bâtiments des Cours et tribunaux, ceux-là seuls sont compris dans la concession, qui sont affectés aux Cours d'assises, aux tribunaux civils d'arrondissement, aux tribunaux de commerce. La concession ne s'applique pas aux édifices qui étaient, en 1811, occupés par les Cours d'appel. En effet, l'arrêté consulaire du 27 floréal an VIII, disposait que les dépenses des tribunaux d'appel créés par la loi du 27 ventôse an VIII, seraient réparties entre les départements compris dans l'arrondissement d'appel ; plus tard, la loi de finance du 25 mars 1817 a mis ces mêmes dépenses au nombre de celles qui sont communes à tous les départements et imputables sur la portion des centimes centralisés au Trésor. Ainsi les dépenses de construction et d'entretien des bâtiments affectés au service des Cours d'appel n'ont jamais été à la charge spéciale du département dans lequel ces bâtiments sont situés et le décret de 1811 ne trouve pas ici son application (arrêt du Conseil d'État du 3 juin 1858).

Nous devons ajouter à l'énumération des édifices concédés en vertu du décret de 1811, les casernes de gendarmerie et les prisons. Dès l'origine, la loi des 16 janvier-16 février 1791, avait considéré la gendarmerie comme une dépense départementale, du moins en ce qui concerne le casernement. Un certain nombre d'édifices nationaux furent mis à cet effet à la disposition des départements et même une mesure générale dispensa ceux-ci de payer un loyer. Quand intervint le décret de 1811, la question se posa de savoir s'il était applicable aux édifices nationaux qui se trouvaient au moment de sa publication affectés au service de la gendarmerie ; un arrêt du Conseil d'État du 31 août 1837 a tranché la question dans le sens affirmatif en se fondant sur ce que le casernement de la gendarmerie avait été mis à la charge des départements par un décret du 11 juin 1810.

Quant aux prisons, l'article 3 de la loi du 16 octobre 1790-30 janvier 1791 avait décidé qu'elles seraient entretenues aux frais des justiciables. Ces édifices suivirent donc le sort des autres immeubles départementaux. La loi du 11 frimaire an VII, les comprend parmi les immeubles dont les grosses réparations sont au nombre des dépenses générales, et l'entretien au nombre des dépenses départementales, et même un arrêté du 25 vendémiaire an X porte que les dépenses relatives aux prisons, telles que : nourriture des détenus, ameublement, grosses réparations seront payées à l'avenir comme les autres dépenses variables sur les mandats des préfets, et par conséquent supportées toutes, sans exception, par le département. L'application du décret de 1811 à ces édifices ne saurait donc être contesté.

Les prisons départementales comprennent : 1° Les maisons d'arrêt non seulement du chef-lieu du département, mais des chefs-lieux des arrondissements, qui reçoivent les prévenus et les accusés ; 2° Les maisons de justice établies dans la ville où siège la Cour d'assises ; 3° Les maisons de correction qui reçoivent les individus condamnés à des peines correctionnelles.

Du reste, s'il s'agissait d'une prison militaire, le décret de 1811 ne saurait être mis en cause (Arrêt du Conseil d'État du 14 août 1867).

Cette énumération du décret de concession doit être considérée comme limitative. C'est ainsi qu'il a été décidé par le Conseil d'État que les départements ne peuvent réclamer la propriété des édifices nationaux qu'ils occupaient à cette époque qu'en ce qui concerne les locaux affectés à un service public du genre de ceux énumérés dans le décret ; les parties des édifices qui n'avaient pas reçu cette destination, sont restées la propriété de l'État (Conseil d'État, 17 mai 1837).

Nous pouvons citer également comme application du même principe un arrêt du 27 mai 1846 qui a refusé de comprendre au nombre des biens concédés par le décret de 1811, un ancien couvent affecté antérieurement à l'établissement d'un séminaire diocésain.

Cependant, il a été jugé que lorsque des boutiques formaient partie intégrante et indivisible d'un édifice national occupé par une sous-préfecture en 1811, et avaient été comprises dans le procès-verbal de remise, sans que l'administration des domaines informée de cette remise eût prescrit aucune disposition contraire, l'État ne pouvait plus être admis à revendiquer utilement contre un département après onze ans de possession paisible la propriété des dites boutiques (Conseil d'État, 6 février 1839).

Toutes ces questions relatives à l'interprétation du décret de 1811 sont de la compétence des tribunaux de l'ordre administratif. Cette décision est conforme à la jurisprudence constante du Conseil d'État (Voir en ce sens arrêts du 6 mars 1835, du 6 mai 1836, 6 février 1839, 13 janvier 1847).

La Cour de cassation saisie de la question, s'est prononcée tout d'abord dans un sens contraire. Ainsi, un arrêt du 2 mai 1848 a décidé que les tribunaux civils sont exclusivement compétents pour connaître des questions de propriété auxquelles peuvent donner naissance les concessions de propriétés légalement faites par le gouvernement d'une partie du domaine public. C'était l'application d'une doctrine plus générale d'après laquelle, il faudrait distinguer les actes d'administration proprement dits qui contiennent des prescriptions individuelles, et les actes réglementaires, c'est-à-dire ceux par lesquels l'autorité administrative établit dans les limites de sa compétence des dispositions générales obligatoires pour tous, véritables lois faites directement ou par délégation et dont, à ce titre, l'interprétation semble devoir appartenir aux tribunaux. Le Conseil d'État soutenait au contraire que l'interprétation des actes de concession émanés de la puissance souveraine n'appartenait qu'à lui. « Quand l'État fait une concession, il entend se réserver le soin, en cas de difficulté, d'en déterminer l'étendue afin de ne pas se trouver en définitive avoir concédé plus qu'il n'avait l'intention de donner. Les concessions de partie du domaine de l'État, alors même qu'elles sont faites à des personnes civiles et à des généralités d'individus, et qu'elles empruntent la forme des décrets ou ordonnances, restent distinctes des dispositions législatives proprement dites dont l'interprétation et l'application appartiennent, sans conteste, aux tribunaux ordinaires. Dans les concessions, comme celles qui résultent du décret de 1811, ce qui domine de fait et d'intention, c'est l'élément, le caractère politique et l'on peut dire que ce sont là des actes de haute administration dont il est prudent de laisser le soin de fixer la portée et les limites à l'autorité de laquelle ils émanent » (1).

Il y avait donc dissentiment entre le Conseil d'État et la Cour de cassation quand cette dernière juridiction fut de nouveau saisie de la question qui nous occupe, et rendit un arrêt du 24 juin 1851, ainsi motivé : « Attendu que, dans l'état ou se présente la cause, il s'agit de l'exécution du décret du 9 avril 1811 ; qu'il ne saurait être statué sur la demande dont il s'agit qu'en appréciant et déterminant le caractère de la concession qui aurait été faite au département de la Corse en vertu de ce décret ; qu'une telle appréciation et une telle détermination rentrent dans les attributions de l'autorité administrative ; que dès lors en évoquant la cause et statuant sur le fond , l'arrêt attaqué a commis un excès de pouvoir et violé les règles de la compétence, que ce moyen nouveau étant d'ordre public a pu être présenté pour la première fois devant la Cour ».

L'interprétation du décret de 1811 est donc du ressort de l'autorité administrative ; il faut ajouter que c'est le Conseil d'État seul qui est compétent à l'exclusion du conseil de préfecture.

Du reste, il doit être bien entendu qu'il n'y a lieu à la compétence du Conseil d'État que dans les limites qui viennent

(1) Dalloz. *Jurisprudence générale* (1851, — I — p. 196 en note).

d'être indiquées, c'est-à-dire seulement quand il s'agit d'interpréter. Il est en effet de principe que lorsque dans une instance engagée devant un tribunal civil une des parties invoque un acte administratif, si le caractère, le sens et la portée de cet acte ne sont pas contestés, il n'y a pas lieu de renvoyer aux tribunaux administratifs. Ainsi les tribunaux ordinaires seront compétents pour statuer sur une question de propriété s'élevant entre un département et un particulier et relative à un immeuble concédé en vertu du décret de 1811.

On peut remarquer la concordance entre le décret de 1811, et l'article 12 de la loi du 10 mai 1838 ; en effet, tous les immeubles concédés par le décret de 1811 sont relatifs à des services déclarés obligatoires en 1838. Si donc dans certains départements il n'y avait pas de biens nationaux affectés à ces services, les départements ont dû se procurer des immeubles à leurs frais. C'est ainsi que l'acquisition et l'entretien des hôtels de préfecture sont imposés aux départements. Dans ces hôtels, doivent être logés les préfets ; cette dernière obligation résulte de l'arrêté du 17 ventôse, an VIII, rendu en exécution de la loi du 28 pluviôse de la même année. Quant aux hôtels de sous-préfecture, jusqu'à la loi de 1838, les départements ne furent pas obligés de pourvoir aux logements des sous-préfets et de leurs bureaux, tandis qu'auparavant les directoires de districts non logés il est vrai avaient des bureaux dans un local aux frais des administrés. La loi de 1838 a fait disparaître cette anomalie. Cette même loi classe également parmi les dépenses obligatoires celles qui sont relatives à la gendarmerie, aux prisons, et aux cours et tribunaux. En ce qui concerne ce dernier service il faut remarquer que dans beaucoup de départements, le même édifice reçoit les Cours d'appel et les tribunaux de première instance. Dans ce cas les dépenses d'entretien à la charge de l'État et des départements donnent lieu à une ventilation basée sur la superficie de l'espace occupé par les services de

la Cour d'appel et par les tribunaux inférieurs, et une décision
ministérielle après délibération des conseils généraux fixe
ces parts respectives. Cette décision est annuellement confirmée par le décret qui règle le budget du département.
Il résulte de là que lorsqu'il s'agit de construire ou de recons-
truire un édifice destiné à recevoir tous les services judiciaires on doit procéder à une répartition des frais calculés
d'après les mêmes principes.

Du reste, si les départements la plupart du temps acquiè-
rent ou construisent des immeubles pour assurer certains
services publics, la loi ne leur impose aucune obligation à
cet égard ; ils peuvent se contenter de louer des locaux. C'est
ce qu'ils font le plus souvent à l'égard des casernes de gendarmerie. Cependant on peut dire que les départements ont en
général intérêt à devenir propriétaires, à cause des dépenses
d'appropriation qui sont le plus souvent indispensables, et
qu'on ne peut espérer laisser à la charge du propriétaire, en
cas de location.

Parmi les services énumérés dans le décret de 1811, celui
de l'instruction publique n'a donné lieu à aucune concession
d'édifices aux départements. Ce ne fut que la loi du 28 juin
1833 qui établit la propriété départementale en cette matière.

D'après l'article 11 de cette loi, tout département était
tenu d'entretenir une école normale primaire soit par lui-
même, soit en se réunissant à un ou plusieurs départements voisins. En 1850, la loi du 15 mars (art. 35) maintint
les écoles normales primaires dont on avait demandé la suppression, mais autorisa les conseils généraux à les remplacer par des cours normaux. Malgré cette facilité laissée aux
conseils généraux aucune école existante ne fut supprimée ;
quelques-unes même furent créées. En 1879, sept départements seulement n'avaient pas d'écoles normales de garçons ;
quant aux écoles de filles, le nombre des départements qui
en étaient privés s'élevait à soixante-trois.

La loi du 9 août 1879 a imposé à chaque département d'avoir

une école pour les garçons et une pour les filles, et a donné à cet effet aux conseils généraux un laps de quatre ans à partir de la promulgation de la loi. Un décret peut autoriser deux départements à s'unir pour fonder et entretenir en commun soit l'une ou l'autre des écoles primaires, soit toutes les deux. Les départements procèdent alors conformément aux articles 89 et 90 de la loi du 10 août 1871. Les dépenses relatives à cet objet sont obligatoires. Du reste, ici comme pour les autres édifices, le département peut se contenter de louer un local convenablement approprié.

Nous devons ajouter qu'en vertu de la loi de 1871, les départements doivent être ou propriétaires ou locataires d'un local affecté à la réunion du conseil départemental de l'instruction publique et au bureau de l'inspecteur d'Académie...

Du reste, cette disposition résultait déjà de l'article 10 de la loi du 14 juin 1854.

Les services dont nous avons parlé jusqu'ici ne sont pas les seuls que les départements soient tenus d'assurer. Il faut y joindre celui des aliénés. La loi de 1838 impose en effet aux départements l'obligation d'avoir un asile ou de traiter avec un établissement privé. Si le conseil général se décide à acquérir un immeuble, il est certain alors que c'est le département qui est le propriétaire des bâtiments et que l'asile ne forme pas une personne civile distincte pouvant revendiquer cette propriété. Telle était la pensée des auteurs de la loi de 1838. Devant la Chambre des pairs, le rapporteur, M. Barthélemy faisait observer « que les conseils généraux répugneraient toujours à voter des fonds pour des constructions qui n'appartiendraient pas en propre à leur département ». Notons toutefois que si l'asile ne forme pas une personne civile distincte, cependant à certains points de vue son budget ne doit pas être confondu avec celui du département. Nous reviendrons plus tard sur ce point.

Avant la loi de 1866, on devait combiner l'article premier de la loi du 30 juin 1838, avec les articles 11 et 12 de la loi du

10 mai 1838. Il en résultait que si le département possédait déjà un établissement d'aliénés, le conseil général ne pouvait le supprimer à sa guise pour faire un traité avec un établissement privé, puisqu'il ne pouvait changer la destination des édifices départementaux sans y être autorisé par décret. Et s'il refusait de voter les dépenses de réparation et d'entretien, on les inscrivait d'office. Mais réciproquement, on admettait que l'administration n'avait aucun moyen de forcer un département à acquérir un asile et à résilier le traité passé avec un établissement privé. La loi de 1871 ayant donné aux conseils généraux le droit de modifier à leur gré l'affectation des immeubles autres que ceux énumérés dans le paragraphe 4 de l'article 46, il en résulte qu'ils peuvent opter. librement aujourd'hui entre les deux systèmes.

Un certain nombre de départements sont enfin propriétaires de dépôts de mendicité. Avant 1789, d'après un arrêt du conseil du 21 septembre 1767, chaque généralité devait avoir sa maison de correction, établissement tenant le milieu entre les prisons et les hospices et où l'on enfermait les mendiants. La loi des 19-24 mars 1793, prescrivit qu'il serait établi dans chaque département des maisons de répression pour les mendiants. Cette loi ne fut pas appliquée ; les anciens établissements disparurent peu à peu et une suite de mesures législatives relatives à l'extinction de la mendicité restèrent sans résultat. Enfin, le décret du 5 juillet 1808 prescrivit de former dans chaque département un dépôt de mendicité pour les vagabonds non mendiants. Les dépenses étaient mises à la charge du trésor du département et des villes. La propriété n'appartenait donc pas nécessairement aux départements, et le décret de concession de 1811, en vertu des principes posés plus haut, ne put recevoir ici son application. La question de savoir si un département est propriétaire de tel ou tel établissement est une pure question de fait.

Ici se termine l'énumération des édifices départementaux. Ajoutons cependant que certains départements peuvent se trouver propriétaires d'édifices diocésains, par suite de circonstances particulières. Lors du Concordat, on affecta aux archevêchés et évêchés, des cathédrales, des palais épiscopaux et des séminaires pris autant que possible parmi les domaines nationaux non aliénés. Tous ces édifices restèrent la propriété de l'État. Seulement l'article 71 de la loi du 18 germinal an X disposa que les conseils généraux de département étaient autorisés à procurer aux archevêques et évêques un logement convenable. Les départements qui auraient usé de cette faculté seraient certainement propriétaires des bâtiments affectés au logement de l'évêque.

Nous avons classé sans hésitation tous les édifices départementaux dont il vient d'être question dans le domaine privé du département. Ce point de droit a cependant fait l'objet de vives discussions dans la doctrine. Mais avant d'entrer dans la discussion, il importe d'en déterminer au juste l'intérêt pratique, en observant du reste qu'elle s'applique aussi bien aux édifices publics de l'État qu'à ceux du département.

Le domaine public est inaliénable et imprescriptible. Classer dans ce domaine les immeubles affectés à un service public, c'est les frapper par cela même de l'indisponibilité la plus complète tant que durera leur affectation. C'est déclarer qu'ils ne peuvent faire l'objet d'une possession annale de nature à engendrer l'action possessoire (1), qu'ils ne sont pas susceptibles d'être grevés d'une servitude par prescription, et qu'ils ne tombent pas sous l'application de l'article 661 du Code civil en vertu duquel un propriétaire peut rendre mitoyen le mur

______

(1) L'intérêt de la controverse n'existe qu'en cas d'action possessoire intentée par un tiers contre le département. Dans le cas contraire, il est incontestable que le représentant du domaine public départemental peut se prévaloir contre un tiers de la possession annale pour faire respecter les dépendances de ce domaine.

De même si l'instance possessoire est engagée entre deux particuliers agissant en leur nom propre, aucun d'eux n'aurait qualité pour opposer le moyen d'imprescriptibilité, en admettant que ce moyen fût recevable d'une manière générale, parce que le juge doit statuer sans se préoccuper de savoir s'il y a ou non domanialité publique.

joignant son fonds, en remboursant au maître de ce mur la moitié de sa valeur ; car il y aurait là une espèce d'aliénation forcée à laquelle le département pourrait refuser de consentir.

On voit ainsi qu'à de nombreux points de vue il est important de caractériser la nature du droit de propriété des départements sur les édifices affectés à un usage public. Mais il ne faut pas aller trop loin. Quand même ces édifices seraient aliénables, ils ne peuvent cependant être assimilés aux biens appartenant à de simples particuliers. Car il faut remarquer que le département, quoique propriétaire, n'a qu'un droit d'aliénation soumis à certaines restrictions. (Article 49 dela loi de 1871). De même, quel que soit le système adopté, l'article 257 du Code pénal reste applicable. La question de domanialité publique ou privée n'est pas ici en cause. Cet article est ainsi conçu : « Quiconque aura détruit, abattu, mutilé, ou dégradé des monuments, statues et autres objets destinés à l'utilité ou à la décoration publique, et élevés par l'autorité publique ou avec son autorisation sera puni, etc.» Parmi les monuments affectés à l'autorité publique, il faut évidemment comprendre les édifices départementaux de la nature de ceux concédés par le décret de 1811. Cependant MM. Faustin-Hélie et Chauveau veulent restreindre l'application de cette disposition aux œuvres d'art. « S'il faut envelopper dans cette protection salutaire toutes les œuvres des arts quelles qu'elles soient, qui servent à la décoration de nos cités et qui deviennent des lors une propriété publique, il faut en écarter en même temps tous les monuments, toutes les constructions qui n'ont pas ce caractère. » Mais l'article ne parle pas seulement de décoration; il y ajoute l'utilité publique ; cette interprétation n'est donc pas admissible; comme le dit justement M. Dalloz « à l'égard de ceux-ci (les édifices destinés à l'utilité publique), que l'art domine ou non dans les formes données à leur construction, ils n'en sont pas moins placés sous la sauvegarde de la loi, du moment qu'ils ont un caractère et un but d'utilité publique. » Il résulte de là que l'acte de possession sur un édifice départemental, se manifestant en général par un fait pouvant constituer une dégradation, ainsi un jour pratiqué dans un mur, une pierre enlevée pour appuyer une poutre, une telle possession devra être considérée comme délictueuse, et par suite ne pourra servir de fondement à une action possessoire dirigée contre le département. Ce qui fait disparaître un des inconvénients attribués à la théorie de la domanialité privée des édifices départementaux. Dans l'application même de ce système, ces édifices sont protégés par l'article 257 du Code pénal (1).

La doctrine est très divisée sur la question qui nous occupe. Voici, d'après M. Ducrocq, les principes qui doivent dominer en cette matière : « le législateur ne peut avoir abandonné à l'arbitraire des tribunaux, la détermination de la nature légale des choses domaniales. Or à défaut d'un texte général que nous ne voyons nulle part et qui attribuerait au domaine public les bâtiments affectés à un service public, nous les classons tous en principe dans le domaine privé de l'État, du département, de la commune ; nous n'excluons de cette règle générale que les bâtiments investis par un texte spécial de la domanialité publique. » Ainsi l'affectation d'un édifice à un service public ne peut en changer le caractère et la nature légale ; il ne passe pas du domaine privé dans le domaine public du département. Ce système repose sur cette idée fondamentale qu'une chose domaniale ne peut faire partie du domaine public, être inaliénable et imprescriptible qu'en vertu d'un texte de loi général ou spécial. Ceci n'est contesté par personne. Mais M. Ducrocq, contrairement à ce que soutiennent certains auteurs, affirme qu'il n'existe aucun texte de cette nature. La controverse porte sur l'article 538 du Code civil. Or cet article ne mentionne aucune dépendance du domaine public consistant en un terrain bâti.

(1) Voir Ducrocq. *Traité des édifices publics.*

Il semble difficile d'admettre que ces édifices publics appartenant à l'État, au département, ou à la commune, et si importants par leur nombre et leur valeur, aient échappé à l'attention du législateur si celui-ci avait eu réellement l'intention de les classer dans le domaine public. L'article ajoute « et généralement toutes les portions du territoire français qui ne sont pas susceptibles de propriété privée ». L'expression *portion du territoire* semble bien inapplicable à des constructions. Elle se refère à l'énumération précédente qui ne parle que de terrains non bâtis. Quant au second membre de phrase : « qui ne sont... », il exclut également les édifices dont nous parlons. La pensée du législateur est que la nature physique des choses du domaine public est ce qui les distingue de celles qui font partie du domaine privé. Ainsi les fleuves, les ports, les rades sont par leur nature non susceptibles de propriété privée. Les routes elles-mêmes, sinon par leur nature physique, du moins par leur affectation, ne peuvent être la propriété d'un particulier.

Il n'en est pas de même pour les édifices. Ce sont des maisons comme les autres, il peut même arriver que le département loue un immeuble pour l'affecter à un service public ; c'est ce qui arrive fréquemment pour les casernes de gendarmerie.

Il n'y a donc aucun rapport entre l'affectation d'une chose à la jouissance commune et publique, comme celle d'une route et l'affectation à un service public. C'est même cette destination à une jouissance commune qui forme le caractère distinctif du domaine public ; ce qui exclue du moins en principe les édifices. Il peut certainement, en dehors de ce caractère de jouissance commune, exister d'autres raisons de classer un bien dans le domaine public. Ainsi les églises, suivant un grand nombre d'auteurs, font partie du domaine public ; mais c'est en vertu de considérations spéciales qui ne peuvent s'appliquer aux édifices dont nous nous occupons ici.

La théorie que nous exposons peut également s'appuyer

sur l'article 540 du Code civil. Pourquoi cet article a-t-il cru
devoir classer certaines constructions spéciales dans le do-
mainepubli ? Justement parce que le légistaleur a senti que
les portes, murs, etc... ne pouvaient rentrer dans la définition
de l'article 538, puisqu'ils sont susceptibles de propriété
privée, et ne peuvent être considérés comme des portions du
territoire français. Dans la doctrine contraire, l'utilité de cet
article ne se fait pas sentir ; car si l'article 538 comprend
les édifices, a fortiori il comprend les forteresses, et alors
pourquoi une disposition spéciale ?

Un savant auteur, M. Gaudry, dans son traité du *Domaine*,
soutient un système différent : d'après lui un édifice doit
être classé dans le domaine public en vertu de la perpétuité
et de la généralité de son affectation ; quand ces deux conditions sont réunies il n'est pas besoin d'un texte particulier
pour produire la domanialité publique. Le mot de perpétuité
signifie que « dans la pensée qui a élevé ou accepté un mo-
nument ou un édifice, il y a volonté que l'utilité publique en
conserve le bienfait tant que les besoins du département ou
la nature des choses le permetlront ». La généralité « est le
caractère principal d'un établissement public. Il est public
parce qu'il appartient à tous ». D'après M. Gaudry, peu importe que le public n'ait pas la disposition ni même l'accès
de l'immeuble du moment qu'il existe pour l'intérêt général.
« L'affectation à un service public a pour résultat de consacrer un édifice à un usage public », dit un autre auteur,
M. Bressolles.

La première condition exigée par M. Gaudry nous paraît
purement arbitraire ; pourquoi distinguer entre l'affectation temporaire et perpétuelle ? « Que décidera-t-on, dit M.
Ducrocq, de ces hôtels de préfecture dont l'abandon est
voté par les conseils généraux longtemps avant l'érection de
l'hôtel nouveau ? Dans cet intervalle il ne serait pas raisonnable de reconnaître, à l'affectation dont l'ancien hôtel est
encore l'objet, le caractère de perpétuité même relative. Et

que décidera-t-on si le conseil général, dans une session ultérieure, revient sur sa délibération première et décide le maintien définitif de la préfecture dans ses bâtiments actuels? Domaine public avant la première délibération : domaine privé dans l'intervalle, domaine public après la deuxième délibération; tel sera donc le sort trop inconstant de cet hôtel de préfecture ».

La deuxième condition est plus spécieuse. Mais sans un texte elle ne suffit pas à conférer la domanialité publique. Cette condition est du reste très vague ; s'il suffit que l'édifice soit d'un usage public, pour tomber dans le domaine public, il n'y aura plus de domaine privé. MM. Gaudry et Bressolles reconnaissent bien que la domanialité publique ne peut résulter que d'un texte formel et à défaut de l'article 538 du Code civil, ils s'appuient sur la loi du 11 frimaire an VII. Ils font observer que cette loi contient une nomenclature des dépenses qui doivent être mises à la charge de l'État comme intéressant l'universalité des citoyens. Ils concluent de ces derniers mots que les édifices et monuments qui s'y trouvent compris font partie du domaine public. On peut répondre à cet argument que cette loi n'est avant tout qu'une loi de comptabilité. Elle n'a qu'un but, ainsi que le dit le préambule ; celui « d'organiser d'une manière claire et précise le mode administratif des recettes et dépenses départementales, municipales et communales ». L'article 2 distingue les dépenses qui restaient à la charge de l'État de celles qui étaient mises à la charge des départements, mais il n'est pas touché à la question de domanialité. Les mots : universalité des citoyens, ne prouvent rien ; tout ce qui concerne l'État, même les biens du domaine privé, intéresse l'universalité des citoyens; du reste, il ne sont mis là que par opposition à : habitants d'une circonscription déterminée. Ces considérations doivent donc nous amener à conclure que les édifices départementaux font bien partie du domaine privé. La jurisprudence s'est prononcée dans ce sens. Un arrêt de la

Cour de Paris, du 18 février 1854, a décidé « que l'affectation à un service public de constructions susceptibles par leur nature d'une destination différente n'en change pas le caractère; qu'un hôtel de préfecture n'est pas hors du commerce et que par conséquent le voisin peut acquérir la mitoyenneté d'un mur, servant d'enceinte à un hôtel de cette nature ».

Propriétés mobilières.

La propriété mobilière des départements consiste principalement en mobiliers mis à la disposition de certains fonctionnaires, ou de certaines administrations, en archives, bibliothèques, collections. Il faut y ajouter les droits incorporels, tels que les créances dont il sera question plus tard.

Mobiliers. — Les arrêtés rendus le 17 ventôse an VIII en conséquence de la loi du 28 pluviôse de la même année mirent à la charge du département le logement du préfet. Jusqu'alors les administrations centrales n'avaient pas été logées; il fallut donc meubler les hôtels de préfectures. Un décret du 25 mars 1811 a défini le mobilier légal qui comprend les meubles de représentation et ceux des bureaux ; il a fixé sa valeur à une année du traitement accordé aux préfets par le décret du 11 juin 1810. A partir de 1838, l'entretien de ce mobilier est devenu une charge purement départementale. Chaque année le préfet doit compte au conseil général de l'emploi du fonds d'entretien. Mais sur quelle règle se baser pour fixer le montant de ce fonds d'entretien, s'il y a divergence entre l'État et le conseil général? Aujourd'hui c'est au conseil général qu'il appartient de déterminer la valeur de ce mobilier. La loi de 1866 avait enlevé à cette dépense son caractère obligatoire; la loi de 1871 l'a rétabli, mais on n'a pas remis en vigueur l'ordonnance du 7 août 1841, ni les décrets des 28 mars et 8 août 1832 sur l'ameublement des préfectures et sous-préfectures. La dépense est obligatoire en ce sens que si le conseil général ne votait aucun crédit, il y aurait lieu à une inscription d'office.

A côté du mobilier des préfectures et sous-préfectures il faut placer : 1° Le mobilier des Cours d'assises, tribunaux civils, tribunaux de commerce. Les dépenses sont proposées par le préfet conformément aux fixations arrêtées par le ministre de la justice ; 2° Le mobilier du bureau de l'inspecteur d'académie ; 3° Le mobilier des écoles normales primaires, également obligatoire conformément à la loi du 29 août 1879. Quant aux mobiliers des casernes de gendarmerie, il est à la charges des gendarmes et celui des prisons depuis la loi de finance du 5 mai 1855, est fourni par l'État ; cette loi n'a en effet laissé au compte des départements que les frais de grosses réparations et d'entretien des bâtiments.

Enfin la dépense du mobilier des archevêchés et évêchés depuis 1825 n'est plus acquittée par les départements. Après la création du ministère des affaires ecclésiastiques et de l'instruction publique, cette dépense fut portée dans le budget de l'État, qui par suite a été considéré comme propriétaire du mobilier. Les départements ont été déclarés propriétaires seulement des parties d'ameublements qui ont été acquises sur les fonds votés par les conseils généraux depuis 1819 en augmentation du mobilier légal (ordonnance du 4 janvier 1832).

Archives. — Une loi du 20 avril 1790 statua que : les États provinciaux, assemblées provinciales, commissions intermédiaires, intendants et subdélégués rendraient aux administrations qui les remplaceraient le compte des fonds dont ils avaient eu la disposition et leur remettraient toutes les pièces et tous les papiers relatifs à l'administration de chaque département. C'est là l'origine des archives départementales. Ces archives s'accrurent plus tard. En effet, des mesures analogues à celles du 20 avril 1790 furent prises au moment où il s'agit de consommer la vente des biens dits nationaux. Ainsi la loi du 28 octobre 1790 ordonna le dépôt des titres et papiers concernant ces biens aux archives du district de leur situation. Un peu plus tard, un décret du 29 septembre 1791 consacra la division des archives en deux catégories, les archives centrales et les archives des subdivisions territoriales, et prescrivit le triage des titres dépendant des ci-devant pays d'États.

Dans une première catégorie on devait mettre les titres intéressant le général du royaume, et les envoyer à la bibliothèque du roi ; dans une seconde, ceux intéressant les départements formés par les ci-devant pays d'États et les laisser en dépôt auprès de l'administration du département dans lequel était situé le siège de l'ancienne administration. La loi du 7 messidor an II confirma ces dispositions ; elle décida que tous les dépôts publics ressortiraient aux archives nationales, que tous les titres, chartes et manuscrits appartenant à l'histoire, aux sciences ou aux arts et provenant des biens confisqués seraient après triage dans les départements, déposés provisoirement à la bibliothèque de chaque district, pour être ensuite envoyés à Paris. La loi du 5 brumaire an V disposa que les administrations centrales feraient rassembler dans le chef-lieu du département tous les titres et papiers dépendant des dépôts *appartenant à la République* et que le placement en serait fait dans les édifices destinés aux administrations centrales. Malheureusement les autorités locales ne comprirent pas la plupart du temps de quelle importance pouvaient devenir de pareils documents, ils les reléguèrent dans les greniers.

La loi du 28 pluviôse an VIII confia au secrétaire général la garde des papiers et lui donna le droit de signer les expéditions. Ces expéditions s'appliquaient principalement aux papiers des administrations préfectorales et à ceux des autorités qui, depuis 1790, avaient administré le département. On ne songeait guère, à cette époque, à consulter les anciennes archives. Sous la Restauration, le gouvernement commença à se préoccuper de cet état de choses ; le ministre de l'intérieur, par une circulaire du 21 avril 1817, recommanda aux conseillers de préfecture qui étaient appelés à remplacer les secrétaires généraux de veiller à la conservation des archives; mais rien de sérieux ne fut fait à cet égard avant la création d'un employé spécial. La loi de 1838 a classé parmi les dépenses obligatoires, les dépenses de garde et de conservation des archives départementales et a laissé au gouvernement le soin d'organiser le service (1).

Doit-on conclure de ce qui précède que toutes les pièces déposées dans les archives départementales sont la propriété de l'État. Cette question a donné lieu à certaines difficultés. Des circulaires ministérielles ayant réglé d'une façon très précise les cas où des pièces ou documents devenus inutiles pouvaient être vendus, on s'est demandé quelle affectation donner aux produits de ces ventes. Les départements et l'État en ont chacun de leur côté revendiqué la totalité. Les départements prétendaient que c'était pour eux une juste indemnité des dépenses qu'ils avaient pu faire et qu'ils faisaient encore pour le service des archives. L'État répondait : 1° Les départements sont sans droits sur tous les papiers dont l'origine est antérieure à 1790. Dans les pays d'Élections, les papiers intéressant la généralité appartenaient à l'État ; dans les pays d'États, ceux-ci, il est vrai, étaient propriétaires, mais les départements n'ont succédé à aucun de leurs droits. Ces droits ont passé à l'État en même temps que le passif, en vertu de l'article 6 de la loi des 12-17 avril 1791. Du reste, la loi du 7 messidor an II dit que tous les dépôts publics ressortent aux archives nationales, comme à leur centre commun, et que tous les titres domaniaux, en quelque lieu qu'ils existent, appartiennent au dépôt de la section domaniale des archives établies à Paris. Quant aux papiers dont l'origine est posté-

(1) Aujourd'hui le traitement de l'archiviste n'est plus au nombre des dépenses obligatoires. Rigoureusement, les départements ne sont donc pas tenus d'avoir un archiviste ; partout, en fait, ces fonctionnaires ont été conservés.

rieure à la division de la France en départements, l'État
soutenait qu'ayant fait les frais d'acquisition, il devait profiter des produits de la vente. Le débat fut tranché en 1835.
Une décision concertée entre les deux ministres de l'intérieur
et des finances a décidé : 1° Que l'État a droit au produit de la
vente des papiers hors de service dont l'origine est antérieure à la division de la France en départements, ainsi que
des papiers déposés par les agents des finances ; 2° Que le
produit de tous les autres papiers appartient aux départements ; 3° Que la vente doit s'effectuer avec publicité
et concurrence. Les produits réservés aux départements sont
versés chez le receveur général, sous le titre de produits
éventuels ordinaires.

On voit que les archives déposées dans les préfectures sont
en grande partie la propriété de l'État et non celle des départements. Cependant on peut considérer ces derniers comme
en ayant la jouissance, à charge de payer les frais de garde.
En effet, le produit des expéditions de toutes les pièces,
quelles qu'elles soient, revient aux départements (1). Ces
expéditions ne sont délivrées que sur demande écrite et après
autorisation du secrétaire général. Les frais sont fixés conformément à la loi; ils sont perçus par l'archiviste qui les
verse à la fin de l'année dans la caisse de la trésorerie générale : recette en est faite au sous-chapitre des produits éventuels départementaux.

Nous venons de déterminer les droits de propriété de
l'État et du département d'après la distinction contenue
dans la circulaire de 1865. MM. Macarel et Boulatignier disent
à ce sujet : « Doit-on prendre pour base cette décision de
1835 et par suite déclarer que les départements ont un droit
de propriété sur tous les papiers et registres déposés dans
les archives de préfecture autres que ceux dont l'origine est
antérieure à la division de la France en départements, ou
que les papiers et registres provenant des agents des finances?

(1) Loi du 10 août 1871, art. 58, § 5.

Faut-il au moins reconnaître ce droit pour les papiers et registres acquis avec toute espèce de centimes départementaux? Nous ne le pensons pas. C'est d'après une autre base que les droits respectifs de l'État et du département nous semblent devoir être réglés ici. Dans notre opinion, tous les papiers et documents qui se rattachent à l'administration générale du pays sont la propriété de l'État, qui peut, dès lors, les déplacer selon que le gouvernement le juge convenable dans l'intérêt de la science ou de l'administration. Les droits de propriété du département se bornent aux pièces qui se rapportent à ses intérêts spéciaux, qui concernent ses droits et ses intérêts comme personne civile. Pour ces documents, mais pour ceux-là seuls, il n'en peut être disposé que suivant les règles établies pour la disposition des propriétés partielles des départements, c'est-à-dire avec le concours du conseil général. » D'après cette opinion, ce serait aujourd'hui le conseil général seul qui statuerait à cet égard.

Les archives de sous-préfectures ne peuvent contenir que des documents postérieurs à 1790. Elles sont soumises aux mêmes règles que celles de la préfecture. C'est au secrétaire général qu'appartient la garde de toutes les archives du département. En conséquence, tous les documents relatifs au conseil général doivent être versés aux archives de la préfecture, sans qu'il soit nécessaire d'obtenir préalablement l'assentiment du conseil.

SECTION DEUXIÈME

Du domaine public du département

Des routes départementales.

Sous l'ancien régime la voirie se distinguait en royale et seigneuriale.

Le droit du roi sur les routes royales, dérivait originairement de son droit de haute justice. « De la haute police qui
lui appartenait à titre de suzeraineté au sein des grands fiefs
du royaume, la couronne a fait sortir pour elle un droit de
propriété et de surintendance sur les routes et grands chemins, contribuant de ses deniers à leur entretien, concurremment avec les ressources de la corvée, afin d'éteindre les
péages (1). » Cependant dès cette époque Loiseau disait :
« les chemins pour être dits royaux, ne sont pas plus au roi
que les traverses et autres chemins publics : ils sont de la
catégorie des choses qui sont hors du commerce, dont
partant la propriété n'appartient à personne, et l'usage est
à un chacun ; qui pour cette cause sont appelés chemins publics, et par conséquent la garde d'iceux appartient au souverain non comme iceux étant de son domaine, mais comme
lui étant gardien et conservateur du bien public ». Ces
routes avaient été divisées en quatre classes, suivant leur
importance. Le roi se réservait le droit de classer chaque
route dans telle ou telle catégorie suivant les circonstances.

Sous la Révolution, le droit de propriété de l'État ne fut
pas contesté. Il succéda naturellement au droit de propriété
du roi.

A côté de cette propriété du roi, il en existait une autre
que revendiquaient les seigneurs sur le sol des chemins et
places des bourgs et villages, ainsi que sur les arbres qui s'y
trouvaient plantés. Intervint la révolution, et le décret des
26 juillet, 15 août 1790 décida que : « le régime féodal et la
justice seigneuriale étant abolis, nul ne pourra dorénavant à
l'un ou à l'autre de ces titres, prétendre aucun droit de propriété, ni de voirie sur les chemins publics, rues et places
de villages, bourgs ou villes ». Dès lors le sol des chemins a
dû être considéré comme une propriété communale.

Ainsi en 1790, l'État d'un côté, les communes de l'autre,

____

(1) Cotelle. *Cours de droit administratif appliqué aux travaux publics.*

sont propriétaires. La loi du 1er décembre 1790 qui déclare dans son article 2 que les chemins publics, les rues et places des villes, etc., et en général que toutes les portions du territoire national qui ne sont pas susceptibles de propriété privée sont considérées comme des dépendances du domaine public, n'a certainement pas voulu détruire cette distinction entre la propriété de l'État et celle des communes. C'est ainsi qu'un décret du 6 octobre 1791 mit à la charge des communes l'entretien de chemins de la seconde catégorie.

En ce qui concerne les grandes routes, nous ne pouvons que rappeler ici ce que nous avons déjà dit dans notre premier chapitre. Une loi du 19 janvier 1791, complétée par une instruction adressée aux directoires des départements le 17 avril 1791, mit les dépenses des routes à la charge exclusive des départements, ne laissant au compte du trésor public que les frais de construction et d'entretien des ponts d'une importance exceptionnelle. Les directoires des départements avaient donc des pouvoirs fort étendus. La question de propriété naturellement restait assez indécise ; elle n'eut pas même le temps d'être posée. Les départements manquaient d'argent, ils s'adressaient au Trésor qui leur faisait des avances de fonds, si bien que la loi du 16 frimaire an II, décida que tous les travaux publics seraient exécutés et entretenus aux frais de l'État. Ce système dura jusqu'en 1811. En effet la loi du 28 messidor an IV, dont nous avons parlé à plusieurs reprises, ne s'occupe pas des travaux publics. Quant à la loi du 11 frimaire an VII, qui distingue les dépenses générales, communales et départementales, elle met au nombre des premières, la confection, l'entretien et la réparation des grandes routes, au nombre des secondes, l'entretien du pavé pour les parties qui ne sont pas grandes routes, l'entretien de la voirie et des chemins vicinaux dans l'étendue de la commune. Parmi les dépenses départementales aucune mention n'est faite de routes ou de chemins.

Enfin intervint le décret de 1811. Dans son article premier

il divise les routes en impériales et départementales. Les
routes impériales sont réparties en trois classes. Les routes
départementales se composent de toutes les grandes routes non
comprises dans ces trois classes. La construction, la reconstruction et l'entretien de ces dernières, sont mis à la charge
des départements, arrondissements et communes qui seront
reconnus participer particulièrement à leur usage. Enfin les
départements doivent concourir aux dépenses des routes
impériales faisant partie de la troisième classe. (Cette dernière obligation a disparu par décision de la loi de finances
du 25 mai 1815.)

On voit que dans ce décret, il n'est nullement question,
comme dans celui relatif aux édifices départementaux, de
concession ou de remise en pleine propriété. Aussi le droit
de propriété sur les routes départementales fit-il l'objet de
vives controverses. Jusqu'en 1838, alors que la personnalité
civile du département n'était pas universellement reconnue,
quelques-uns soutenaient que les départements n'étant pas
aptes à posséder ne pouvaient revendiquer aucun droit sur
le sol des routes déclassées. D'autres, tout en reconnaissant
la personnalité, faisaient une distinction ; nous lisons
en effet dans un avis du Conseil d'État du 27 août 1834 :
« D'après la législation existante, les départements sont
considérés comme investis de la propriété des immeubles
affectés aux services départementaux, soit qu'ils leur aient
été concédés par l'État, soit qu'ils les aient acquis et que le
prix en ait été payé sur les ressources dont ils peuvent
disposer ; le décret du 16 décembre 1811, n'a pas concédé
aux départements la propriété du sol des routes de troisième
classe qu'il a déclaré départementales, et ces routes continuent
dès lors de faire partie du domaine public ; mais les nouvelles
routes ou portions de routes acquises et construites avec les
fonds départementaux sont la propriété des départements ;
en conséquence, il est juste de tenir compte aux départements
du prix de ventes des immeubles devenus inutiles pour leur

service. » Aujourd'hui la question est résolue en faveur du département par l'article 59 de la loi du 10 août.

Il y a donc un domaine public départemental (1), comme il y a un domaine public national et communal. Certaines règles sont communes à ces trois espèces de domaines, et il est nécessaire, pour que cet exposé soit complet, d'en dire ici quelques mots. Quelques auteurs soutiennent que, rigoureusement, il ne faut pas dire que le domaine public soit possédé *propriétairement*. Il est bien vrai que certains textes semblent en désaccord avec cette doctrine ; l'article 59 lui-même de la loi du 10 août 1871, classe les routes dont nous nous occupons parmi les *propriétés départementales*. Mais la plupart du temps le législateur a évité cette expression. « L'idée de domanialité publique, dit M. Ducrocq, est radicalement exclusive du droit de propriété défini par le droit romain et par l'article 544 du Code civil, la réunion de l'*usus*, du *fructus* et de l'*abusus*. L'article 538 du Code civil disposant que le domaine public embrasse les portions du territoire français qui ne sont pas susceptibles de propriété privée, ces mots doivent être entendus en ce sens que ces choses ne peuvent être la propriété de personne, que cette nature de biens n'a pas la qualité de propriété, même au point de vue de l'État, qui n'en a que la garde et la surintendance avec mission de le conserver aux générations à venir (1) ». Il est bien évident que ces considérations s'appliquent *a fortiori* au domaine public départemental.

(1) Quelques auteurs anciens et même des arrêts (28 thermidor, an XIII, Cour de Metz) ont conclu des mots de l'article 538 *à la charge de l'État*, que les chemins non construits par l'État ne sont pas du domaine public. Cette opinion n'est plus soutenue par personne. L'article 538 ne s'occupe que du domaine public national. Il emploie le mot du domaine public dans le sens de la loi de 1790, c'est-à-dire de domaine national.

Mais, comme l'a dit Proudhon (du domaine public n° 201) « le domaine public est un et sa nature juridique ne diffère pas suivant qu'il se rattache à une unité administrative plutôt qu'à une autre » Le domaine public départemental se reconnaît donc aux mêmes signes que le domaine public national.

(2) M. Ducrocq. *Cours de droit administratif*, § 764.

De ce que les routes départementales font partie du domaine public, il faut conclure qu'elles sont inaliénables et imprescriptibles. La domanialité publique ne résulte pas immédiatement de la décision de classement; elle ne commence qu'à partir du moment où le sol est à l'état de route, et est livré à l'usage du public. L'article 538 du Code civil qui régit la matière suppose bien que les portions du territoire dont il parle sont actuellement à l'état de route. La question est plus délicate de savoir si, la route étant ouverte depuis longtemps, le classement crée la domanialité publique ou ne fait que la reconnaître (1).

Cette indisponibilité du domaine public de l'État aussi bien que du domaine départemental, qui n'est pour ainsi dire qu'un fragment détaché du premier, trouve son origine dans les principes de l'ancienne monarchie. Le domaine, et à cette époque il faut y comprendre aussi bien ce que nous appelons aujourd'hui le domaine-privé de l'État que le domaine public, fut frappé d'indisponibilité absolue par l'ordonnance de Moulins rendue en février 1566. Il n'y avait exception que pour un petit nombre de biens dits du petit domaine. L'Assemblée constituante ne fit donc qu'appliquer ces principes en ordonnant le retour entre les mains de la nation de toutes les portions du domaine aliénés depuis 1566. Mais pour l'avenir, elle posa un principe différent de celui de la monarchie; selon elle : « la maxime de l'aliénabilité devenue sans motifs serait préjudiciable à l'intérêt public » (préambule de la loi du 1er décembre 1790). Aussi, dans l'article 8 de cette même loi décida-t-elle que les domaines nationaux pourraient être vendus et aliénés à titre perpétuel et incommutable en vertu d'un décret du Corps législatif sanctionné par le roi.

(1) La jurisprudence exige un acte de classement. D'après elle, tout chemin n'appartenant pas à un particulier et affecté à l'usage de tous ne fait pas partie du domaine public par sa nature même, et reste dans le domaine privé tant qu'il n'y a pas eu classement. A l'égard des routes départementales dont l'ouverture est nécessairement précédée des formalités publiques la question ne présente guère d'intérêt pratique.

L'Assemblée ne semble pas distinguer le domaine privé et le domaine public. Mais cette distinction fut établie par la force des choses. Il est en effet naturel qu'on ne puisse aliéner des choses qui, comme le dit l'article 2 de la loi du 1er décembre 1790, ne sont pas susceptibles de propriété privée.

Aussi, l'inaliénabilité d'une certaine portion du domaine, qui a pris le nom de domaine public, est-elle reconnue, quoique d'une manière un peu confuse, par le Code civil : articles 538, 1598 et 2226.

Mais que faut-il entendre au juste par inaliénabilité ? L'inaliénabilité signifie « l'impossibilité pour le législateur lui-même comme autrefois pour les rois de France investis de la double puissance législative et exécutive, d'aliéner valablement et d'une manière incommutable une dépendance quelconque du domaine public, sauf aux pouvoirs publics, pour celles de ces dépendances qui ont reçu leur destination de la main des hommes, comme les routes et les forteresses, à procéder au préalable à leur déclassement. Le domaine public ne peut devenir aliénable qu'après avoir perdu son caractère (1) ».

Les conséquences du principe d'inaliénabilité, sont les suivantes :

La première et la plus évidente est que les routes ne peuvent faire l'objet d'un droit réel quelconque, démembrement de la propriété, d'usufruit, d'usage, d'hypothèque, etc.

Mais faut-il également conclure du principe d'inaliénalité que l'anticipation d'un particulier sur le sol constitue une contravention permanente dont la répression peut être poursuivie à toute époque ? Ce point est assez délicat en ce qu'il s'agit de concilier les exigences de la viabilité et les règles de la prescription criminelle. La Cour de cassation a jugé, en matière de petite voirie, qu'il faut appliquer à la contravention les règles de la prescription, et que c'est du jour où a été

____

(1) M. Ducrocq. *op. cit.* § 814.

exécuté le travail incriminé que court le délai fixé par l'article 640 du Code d'instruction criminelle, enfin que la prescription s'applique à la démolition comme à l'amende, mais sous la réserve du droit pour l'administration, agissant en vertu de l'imprescriptibilité du domaine, de prendre les mesures nécessaires pour restituer au sol de la voie la partie qui en a été distraite et de dresser procès-verbal pour faire cesser les obstacles apportés à la circulation.

Le Conseil d'État admet également (arrêt du 8 mai 1874), que la prescription s'applique à l'amende encourue, mais que le conseil de préfecture peut condamner l'auteur de la contravention au payement de la somme nécessaire pour réparer le dommage causé et remettre les choses en l'état. On use ainsi d'une fiction : il est certain que par suite de l'empiètement d'un particulier le sol devient susceptible d'une appropriation exclusive, et qu'il n'y aurait logiquement rien d'impossible à ce que l'on appliquât les règles de la prescription. Mais le sol est présumé exister à l'état de chemin et comme tel ne peut être ni possédé ni prescrit (1). Il faut en conclure un principe plus général, à savoir que la domanialité ne peut disparaître par le simple usage et que le public ne peut, en cessant d'user du chemin, le replacer dans la catégorie des propriétés aliénables. Cependant ce point est vivement controversé ; M. Proudhon a attaqué ce principe avec une grande vigueur: « Quand, dit-il, le chemin est entièrement effacé, quand le sol est entièrement converti en un terrain d'agriculture, comment pourrait-on dire que la destination de ce sol reste toujours la même? Comment devrait-il encore être réputé sol public lorsqu'il est paisiblement asservi à un usage purement privé, et absolument contraire à tous services publics? Faudrait-il donc remonter jusqu'au déluge pour savoir si cette possession

____

(1) L'*ordonnance de Blois*, article 346, ordonna que tous les grands chemins fussent rétablis à leur ancienne largeur nonobstant toute usurpation, par quelque laps de temps qu'elle puisse avoir été faite.

est légitime comme portant sur un fonds qui n'aurait jamais été du domaine public ? Et les anciennes routes construites par les Romains dans les Gaules, sont-elles encore du domaine public, quoique l'usage en ait cessé depuis plus de mille ans (1) ». Et plus loin le même auteur ajoute : « admettons qu'il soit constant en fait que depuis trois cents ans le terrain d'une ancienne route, converti en culture, ait été possédé de génération en génération pendant tout ce temps par les divers habitants des lieux, sans qu'on connaisse aucune ordonnance qui ait jamais supprimé cette voie publique, trouverait-on sur la terre un juge éclairé qui décidât que ce sol paisiblement possédé pendant trois siècles, comme un fonds privé, dût néanmoins être rendu au domaine public ? Mais si l'idée d'une pareille sentence ne peut après trois siècles sortir de l'imagination d'un homme sage et réfléchi, pourquoi en serait-il autrement après deux ou après un siècle seulement. Et ou faudra-t-il s'arrêter ? » M. Proudhon conclut qu'il faut s'en tenir à la prescription de 30 ans. Malgré ces arguments nous pensons que les principes posés plus haut doivent être maintenus, qu'il s'agisse d'usurpations partielles ou de délaissement total. Le sol d'une route ne peut être prescriptible que lorsqu'il y a eu déclassement dans les formes régulières (Arrêt du conseil d'État, du 11 juillet 1866). Du reste, il faut remarquer que le délaissement résulte presque toujours d'un changement de tracé ou de l'ouverture d'une nouvelle route, et que par suite il intervient un acte de l'autorité compétente. Il y a lieu d'appliquer l'article 4 de la loi du 20 mai 1836, et l'article 2 de la loi du 24 mai 1842 qui, bien qu'édictée pour les routes royales, doit sans aucun doute être étendue aux routes départementales.

Des Ponts.

« Les ponts servant à relier deux tronçons d'une route font

(1) Proudhon. Du *Domaine public,* n° 229.

en principe partie intégrante de cette route et sont soumis au même régime (1). » Si donc la route dont il s'agit est une route départementale, le pont devra être classé dans le domaine public départemental, par interprétation de l'article 11 de la loi du 14 floréal, an X, aux termes duquel les ponts dont la construction a fait l'objet d'une concession, doivent, à l'expiration de la jouissance des concessionnaires, être « réunis au *domaine public,* lorsqu'ils ne seront pas une propriété communale ». Les ponts sont le plus souvent livrés à la circulation dans les mêmes conditions que les routes. Ils peuvent aussi être l'objet de concessions, et les voyageurs sont assujettis à payer une taxe. Les règles relatives à ces concessions seront examinées plus tard ; pour le moment, nous plaçant au seul point de vue de la domanialité, nous ne devons pas hésiter à classer les ponts à péage comme les autres, dans le domaine public départemental. Le concessionnaire n'a pas un droit de propriété. C'est un principe certain, en matière de concessions ; la loi du 15 juillet 1845 le déclare expressément pour les chemins de fer (Voir arrêt Conseil d'État, 16 avril 1852, et décret sur conflit 1er mars 1860). Le droit de concessionnaire est purement mobilier et n'est pas susceptible d'hypothèque.

Du reste, le système des ponts à péage est aujourd'hui abandonné. Une loi du 30 juillet 1880 a décidé qu'il ne pourrait plus à l'avenir être construit de ponts de cette catégorie sur les routes départementales. La même loi encourage le rachat par les départements des ponts actuellement existants, et promet une subvention dont le maximum peut égaler la moitié de la dépense.

Bacs et passages d'eau.

La loi des 25-28 avril 1792, avait donné à tout particulier le droit d'établir des bacs ; mais celle du 6 frimaire, an VII

(1) Aucoc. *Conférences de droit administratif.*

conféra un monopole à l'État du moins en ce qui concerne
tous les bacs publics sans distinction.

La loi de 1871 (article 58, § 6), comprit parmi les recettes
ordinaires du département le produit des droits de péage sur
les bacs et passages d'eau établis sur les routes et chemins
à la charge du département. Nous verrons plus tard que
l'article 46 donne un droit de décision définitive aux conseils
généraux sur les questions relatives à ces mêmes bacs.

Il résulte de ces dispositions que l'État a entendu céder aux
départements la propriété des bacs atteints par la disposition
de la loi de 1871. Une circulaire du ministre des travaux
publics, du 14 octobre 1871, adressée aux préfets, s'exprime
ainsi : « pour tous les bacs et passages d'eau qui rentreront
en vertu de la loi de 1871, dans le domaine départemental
les départements devront naturellement tenir compte à l'État
de la valeur du matériel qui y est affecté, sans préjudice bien
entendu des conditions particulières des baux d'adjudication.
Cette valeur est établie au moment de l'adjudication, et en
fin de bail il est tenu compte à l'État par le fermier sortant de
la moins-value sur la valeur primitive, augmentée de toutes
les améliorations faites pendant la durée du bail. MM. les
ingénieurs devront pour chacun des bacs et passages existants dans votre département présenter une estimation exacte
de la valeur du matériel qui en dépend, et cette estimation
après avoir été soumise à mon appréciation sera communiquée
au conseil général qui aura à prendre les mesures nécessaires
pour en rembourser le montant au trésor public ».

L'article 58 parle des bacs établis sur les routes et che
mins à la charge du département. Une difficulté s'est
élevée au sujet de ce texte. Il comprend certainement les
routes départementales. Quant aux chemins, voici ce que dit
la circulaire citée plus haut : « on peut à la rigueur admettre
que les chemins de grande communication à la dépense
desquelles les départements contribuent pour une forte part
sont *à la charge* de ces derniers. Quant aux chemins d'intérêt

commun et vicinaux ordinaires, on ne peut les classer dans cette catégorie ». Le ministre de l'intérieur au contraire, dans une circulaire, du 29 septembre 1871, explique que parmi les chemins à la charge du département, il faut comprendre non seulement les chemins de grande communication mais ceux d'intérêt commun. Nous adoptons cette dernière manière de voir.

Cependant en ce qui concerne les bacs compris dans le grand et moyen réseau vicinal, on pourrait peut-être considérer le département comme étant non pas propriétaire mais simplement usufruitier, c'est-à-dire comme ayant le droit de percevoir les péages.

Nous avons parlé plus haut de l'indemnité due par les départements à l'occasion de la cession de certains bacs en vertu de la loi de 1871. Il se peut que le bac traverse une rivière formant la limite de deux départements. Dans ce cas les deux départements intéressés doivent s'entendre. C'est une des hypothèses, où les articles 89 et 90 de la loi du 10 août trouvent leur application. Un avis de la section des travaux publics du Conseil d'État en date du 16 juin 1875 a reconnu que s'il y a désaccord entre les deux conseils généraux au sujet du payement du matériel il est impossible de résoudre ce désaccord par la voie administrative. Dans l'espèce, la résistance d'un des départements était fondée sur ce qu'il avait moins d'intérêt au bac que le département voisin, parce que la voie publique établie sur son territoire et qui aboutissait à ce bac était un chemin vicinal de grande communication et non une route départementale.

Les départements étant substitués à l'État doivent être considérés comme ayant un monopole. Mais ce monopole ne s'étend qu'aux bacs et bateaux publics. Les articles 8 et 9 de la loi du 6 frimaire an VII relatifs aux bateaux des particuliers sont toujours en vigueur.

Chemins de fer d'intérêt local.

C'est la loi du 11 juin 1880 qui régit aujourd'hui cette matière ; elle a remplacé la loi de 1865. Mais au point de vue de la domanialité, le seul qui nous occupe ici, elle n'a apporté aucun changement. Dès 1865 il a été reconnu que les chemins de fer d'intérêt local, doivent être rangés dans le domaine public départemental ou communal. L'exposé des motifs de la loi de 1865 s'exposait ainsi : « Les chemins de fer d'intérêt local ne seront pas l'objet d'une concession de la part de l'État ; ils ne feront pas retour à l'État et resteront à perpétuité dans le domaine du département ou des communes. » Le rapport de la commission du Corps législatif renferme une déclaration formelle dans le même sens. Du reste, les cahiers des charges des chemins de fer départementaux stipulent toujours expressément que la concession est faite par le département, d'où il résulte que c'est le département qui a l'expiration de la concession reprend la jouissance du sol concédé.

En 1870 fut déposé au Corps législatif un projet de loi relatif aux chemins de fer d'intérêt local, que les événements de la guerre ne permirent pas de discuter. Dans ce projet, l'article 9 portait que les départements et communes seraient propriétaires indivis des chemins de fer d'intérêt local chacun dans la proportion du concours apporté à leur exécution. On trouvait légitime de ne pas laisser les départements profiter seuls de travaux exécutés avec le concours des communes. Ce système eût entraîné des difficultés pratiques sans aucun avantage sérieux.

La loi du 11 juin 1880 a maintenu dans le domaine public départemental les chemins de fer d'intérêt local. Seulement l'article 11 réserve à l'État le droit de classer par une loi le chemin de fer local dans le réseau d'intérêt général. Cette mesure peut se justifier de la manière suivante : « On s'est demandé si le premier article de la nouvelle loi ne devait pas contenir une définition du chemin de fer d'intérêt local. Le gouvernement comme la commission ont reconnu que cette définition était impossible. Ce n'est en effet ni par son étendue ni par son but ni par son mode de construction que le chemin de fer d'intérêt local peut être déterminé. La distinction entre un chemin de fer d'intérêt local et un d'intérêt général sera toujours essentiellement une question d'espèce. Un chemin de fer d'intérêt local peut devenir d'intérêt général et réciproquement. C'est par le classement que le domaine public de l'État comme le domaine public des départements ou communal se trouveront délimités » (1).

Ainsi il est certain qu'à un moment donné un chemin de fer départemental peut être classé dans le réseau d'intérêt général. Quels seront les conséquences de cet acte du pouvoir législatif ? La loi du 12 juillet 1865 était restée muette à cet égard ; aussi de graves dificultés s'élevèrent quand l'Assemblée nationale à plusieurs reprises remit aux grandes compagnies un certain nombre de lignes que des conseils généraux avaient déjà concédées à des compagnies particulières. C'est ainsi que la loi du 10 mai 1878 incorpora dans le réseau d'intérêt général des lignes d'intérêt local terminées et exploitées, sous réserve d'une indemnité à payer aux départements. En application de cette loi le Conseil d'État a jugé « qu'elle a eu pour effet de faire passer les lignes du domaine public départemental dans le domaine public national ; que le département qui n'a pas antérieurement à cette loi fait prononcer la déchéance du concessionnaire, ne peut plus ultérieurement faire prononcer cette déchéance à son profit, que la compagnie concessionnaire se trouve vis-à-vis de l'État dans la situation où elle était avant vis-à-vis du département, et peut consentir au rachat de sa concession par l'État, sans encourir aucune responsabilité à l'égard du département, enfin que si le département soutient que l'incor-

(1) Rapport de M. Labiche au Sénat.

poration lui cause un préjudice en rompant l'équilibre et en rendant difficile l'établissement des lignes qui ont conservé le caractère d'intérêt local, il doit diriger sa réclamation contre l'État ».

Ainsi d'après le Conseil d'État, la loi de 1878 n'est pas une loi d'expropriation ; le traité de concession n'est pas rompu par cette loi, comme le serait un bail en cas d'expropriation de l'immeuble loué ; il n'y a pas résiliation de plein droit et ce n'est que dans le cas ou l'État croit devoir évincer le concessionnaire, qu'il y a lieu à l'indemnité déterminée par une commission arbitrale. En un mot il y a désaffectation et non expropriation. La loi de 1880 confirma ces principes.

D'après elle, vis-à-vis du concessionnaire, il y aura lieu au payement d'une indemnité, non pas pour l'expropriation d'une propriété foncière, mais pour la dépossession d'un droit de concession. Le règlement de cette indemnité peut se faire au moyen d'un accord préalable résultant soit d'une convention de rachat, soit de l'application du cahier des charges, ou bien par arbitrage. A défaut d'accord préalable ou d'arbitrage amiable l'indemnité est liquidée par une commission spéciale (art. 11).

Vis-à-vis du département, il peut aussi y avoir lieu à une indemnité. Mais qui la règlera ? Si le droit du département est un véritable droit de propriété, il semble qu'on devrait recourir à l'expropriation ordinaire. Or c'est un décret délibéré en Conseil d'État qui déterminera le dédommagement dû au département. « Le dernier paragraphe de l'article 9 prévoit une indemnité allouée non pour l'expropriation d'une propriété ordinaire, mais pour la dépossession d'un droit *sui generis*. On avait attribué au département un droit spécial qu'on lui retire pour le mettre dans le domaine public de l'État, il n'y a donc pas lieu à un acte de juridiction véritable, mais à un arbitrage administratif entre l'État et le département » (1).

(1) Rapport de M. Labiche.

CHAPITRE IV

DE L'ADMINISTRATION DU DOMAINE DÉPARTEMENTAL

SECTION PREMIÈRE

Règles générales.

Le département étant une personne morale et à ce titre pouvant être propriétaire, créancier ou débiteur, doit être représenté pour l'exercice de ses droits civils. C'est au préfet et au conseil général que la loi confie ce soin.

Le préfet agit tantôt comme agent du pouvoir central chargé de transmettre et faire exécuter les lois, tantôt comme délégué de l'État, investi d'une autorité propre et prenant à cet effet des arrêtés, tantôt enfin comme représentant du département. C'est à ce dernier point de vue que nous devons l'envisager.

De même les conseils généraux peuvent être considérés tantôt comme délégués du pouvoir législatif, tantôt comme représentants légaux des départements, tantôt comme conseils du pouvoir central. C'est comme délégués du pouvoir législatif qu'ils remplissent la mission de répartir chaque année les contributions directes. C'est comme conseils qu'ils émettent des vœux et des avis. Nous ne nous occuperons de ces assemblées qu'en tant qu'elles statuent sur des affaires intéressant la personne civile du département. Cette division des attributions des conseils généraux n'est pas celle de la loi du 10 août 1871. Le législateur se plaçant à un point de vue plus pratique a classé les diverses décisions des conseils d'après l'autorité qui leur est attribuée. Les unes sont exécutoires par elles-mêmes ; d'autres exigent une approbation expresse ; quelques-unes ne sont que des avis ou des propositions, des réclamations ou des vœux. Il est évident que les délibérations dont nous avons à nous occuper ici peuvent rentrer dans l'une ou l'autre de ces catégories.

Si le préfet et le conseil général prennent part tous les deux à l'administration du domaine départemental leurs rôles sont bien différents. Le conseil général délibère, il prend des décisions sur tout ce qui touche à la propriété, aux droits, intérêts et actions du département. Le préfet n'a que l'instruction préalable et l'exécution. Il est donc naturel d'examiner d'abord les droits du conseil général en cette matière.

Attributions du conseil général.

D'après la loi de 1838 toutes les délibérations du conseil général relatives à l'exercice des droits civils du département étaient soumises à la nécessité d'une autorisation. Dureste, ce n'était là que l'application du droit commun. Cette autorisation en vertu de l'article 5 émanait du roi, du ministre compétent, ou du préfet selon les cas déterminés par les lois ou par les règlements d'administration publique. Le décret du 25 mars 1852 chargea lepréfet de donner dans la plupart des cas l'autorisation. Il faut remarquer que ce fonctionnaire conservait malgré cela le soin d'exécuter la décision du conseil général. De telle sorte qu'il intervenait à deux titres différents, d'abord comme représentant du pouvoir central délégué spécialement pour exercer ce que l'on a appelé la tutelle administrative, puis comme rprésentanet du département pour préparer l'instruction de l'affaire, et mettre à exécution la décision qu'il venait lui-même d'approuver. C'était là certainement une concentration un peu anormale de deux pouvoirs distincts dans les mêmes mains. Mais le droit d'approuver n'emportait pas le droit de modifier la décision. Il n'y avait exception que dans les cas assez nombreux du reste, ou la dépense était obligatoire. Ainsi, en vertu de l'article 12 les grosses réparations et entretiens des édifices départementaux, les contributions dues par les propriétés du département, le loyer des hôtels de préfecture et de sous-préfecture, l'ameublement de l'hôtel de préfecture et des bureaux de sous-préfecture, le casernement de la gendarmerie, les dépenses ordinaires des prisons départementales, le loyer et le mobilier des cours et tribunaux et les travaux d'entretien des routes départementales, les dépenses de garde et de conservation des archives du département, toutes ces dépenses pouvaient être inscrites ou augmentées d'office jusqu'à concurrence du montant des recettes à y pourvoir. Les délibérations relatives à ces objets étaient donc susceptibles d'être modifiées par le pouvoir central. Mais il en était d'autres prévues dans l'article 4, pour lesquelles le gouvernement n'avait d'autre pouvoir que de refuser ou donner son approbation ; ainsi celles relatives aux contributions extraordinaires à établir, aux emprunts à contracter dans l'intérêt du département, aux acquisitions, aliénations et échanges de propriétés départementales non affectées à des services entraînant des dépenses obligatoires, aux modes de gestion des propriétés départementales, aux actions à intenter ou à soutenir au nom du département, aux transactions, aux acceptations de dons et legs, au classement et direction de routes départementales : voilà autant de décisions uniquement soumises à l'approbation. Et il importe d'insister sur ce point car cela a été la grande innovation de la loi de 1838.

Auparavant, d'après la loi du 28 pluviôse an VIII, les conseils généraux n'avaient pour ainsi dire comme attribution propre que la répartition des contributions directes, et la détermination dans la limite d'un certain maximum du nombre des centimes additionnels nécessaires aux dépenses du département. A tous les autres point de vue, la loi leur donnait seulement le droit d'exprimer leur opinion sur l'état et les besoins du département, et de l'adresser au ministre de l'intérieur. Ils étaient donc appelés non à délibérer, mais simplement à formuler un avis que le gouvernement suivait ou non. Les conseils ne pouvaient rien empêcher. La loi de 1838, au contraire, sur tous les points énumérés plus haut exigea qu'ils fussent consultés ; et leur délibération dût avoir désormais pour résultat d'empêcher tel ou tel acte de la vie civile du département, si l'Assemblée repoussait les propositions du préfet. On voit par là que la loi de 1838 a fait faire à nos institutions administratives un grand pas vers la décentralisation.

Ce système subsista jusqu'en 1866, sauf la modification déjà indiquée et consistant à substituer le préfet au ministre dans un très grand nombre de cas pour les autorisations à donner. La loi de 1866 n'a pas abrogé celle de 1838, mais l'a modifiée ; son article premier énumère un certain nombre de matières dans lesquelles le conseil général statue définitivement sauf le droit d'annulation réservé au pouvoir central. D'autres délibérations restent soumises à la nécessité d'une autorisation ; enfin quelques-unes peuvent encore être modifiées, si elles donnent lieu à des dépenses dites obligatoires.

La loi du 10 août 1871 est venue apporter un dernier changement sur ce point. Elle a considérablement augmenté le nombre des délibérations exécutoires par elles-mêmes : le droit d'approbation pour le chef de l'État ou le Corps législatif n'est plus qu'exceptionnel. Les délibérations exécutoires par elles-mêmes sont de deux sortes, celles dont l'exécution ne peut être empêchée que par une annulation celles dont, l'exécution

peut être paralysée par une simple suspension. Enfin, comme
sous le régime antérieur, il est une dernière classe de délibérations pouvant être modifiées par l'autorité supérieure ;
ce sont celles relatives à des dépenses obligatoires.

Comme les décisions des conseils relatives aux matières
qui vont nous occuper peuvent appartenir à ces différentes
catégories, il importe de dire quelques mots du droit d'annulation, de suspension, d'approbation et même de modification laissé au gouvernement suivant les cas.

De l'annulation. — Ce droit d'annulation est reconnu au
gouvernement par l'article 47 de la loi du 10 août 1871. Dans
le délai de 20 jours à partir de la clôture de la session, le préfet
peut demander l'annulation pour excès de pouvoir, ou pour
violation d'une disposition de la loi ou d'un réglement d'administration publique. Il doit notifier son recours au président du
conseil général et au président de la commission départementale. Il suffit d'une notification faite dans la forme administrative. Si dans le délai de deux mois à partir de la notification, l'annulation n'a pas été prononcée, la délibération
est exécutoire (1). Cette annulation ne peut être prononcée
que par un décret rendu dans la forme des règlements d'administration publique. Le recours n'appartient qu'au préfet ;
un membre ou la minorité du conseil général ne peut l'exercer. Quant aux tiers s'ils sont lésés, ils ont les voies ordi-
nrires du droit.

Il résulte du texte de la loi que la délibération ne devient
exécutoire qu'après l'expiration du délai de vingt jours à partir
de la clôture de la session. Jusque là, elle ne peut être mise
à exécution, à moins de cas d'urgence exceptionnelle.

Il ne faut pas confondre l'annulation prononcée en vertu
de l'article 47 avec celle qui résulte des articles 33 et 34.
Dans ce dernier cas il s'agit ou bien de délibérations relatives
à des objets qui ne sont pas légalement comprises dans les

______

(1) C'est l'annulation par décret qui doit être prononcée dans le délai de
deux mois et non la notification de cette annulation.

attributions du conseil général, ou bien de délibérations prises hors des réunions prévues ou autorisées par la loi. La nullité est alors d'ordre public ; aucun délai n'est imposé : elle peut être provoquée et prononcée en tout temps. Ainsi, quand le conseil général a violé la loi, l'a faussement interprétée, à excédé ses pouvoirs, mais dans une matière où il avait autorité et compétence, l'article 47 est applicable. Mais s'il s'est occupé d'objets ne rentrant pas dans ses attributions légales, s'il a empiété sur les pouvoirs d'une autre autorité, il tombe sous le coup des articles 33 ou 34 ; la décision prise est radicalement nulle ; et aucune des restrictions apportées au pouvoir d'annulation par l'article 47 n'est applicable.

De la suspension. — Toutes les délibérations prévues par l'article 46, c'est-à-dire les plus nombreuses dont les conseils généraux aient à s'occuper, ne peuvent être qu'annulées. Mais, bien que très variées et formant pour ainsi dire le fonds des attributions des conseils, elles sont énumérées limitativement. Au contraire, les délibérations indiquées dans l'article 48 et soumises au droit de suspension, en vertu de l'article 49, portent sur tous les objets d'intérêt départemental, dont le conseil est saisi, soit par une proposition du préfet, soit sur l'initiative d'un de ses membres. Mais à raison du grand nombre d'affaires prévues dans l'article 46, ce qui semble être le droit commun, n'est, en réalité, que l'exception.

La plupart des matières soumises aujourd'hui au droit do suspension, n'étaient pas exécutoires par elles-mêmes sous le régime de la loi de 1866. Les délibérations devaient être sanctionnées par un décret rendu au Conseil d'État. Depuis la loi de 1871, il n'est plus nécessaire qu'une approbation formelle intervienne. Si dans le délai de trois mois, à partir de la clôture de la session, un décret motivé n'a pas suspendu l'exécution, il peut être donné suite à la décision du Conseil général. On voit que le silence du gouvernement équivaut à une approbation tacite. Les délibérations prises en vertu de l'article 48 ne peuvent être annulées sur la demande du gouvernement, que lorsque le délai de trois mois fixé par l'article 49 est expiré.

Approbation. — Les cas où une approbation expresse est exigée sont devenus entièrement rares ; cette approbation émane tantôt du chef de l'État, tantôt du pouvoir législatif.

Modifications. — Quand il s'agit de dépenses obligatoires, le gouvernement, outre son droit d'approbation, peut encore suppléer à l'absence ou à l'insuffisance du vote du Conseil par un décret rendu en Conseil d'État et inséré au *Bulletin des Lois,* ou même par une loi spéciale si le maximum annuellement désigné doit être dépassé.

Attributions du préfet.

Telles sont les règles générales que nous pouvons poser au sujet des attributions du conseil général. Quant aux pouvoirs du préfet, ils résultent de l'art. 3, § 2 de la loi de 1871 ; « le préfet est chargé de l'instruction préalable des affaires qui intéressent le département ainsi que de l'exécution des décisions du conseil général et de la commission départementale. « A ce texte on doit joindre l'article 54 de la même loi, dont le dernier paragraphe est ainsi conçu : « le préfet, sur l'avis conforme de la commission départementale, passe les contrats au nom du département.

Ainsi préparer les décisions du conseil général, et les exécuter, tel est le rôle du préfet. En ce qui concerne l'instruction préalable, il faut remarquer que c'est au préfet seul qu'elle est confiée. Toute compétence doit être déniée à la commission départementale sur ce point. La jurisprudence est formelle en ce sens. En effet, un décret du 27 juin 1874 a annulé une délibération du conseil général d'Ille-et-Vilaine renvoyant à la commission départementale *pour propositions* différentes natures d'affaires et entre autres les acquisitions, aliénations, échanges de propriétés départementales non spécifiées au n° 4 de l'article 46. Le décret s'exprimait ainsi: « Considérant qu'aux termes de la loi du 10 août, le préfet est chargé de l'instruction préalable des affaires qui intéressent le département, que le conseil général ne saurait dès lors, sans empiéter sur les droits du préfet, charger sa commission d'instruire soit au lieu et place du préfet, soit parallèlement avec lui certaines catégories d'affaires, et que les propositions du préfet doivent être directement soumises à l'assemblée départementale entière sauf à cette assemblée à provoquer ultérieurement si elle ne se sent pas suffisamment éclairée un complément d'instruction ».

Enfin le préfet, en tant que chargé de l'exécution des décisions du conseil général, passe les contrats au nom du département. Mais quelle est la valeur de ces actes? Peuvent-ils emporter hypothèque et voie parée ? Sont-ils authentiques ? Pour résoudre la première de ces deux questions, quelques considérations historiques sont nécessaires. D'après l'article 14 de la loi du 28 octobre — 5 novembre 1790, relative aux biens nationaux, le ministère des notaires n'était nullement nécessaire pour la passation des baux, ni pour tous les actes d'administration ; ces actes ainsi que les baux étaient déclarés sujets au contrôle, et devaient emporter hypothèque et exécution parée. Pour expliquer une pareille disposition, il faut rappeler qu'à cette époque tous les actes notariés emportaient de plein droit une hypothèque conventionnelle sur tous les biens des débiteurs. La loi de 1790 ne fit donc qu'assimiler les actes administratifs aux actes notariés. Mais bientôt la loi de brumaire an VII, vint modifier les règles admises en matière d'hypothèque conventionnelle en établissant le principe de la spécialité. On aurait pu simplement appliquer la nouvelle législation aux actes administratifs qui seraient restés assimilés aux actes notariés ; le but que s'était proposé le législateur de 1790, aurait été toujours atteint. Mais on alla plus loin, et on se demanda si la loi du 11 brumaire et après elle le Code civil, qui ne faisaient résulter l'hypothèque que des actes notariés n'avaient pas abrogé la loi de 1790. Un décret du 12 août 1807 trancha la question relativement à certains immeubles et décida que les baux à ferme des hospices et autres établissements de bienfaisance ou d'instruction publique seraient faits aux enchères par devant un notaire désigné par le préfet du département et que le droit d'hypothèque y serait stipulé formellement, suivant les principes du Code civil.

Plus tard une ordonnance du 7 octobre 1818, appliqua la même disposition aux baux des biens communaux. Ainsi donc les contrats d'hypothèque passés au nom des communes et des établissements publics sont soumis aux mêmes règles formelles que ceux qui sont conclus par des particuliers. Or, le département est un établissement public ; il ne saurait donc être douteux, en présence des textes qui viennent d'être cités, que pour les actes d'administration se rapportant aux biens départementaux, on ne peut stipuler d'hypothèque dans l'acte à moins d'intervention d'un notaire (1).

Une question plus délicate est celle de savoir si les contrats passés au nom d'un département emportent par eux-mêmes exécution parée. Il est bien vrai, pourrait-on dire, que certains actes administratifs faits par les fonctionnaires dans la limite de leurs attributions revêtent un pareil caractère. Mais, selon nous, les contrats que passent les préfets en tant que représentant la personne civile du département ne diffèrent en rien de ceux des particuliers : ils ne doivent emporter voie parée que s'ils sont signés d'un notaire. Ce sont des conventions d'ordre purement privé ; ce qui le prouve c'est qu'en

______

(1) Pour les actes administratifs relatifs aux biens domaniaux et aux marchés faits au nom de l'État, le débat reste ouvert. La jurisprudence admet que ces actes sont encore aujourd'hui susceptibles de contenir stipulation d'hypothèque mais qu'ils n'entraînent plus de plein droit une hypothèque générale.

cette matière le compétence appartient aux tribunaux ordinaires. L'exécution de pareils actes ne peut donc être poursuivie que par voie d'action. La jurisprudence s'est prononcée très anciennement en faveur de cette doctrine, à l'égard des actes de la vie civile des communes « attendu que le bail a ferme d'une halle étant passé devant le maire de la commune, doit être considéré comme un acte public, mais qu'il n'est pas revêtu de la formule exécutoire prescrite pour les jugements et les actes notariés et qu'ainsi il n'emporte pas exécution parée. » Cour de Colmar (28 janvier 1833). La solution aurait été évidemment la même à l'égard d'un bail départemental.

Cependant dans une doctrine contraire, on a fait remarquer que les sommes qui peuvent être dues à un département en exécution d'un contrat sont recouvrées par le trésorier payeur général. Or ces comptables dressent des états nominatifs que le préfet rend exécutoires (loi du 10 août 1871 art, 64.) et on a conclu des termes de cet article qui n'est du reste que la reproduction de l'article 22 de la loi de 1838, que le département créancier peut se délivrer à lui-même un titre exécutoire et procéder directement à la saisie des biens du débiteur récalcitrant. Du reste, c'est là une règle admise dans notre droit à l'égard des actes émanés d'une administration publique. Ainsi le ministre des finances en vertu de la loi du 13 frimaire an VII et de l'arrêté du 18 ventôse an VIII ont des pouvoirs de cette nature vis-à-vis les fournisseurs ou les entrepreneurs. Pourquoi ne pas étendre ce principe aux préfets des départements ?

Bien que cette solution soit généralement admise, nous nous permettrons de la critiquer. A l'égard des contrats passés par l'État, quelle est la véritable raison de la disposition de la loi ? C'est qu'on a voulu dispenser l'État de recourir aux notaires afin d'épargner les frais. « Pour que le moyen fut efficace, il fallait que l'État ne fut pas privé des garanties de droit commun. C'est pour cela que la loi de 1790 attribue aux actes administratifs le droit de conférer hypothèque. » (1) Or nous avons vu qu'à la différence de l'État le département ne peut stipuler d'hypothèque conventionnelle à moins d'intervention d'un notaire. Pourquoi donc le préfet qui ne peut remplacer cet officier ministériel, en ce qui concerne la stipulation d'hypothèque, aurait-il ce pouvoir à l'égard des voies d'exécution ?

De plus, les titres exécutoires qui émanent du ministre des finances contre les fournisseurs, ou des agents des administrations financières, portent le nom de contraintes. Un certain nombre d'auteurs attribuent à toutes ces contraintes l'effet d'emporter hypothèque judiciaire(2). Or personne, croyons-nous, n'a songé à étendre cette disposition exorbitante aux exécutoires délivrés par les préfets. « Ce serait aller trop loin a écrit à ce sujet M. Valette (3), autrement il arriverait que, par la seule confection des états de la préfecture, toutes les créances des départements, sans distinction de cause et d'origine, changeraient de nature et se transformeraient en titres hypothécaires. Quelle vexation pour les débiteurs ! Et quelle réaction inexplicable à multiplier les hypothèques générales. Du reste, la loi de 1838 n'emploie pas le mot contrainte qui a un sens technique . » Ajoutons qu'il serait étrange qu'un acte qui par lui-même ne peut contenir une hypothèque conventionnelle, pût indirectement entraîner sans jugement une hypothèque générale. N'y a-t-il pas là une nouvelle raison de séparer bien complètement les actes émanés des représentants de l'État et ceux qui n'intéressent

____

(1) Serrigny. *Traité de l'organisation et de la compétence administrative*, nᵘ 1075.

(2) La discussion porte sur l'interprétation d'un avis du 16 thermidor de l'an XII, qui semble n'attacher hypothèque judiciaire qu'aux contraintes décernées par les administrateurs en qualité de juges. On peut consulter sur ce point un article de M. Valette, publié en 1847 dans la *Revue du Droit français et étranger*, t. IV, p. 832.

(3) M. Valette, *op. cit.* à la note précédente.

que les départements? Les règles édictées pour les premiers ne doivent pas nécessairement s'appliquer aux seconds.

Cependant, nous admettrons que les actes réalisés par les préfets sans le concours des notaires en la forme administrative sont authentiques. Ce principe a été posé dans une circulaire ministérielle, en date du 19 décembre 1840, à l'égard des actes qui sont passés par les maires.

Aux termes de l'article 54, § 4 de la loi de 1871, le préfet, avant de passer les contrats au nom du département, doit prendre l'avis conforme de la commission départementale. Ainsi, lorsque le conseil général a statué, le préfet prépare l'acte qui doit engager les deux parties contractantes; il le soumet ensuite à la commission départementale, et c'est seulement sur l'avis conforme de celle-ci que le préfet peut revêtir l'acte de sa signature. Mention doit être faite de l'avis conforme (Circ. Int., 8 oct. 1871). Un avis du ministère de l'intérieur, du 10 novembre 1874, a décidé, en application de ce principe, que toutes les fois qu'il s'agit d'une convention intéressant le département, la commission doit être consultée sur la teneur de l'acte, même quand le conseil général a définitivement arrêté les conditions essentielles du contrat.

L'intervention de la commission départementale est toujours exigée même en cas d'acquisitions de terrains destinés à l'établissement des routes départementales. « Les acquisitions de ces terrains se rattachent il est vrai à l'exécution de la loi du 3 mai 1841 sur l'expropriation, et une circulaire du ministre de l'intérieur du 5 mai 1852 reconnaissait qu'elles étaient exemptes à ce titre de l'examen du conseil de préfecture exigé par l'article 29 de la loi de 1838 pour les autres contrats. Mais la loi de 1871 est une loi organique ayant établi des principes nouveaux, pour l'application desquels la législation antérieure ne saurait toujours être interrogée utilement. Elle n'a pas stipulé d'exception. Tous les contrats sans distinction passés au nom du département doivent donc être soumis aux délibérations de la commission départementale soit que la déclaration d'intérêt public ait été prononcée soit qu'il s'agisse d'une convention amiable. » (Avis du ministre des travaux publics, 29 décembre 1873.)

S'il s'agit de marchés pour les chemins vicinaux, la commission départementale n'a plus à intervenir. Les contrats de cette nature ne peuvent être considérés comme passés au nom du département puisque les chemins, alors même qu'ils sont dotés par le département, conservent leur caractère de voies communales.

S'il intervient un contrat entre l'état et le département, celui-ci ne doit pas être représenté par le président du conseil général. L'article 54, § 3 n'est applicable qu'au cas d'une action litigieuse. C'est le préfet qui agira au nom du domaine et le secrétaire général au nom du département, en vertu d'une délégation spéciale donnée à cet effet par le préfet, suivant l'arrêté du 17 nivôse an IX.

Enfin, en ce qui concerne les asiles d'aliénés, il faut remarquer que le département étant propriétaire, ainsi que nous l'avons déjà dit, c'est au préfet et non au directeur qu'il appartient de passer les actes de propriété au nom de cet établissemnnt. C'est ce qui résulte formellement d'un avis du conseil d'État du 6 avril 1842 « le conseil d'État qui a pris connaissance d'un projet d'ordonnance ayant pour objet d'autoriser le directeur de l'asile d'aliénés (Seine-Inférieure) à acquérir un terrain nécessaire à l'agrandissement de cet établissement, vu la loi sur les aliénés, vu l'ordonnance du 18 décembre 1839, dont l'article 6 est ainsi conçu : « le directeur est chargé de l'administration intérieure de l'établissement et de la gestion de ses biens et revenus » considérant que l'asile d'aliénés est un établissement départemental, que c'est au préfet qu'il appartient de faire au nom du département les actes de propriété, que l'ordonnance du 18 décembre 1839 a limité les attributions des directeurs à l'administration intérieure de l'établissement et à la gestion de ses biens et revenus. »

Il résulte de là que le préfet ne doit s'occuper que des actes de propriété. Tout ce qui concerne la gestion des biens et l'administration intérieure est confié au directeur de l'asile.

SECTION DEUXIÈME

Des différents actes de la vie civile du département

Après l'exposé général qui précède, il est nécessaire d'étudier séparément les différents actes de la vie civile du département, et d'indiquer les règles qui sont spéciales à chacun d'eux.

Ces actes peuvent se ramener aux catégories suivantes :

1° Acquisitions à titre onéreux, aliénations, échanges, baux ;

2° Dons et legs ;

3° Marchés et fournitures ;

4° Transactions ;

5° Actions ;

6° Emprunts ;

7° Créances et dettes des départements;

8° Obligations qui ne résultent pas d'un contrat.

I. — *Acquisitions à titre onéreux, aliénations, échanges, baux.*

Les ventes, échanges, acquisitions à titre onéreux, sont votés définitivement, sauf annulation, par le conseil général, quand les propriétés immobilières ou mobilières que ces actes concernent ne sont affectées ni aux hôtels de préfecture ou sous-préfecture, ni aux Cours d'assises et tribunaux, ni aux écoles normales primaires, ni au casernement de la gendarmerie, ni aux prisons. Autrement, en vertu des articles 48 et 49 de la loi de 1871, la délibération est soumise au droit de suspension. Avant 1871, dans ces différents cas, les délibérations du conseil général, en vertu de la loi de 1838, non modifiée sur ce point par celle de 1866, n'étaient exécutoires qu'après l'approbation expresse de l'autorité supérieure. Or, l'administration pouvait faire attendre cette autorisation aussi longtemps qu'il lui plaisait ; elle n'était même pas obligée de la refuser. Elle pouvait agir par voie de prétérition. Aujourd'hui, la délibération devient exécutoire si elle n'a pas été suspendue dans le délai fixé par l'article 49 de la loi de 1871. Nous pouvons remarquer que ces mêmes délibérations qui sont soumises au droit de suspension touchent à des matières donnant lieu à des dépenses obligatoires.

Cette obligation imposée aux départements de fournir les locaux nécessaires à certains services soulève une question assez délicate. En effet, des difficultés peuvent s'élever entre les conseils généraux et les diverses administrations au sujet du choix de ces locaux. Il nous semble certain qu'en cette matière le dernier mot doit rester au pouvoir central, et que le conseil général ne peut conserver son pouvoir d'appréciation souverain sur la détermination des immeubles à acquérir ou à louer. Si donc le local offert est considéré comme impropre au service qui doit y être installé, le gouvernement peut non seulement user de son droit de suspension, mais encore se substituer au conseil général et prendre une décision à sa place.

Si le gouvernement n'était pas armé de ce droit, il serait trop facile aux conseils généraux de se décharger indirectement de dettes déclarées obligatoires par la loi. Seulement on doit exiger une mise en demeure adressée au conseil général, par le pouvoir exécutif ; et le préfet ne passera le bail ou ne fera l'acquisition qu'après un refus catégorique de tout arrangement émané de l'assemblée départementale.

Cette solution est applicable toutes les fois qu'il s'agit de loger les services énumérés plus haut. Cependant, en ce qui concerne les casernes de gendarmerie, la jurisprudence du conseil d'État restreint encore davantage les pouvoirs du conseil général. En effet, par arrêt du 24 février 1882, le conseil d'État a décidé : que les baux des locaux affectés au service de la gendarmerie ne rentrent pas à raison de la nature du service et des intérêts spéciaux qui s'y rattachent sous l'application des articles 46, § 3, et 48, § 2 de la loi de 1871, que ces baux n'ont pas cessé d'être régi par l'arrêté des conseils du 24 vendémiaire an II, et par le décret du 18 février 1863 ; que par suite ils ne sont définitifs qu'après avoir reçu l'approbation du ministre de la guerre ; et qu'en l'absence de locations faites par le département de nature à être approuvées par le ministre de la guerre, l'administration peut sans excès de pouvoir, prescrire au préfet de passer le bail du seul immeuble agréé par le ministre comme satisfaisant aux nécessités du service.

Ainsi le Conseil d'État semble admettre que la délibération du conseil général équivaut à un simple avis. C'est du reste ce que disait formellement le ministre de l'intérieur dans ses conclusions : « le casernement de la gendarmerie est une dépense obligatoire pour le département ; il importe, il est vrai, que les charges de ce service soient réglées avec économie, mais son caractère d'intérêt général impose à l'autorité le devoir de veiller à ce qu'il soit convenablement assuré. Aussi le casernement est-il soumis à des règles spéciales. Un décret de 1863 a exigé l'approbation du ministre de la guerre. La loi de 1871 n'a pas abrogé ce décret. Il y a exception à la règle que le conseil général statue sur les baux. La délibération n'est définitive et exécutoire qu'après l'approbation. Par suite, la délibération prise par la commission départementale du Var, n'était qu'un simple avis ; c'est pourquoi on n'a pas eu recours aux mesures d'annulation ou de suspension. »

N'est-ce pas aller un peu loin ? Il est certain qu'une entente est nécessaire entre le conseil général et le ministre de la guerre ; mais de là à donner à la délibération du conseil la valeur d'un simple avis, il y a loin. Pourquoi ne pas se contenter dans ce cas aussi bien que dans les autres d'une simple mise en demeure adressée au conseil général ? La loi de 1871 confère à l'assemblée départementale le droit de statuer sur tous les baux sans distinction, sauf les réserves énoncées en l'article 61. Ces réserves et celles-là seules sont applicables à tous les baux, à toutes les aliénations prévues par l'article 48. Or, dans le système du Conseil d'État, une simple décision ministérielle suffirait pour imposer une dépense à un conseil général, tandis que l'article 61 exige formellement qu'il intervienne un décret. Il nous semble donc que l'on doit repousser une doctrine qui tend à mettre dans une catégorie spéciale les actes relatifs aux immeubles destinés à recevoir les casernes de gendarmerie.

Le droit de décision du conseil général peut encore se trouver soumis à des restrictions dans deux hypothèses diverses. En effet, il doit être bien entendu qu'en parlant d'acquisitions de propriétés non affectées aux services énumérés dans la loi, le législateur n'a entendu s'occuper que des cessions amiables. Pour tous les cas où il serait nécessaire de recourir à l'expropriation pour cause d'utilité publique, la loi du 3 mai 1841 resterait applicable.

D'autre part, si un département est propriétaire d'une forêt et veut l'aliéner, il devra obtenir une autorisation du gouvernement, parce que cette forêt est soumise au régime forestier.

Une fois la délibération du conseil général devenue exécutoire, d'après les distinctions qui viennent d'être indiquées, le préfet traite au nom du département et fait exécuter le contrat. S'il s'agit d'une vente, on procédera à l'amiable ou aux enchères publiques ; c'est en effet le moyen normal de procéder pour les biens des personnes morales. Si le cahier des charges porte que dans un certain délai après l'adjudication, il y aura lieu à surenchère, le contrat sera exécuté. Sinon et à défaut de mention spéciale, la première adjudication sera définitive ; nulle disposition ne consacre le droit de surenchère pour les départements. Enfin, l'acquéreur en retard de payer son prix sera soumis à la folle enchère suivant les règles ordinaires du droit civil.

Le prix des aliénations doit être versé entre les mains du receveur général d'après l'article 417 de l'ordonnance du 31 mai 1862. Le département ne jouit pas du bénéfice des déchéances accordé par la loi contre les acquéreurs de l'État. S'il n'était pas payé de son prix, il n'aurait que le droit de poursuite et de résolution du contrat.

Quant aux échanges, ils doivent être précédés de procès-verbaux d'expertise établissant la nature et la valeur des deux immeubles. Ces expertises ont pour but de permettre au conseil général de statuer en connaissance de cause. Les conditions admises par le conseil ne peuvent être modifiées après sa délibération. Les soultes actives ou passives se règlent suivant les principes admis pour les dettes ou pour les créances des départements. Si pour le paiement d'une soulte à la charge du département, on devait recourir à des emprunts ou à des contributions extraordinaires, on suivrait les règles indiquées en cette matière (1).

Enfin, les conseils généraux sont également maîtres de déterminer les formes dans lesquelles seront passés les baux. Même avant 1866, alors que le droit de décision du conseil n'était pas absolu, aucune règle n'était tracée par la loi. On enseignait généralement que l'on devait suivre les principes posés pour les baux des biens appartenant aux communes. Toutefois, aucune obligation n'était imposée à cet égard aux assemblées départementales. Il en est certainement de même sous l'empire de la loi de 1871. Un conseil général pourra donc décider que le bail sera fait soit à l'amiable, soit par adjudication, et cela même dans des cas où le bail de gré à

(1) V. M. Gaudry. *Du Domaine.*

gré est formellement interdit pour les biens du domaine de l'État.

II. — *Dons et legs.*

Sous le régime de la loi de 1866, le conseil général statuait définitivement sur les dons et legs, quand la libéralité ne donnait pas lieu à réclamations et qu'elle n'impliquait pour le département aucune charge ou affectation immobilière. Ces deux conditions étaient exigées simultanément. La première seule a été maintenue par la loi de 1871 ; ce n'est qu'en cas de réclamation des familles que l'intervention du pouvoir central est réservée.

Nous disons : pouvoir central ; en effet, l'autorisation doit émaner du chef de l'État. Le préfet n'a pas qualité à cet égard. Avant la loi de 1866, alors que le conseil général ne statuait jamais d'une façon définitive, c'était tantôt le chef de l'État, tantôt le préfet qui autorisait ; de telle sorte que ce dernier, tout au moins depuis le décret de 1852, réunissait entre ses mains le pouvoir d'autoriser et la mission d'accepter Mais la loi de 1866 a donné au conseil général le droit de statuer définitivement dans l'hypothèse déjà prévue par le paragraphe 7 du tableau A du décret de 1852, c'est-à-dire justement dans celle où se produisait l'intervention du préfet.

Le rôle de ce fonctionnaire d'après l'article 53 de la loi de 1871, se borne donc aujourd'hui à accepter les dons et legs faits au département, en vertu soit de la décision du conseil général quand il n'y a pas de réclamation des familles, soit de la décision du gouvernement quand il y a réclamation.

Le texte de l'article 53 emploie l'expression « décision du gouvernement ». Mais cette décision ne peut être qu'une véritable autorisation accordée par décret, et ce décret doit être rendu en assemblée générale du Conseil d'État lorsque la valeur de la libéralité excède 50.000 fr. (Décret du 21 août 1872, article 5).

Il peut arriver qu'un même testament ou une même donation contienne des dispositions susceptibles d'être acceptées par le conseil général avec pouvoir propre, et d'autres qui exigent une autorisation. Dans ce cas, quel sera le pouvoir appelé à statuer ? Le Conseil d'État a longtemps décidé qu'il appartenait à l'autorité centrale de statuer sur toutes les dispositions. (Avis du Conseil d'État du 27 décembre 1855). A cette époque la question pouvait se présenter pratiquement sous cette forme : ou bien il s'agissait de deux libéralités adressées au même département et dont l'une devait être autorisée par le gouvernement, et l'autre par le préfet ; ou bien on se trouvait en présence d'un premier legs fait à un département et d'un second, adressé à un établissement public, les deux autorisations devant, comme dans le premier cas, émaner d'autorités différentes.

Le Conseil d'État de 1855 fondait sa décision sur les considérations suivantes : « Si chaque autorité était appelée à statuer séparément sur la demande en autorisation qui est de sa compétence, la décision des pouvoirs inférieurs pourrait se trouver en contradiction avec celle de l'autorité supérieure. De plus, l'administration ne considère pas seulement l'établissement qu'il s'agit d'habiliter. Elle tient compte de la situation particulière du testateur, de celle de sa famille et de l'ensemble de ses dispositions testamentaires. Il est donc utile que le testament entier passe sous les yeux du Conseil d'État et que cette assemblée ne soit pas entravée dans son libre examen de cet acte par le parti qu'aurait pu prendre un préfet à l'égard d'une disposition particulière et spéciale ». Ainsi le Conseil d'État annulait pour excès de pouvoir les arrêtés des préfets qui statuaient sur des libéralités résultant d'un testament où étaient insérés des legs soumis à l'approbation du chef de l'État. Un avis ultérieur du 10 mars 1868, modifia cette jurisprudence. Les deux lois de 1866 et 1867, sur les attributions des conseils généraux et des conseils municipaux, venaient de donner un droit de décision propre en certains cas à ces assemblées. Il était donc naturel que la question fut reprise ; la contradiction dont parle l'avis de 1855, ne s'élevait plus entre les décisions de deux autorités administratives, dont l'une est subordonnée à l'autre ; le gouvernement se trouvait désormais en présence d'assemblées locales déclarées souveraines dans certaines limites. On résolut la difficulté au moyen d'une distinction entre les dispositions connexes et complexes. Il y a connexité quand un legs est fait à un établissement public, a charge de disposer d'une partie de ce legs en faveur d'un autre établissement public, ainsi quand un legs est fait à un département ou une fabrique a charge d'en affecter une partie au soulagement des indigents. Il y a deux legs et cependant la disposition ne peut être scindée. Au contraire, quand les deux libéralités sont distinctes, ainsi quand un testament contient un legs à un département et un second à un établissement religieux, on dit qu'il y a complexité.

En conséquence, le Conseil d'État émit l'avis suivant :

« Le Conseil d'État : considérant que des changements ont été introduits en ce qui concerne le pouvoir de statuer sur les dons et legs aux communes et départements ; qu'il y a lieu d'examiner si la jurisprudence de 1855 doit encore être appliquée ;

« En ce qui touche les libéralités dites connexes qui ne peuvent être scindées et soumises à deux autorités différentes : considérant que la disposition d'où dérivent deux libéralités liées entre elles et subordonnées l'une à l'autre implique une charge ou une condition, d'où il suit que l'appréciation d'une semblable disposition demeure en dehors des cas prévus par l'article 1ᵉʳ de la loi de 1867 : que les pouvoirs nouveaux conférés aux conseils municipaux ne font point obstacle à ce que la connaissance des affaires connexes demeure réservée au gouvernement en vertu du droit commun établi dans l'article 910 du Code civil ;

En ce qui touche les libéralités dites collectives, mixtes, ou complexes, considérant que le pouvoir de régler l'acceptation ou le refus des libéralités faites aux communes a été conféré aux conseils municipaux dans un but de décentralisation, que ce but ne serait pas rempli si l'appréciation des libéralités collectives était déférée au gouvernement à l'exclusion des conseils municipaux dont les attributions resteraient le plus souvent une application ; que les mêmes effets se produiraient à l'égard des conseils généraux qui ont reçu de semblables pouvoirs en pareille matière de la loi du 18 juillet 1866;

Est d'avis : 1° Qu'il doit être statué par des décrets sur les dons et legs faits à des communes, à des départements et à des établissements d'utilité publique lorsqu'ils sont connexes; 2° Que l'acceptation ou le refus des dons et legs faits aux communes par dispositions distinctes, doivent être réglés par les conseils municipaux dans les termes de la loi du 24 juillet 1867 ».

Ainsi donc, en ce qui concerne les dispositions collectives, pas de difficulté; un décret n'est pas nécessaire. Mais en cas de connexité, doit-on maintenir la jurisprudence de 1868 malgré la loi de 1871 ? Il pourrait y avoir lieu à hésitation. En effet, le Conseil d'État fonde principalement sa doctrine sur ce que les libéralités connexes impliquant une charge ne peuvent donner lieu à une délibération définitive des assemblées locales. Or, la loi de 1871 a modifié la législation sur ce point. Le conseil général statue définitivement même quand la libéralité est affectée d'une charge ou d'une condition. L'argument ne porte donc plus. Cependant nous maintiendrons la doctrine du Conseil d'État parce qu'il résulte de la nature des choses que deux libéralités connexes ne peuvent être scindées et examinées séparément.

De l'acceptation provisoire. — Il peut s'écouler un temps considérable entre le moment de la donation ou de l'ouverture du testament et l'acceptation. L'instruction exigée

pour préparer la décision du chef de l'État a lieu justement en cas de réclamation, et demande un certain délai.
Le vote du conseil général lui-même, quand il n'y a pas
lieu à autorisation du pouvoir central, peut se faire attendre
quelques mois. Il n'en résulte pas d'inconvénient grave
en matière de testament. Mais s'il s'agit d'une donation,
la libéralité peut devenir caduque soit par une révocation,
soit par le décès du donateur. Ce point avait frappé les
rédacteurs du Code civil, on avait proposé d'introduire le
système d'acceptation provisoire d'une manière générale.
Mais cette opinion combattue par Bigot de Préameneu, ne
fut pas admise par le Conseil d'État. Ce n'est qu'en 1837,
qu'on donna aux maires, et en 1838 aux préfets, le droit
d'accepter provisoirement pour le compte des établissements
qu'ils représentent ; et encore ce sont là des dispositions
exceptionnelles, qui n'ont pas été étendues aux autres établissements publics, si ce n'est aux hospices et hôpitaux (Loi
des 7-13 août 1851, art. 11).

Aujourd'hui cette matière est réglée par le deuxième paragraphe de l'article 53 de la loi de 1871, ainsi conçu : « Le préfet
peut toujours, à titre conservatoire, accepter les dons et
legs. La décision du conseil général ou du gouvernement
qui intervient ensuite a effet du jour de cette acceptation ».

Cette dernière disposition, qui institue une espèce de
rétroactivité, entraîne plusieurs conséquences. Tout d'abord,
elle prévient en matière de donation, la caducité résultant
d'une révocation ou du décès du donateur (1). En second lieu
elle permet, si l'objet de la libéralité est un droit sujet à la
transcription, de faire cette transcription dès l'acceptation

---

(1) Il est certain que l'effet rétroactif se produit aussi bien en cas de
révocation que de décès. On a plaidé le contraire mais la jurisprudence est
fixée en ce sens.

(Voir arrêt de la Cour de Toulouse, du 1ᵉʳ mai 1868, qui statue à propos d'un
legs fait à une commune mais dont les considérants s'appliquent en cas de
libéralité faite à un département).

provisoire, et par suite de sauvegarder les droits du département vis-à-vis des tiers.

Mais cette acceptation a-t-elle pour résultat de faire courir les intérêts et de donner droit aux fruits ? En principe, un donataire soumis à une condition suspensive ne peut réclamer les fruits et intérêts que du jour de l'arrivée de la condition. Mais pour les départements l'acceptation provisoire, bien qu'à certains égards elle équivale à une condition suspensive, permettra en outre au donataire de réclamer les fruits à partir du jour de l'acceptation provisoire.

En ce qui concerne les legs, une distinction est nécessaire :

S'il s'agit d'un legs universel et qu'il n'y ait pas d'héritiers à réserve, ce n'est pas à l'acceptation provisoire qu'il faut rattacher l'effet indiqué plus haut, attendu que le département se trouvera si l'acceptation est autorisée avoir été propriétaire depuis le jour de la mort du testateur, et aura naturellement droit depuis ce même jour aux fruits et intérêts. Toutefois il a été soutenu à ce sujet, que si le département peut être assimilé aux légataires ordinaires en ce sens qu'il a la saisine sans avoir besoin de faire une demande en délivrance, cependant il ne bénéficie de la saisine que du jour de l'acceptation provisoire : « on doit reconnaître dit un arrêt de la Cour de Bordeaux du 9 mars 1859, que la saisine repose, quant à présent, sur la tête des héritiers du sang; qu'en effet, le legs universel n'est pas pur et simple, qu'il est subordonné à l'autorisation du gouvernement, c'est-à-dire à un événement futur et incertain. » Il résulte de cette doctrine que les départements ne peuvent jamais être saisis si ce n'est du jour de l'acceptation provisoire, et que la saisine appartient aux héritiers naturels même non réservataires, tout au moins jusqu'au jour de cette acceptation.

On voit que dans ce système le legs à un département est assimilé à un legs conditionnel. Or, c'est un point controversé de savoir si la saisine attribuée par la loi au légataire universel, lorsqu'il n'existe pas d'héritiers à réserve, lui appartient quand le legs est conditionnel aussi bien que quand il est pur et simple. La solution de notre hypothèse dépendrait donc de cette question de droit civil. Toutefois, nous inclinerions à penser qu'on se trouve ici en présence d'une matière spéciale, qu'on ne doit pas se préoccuper des règles relatives aux legs conditionnels (1), et qu'il faut accorder au département la saisine dès le jour du décès du testateur. Le legs, dit l'article 910, n'a son effet qu'au tant qu'il est autorisé par un décret. Mais quel effet? Évidemment celui qui est propre au legs eu égard à sa nature, c'est-à-dire la saisine, *a die mortis*, s'il s'agit d'un legs universel. Quant aux mots : effet du jour de l'acceptation provisoire, qui se trouvent dans la loi de 1871 (article 53), ils supposent qu'il s'agit d'une disposition qui ne pouvait avoir d'effet que par le moyen d'une acceptation. Or, précisément le legs universel produit ses effets sans qu'une acceptation soit nécessaire.

Supposons maintenant que le legs est à titre universel ou particulier ; alors il n'y a aucun doute, une demande en délivrance est nécessaire. D'après le droit commun, c'est du jour de cette demande en délivrance que courent les intérêts. Il n'y a aucune raison pour ne pas appliquer cette règle aux départements. Mais à partir de quelle époque peut se faire la demande en délivrance? L'acceptation provisoire permet-elle de présenter une demande en délivrance qui fasse courir les intérêts? La Cour de Paris a statué sur ce point : « Attendu que le maire peut toujours, à titre conservatoire, accepter les dons et legs en vertu de la délibération du conseil municipal ; que l'autorisation supérieure produit un effet rétroactif qui remonte à la date de l'acceptation provisoire ; qu'il résulte de cette disposition que le maire a le droit de faire tous les actes qui sont la conséquence de son acceptation provisoire » Arrêt du

_____

(1) Il faut remarquer, en effet, que « le caractère juridique d'un legs dépend de la volonté du testateur, et non de la situation particulière du légataire ». M. Dalloz. Or, il est bien évident que dans l'hypothèse qui nous occupe, le testateur n'a pas eu l'intention de subordonner le legs à une condition.

19 mai 1851. Cette solution a été confirmée par un arrêt de la
Cour de cassation en date du 24 mars 1852. Elle n'est pas
applicable aux établissements publics non autorisés à accepter provisoirement (Voir arrêt de la Cour de Paris du 11 janvier 1851). Cependant cette jurisprudence est combattue par
certains auteurs ; d'après eux l'acceptation provisoire ne confère qu'un droit conditionnel. Or le créancier conditionnel ne
peut faire que des actes conservatoires, interrompre une
prescription, inscrire une hypothèque, mais non pas faire
courir des intérêts. L'article 1014 du Code civil ne s'applique
qu'au légataire pur et simple et non au légataire conditionnel.
Nous ne croyons pas ces arguments fondés. Pas plus qu'en
matière de legs universels, il ne faut se préoccuper des règles
relatives aux légataires conditionnels. Si le préfet n'avait en
vertu de l'acceptation provisoire que le droit de faire des actes
conservatoires, certainement on devrait dire comme la Cour
d'appel de Paris dans son arrêt du 11 janvier 1851 ; « que, par
acte conservatoire la loi comprend l'acte qui a principalement
pour objet soit de maintenir l'existence d'un droit menacé de
périr par le fait d'une déchéance ou d'une prescription, soit
de prévenir la perte ou l'altération même du gage pouvant assurer l'utile exécution du droit » et « qu'on ne saurait
réputer acte purement conservatoire l'action en justice dirigée
uniquement en vue d'obtenir des fruits, qu'une action de cette
nature ne tend pas seulement à conserver le droit, mais bien
à l'exercer, à en réclamer le bénéfice immédiat. » Mais nous
nions justement qu'il s'agisse ici simplement d'actes conservatoires. Le but de la disposition de l'article 53 a été de ne pas
faire perdre aux départements les intérêts et les fruits qui
courent pendant le temps où ils sont en instance pour se
faire habiliter. Si cette disposition ne produisait pas cet effet,
elle serait sans utilité du moins en ce qui concerne les legs
aux départements.

En tous cas, la demande en délivrance doit être introduite
dans la forme ordinaire et ne saurait être suppléée par l'ac-

ceptation provisoire, cette acceptation eût-elle été signifiée à l'héritièr avec sommation de délivrer la chose léguée.

Le legs universel au profit d'un mineur ne peut être accepté que sous bénéfice d'inventaire. Il n'en est pas de même pour les départements. Il est même douteux que l'acte gouvernemental puisse imposer cette formalité.

Du droit de réduction du gouvernement. — En cas de donation, le gouvernement ne peut qu'accorder ou refuser son autorisation. Il ne lui est pas possible de réduire la libéralité ; la donation est un contrat, et à moins d'entente avec le donateur, le décret doit accepter ou refuser pour le tout.

En matière de legs, le gouvernement a le pouvoir de réduire la disposition. Ce droit ne résulte pas d'un texte, mais d'une pratique administrative constante et remontant même à l'ancien régime. L'article 910 n'a point innové, et dans l'exposé des motifs, Bigot de Preameneu, parlant du droit d'autorisation du gouvernement, disait : « Le gouvernement doit connaître la quantité et la nature des biens qu'il met ainsi hors du commerce ; il doit même empêcher qu'il n'y ait dans ces dispositions un excès condamnable ». Ce droit de réduction existe donc incontestablement. Il doit être maintenu dans le cas où une libéralité faite à un département est soumise par exception à l'autorité gouvernementale. Seulement, il faut ajouter que le gouvernement exerce le droit de réduction non plus dans le but indiqué par Bigot, mais uniquement dans l'intérêt des familles.

La Cour de cassation (25 mai 1863) a soutenu que la condition imposée par le testateur au gouvernement, d'accorder ou de refuser pour le tout l'autorisation est valable ; ainsi doit être admise la clause portant que dans le cas ou pour une cause quelconque, le legs universel ne recevrait pas une pleine et entière exécution, ce legs sera considéré comme nul et non avenu et un tiers substitué à l'établissement institué. Cette condition d'acceptation intégrale sera maintenue ; et l'effet de la réduction sera non de laisser dans la succession la portion retranchée du legs, mais d'entraîner, conformément à la volonté du testateur, la caducité de l'institution et l'ouverture de la substitution.

Cette jurisprudence est vivement attaquée par certains auteurs. Suivant eux le droit de réduction du gouvernement a été introduit par des raisons d'ordre public. La Cour de cassation prétend qu'il y a là un legs conditionnel que l'on ne peut transformer en legs pur et simple. Il est vrai que le legs est conditionnel ; mais la condition doit être réputée non écrite parce qu'elle est contraire à l'ordre public et gêne la liberté d'appréciation du gouvernement.

Ce dernier système est-il le véritable? En ce qui concerne les établissements religieux par exemple, il est certain que le but de la loi, en réservant au gouvernement la faculté de refuser son autorisation, est de lui donner un droit d'appréciation absolue, qu'aucune disposition testamentaire ne doit pouvoir limiter. Mais en ce qui concerne les départements, il faut remarquer que nous sommes dans une matière spéciale, que le droit d'autorisation n'est réservé au gouvernement que quand il y a réclamation des familles, et que par conséquent il ne dérive pas d'un sentiment de défiance. Il n'a pas pour but de prévenir l'extension trop grande de la propriété départementale ; c'est une mesure de protection vis-à-vis des héritiers légitimes. Et l'on pourrait soutenir que la clause dont il s'agit n'a plus rien de contraire à l'ordre public ; attendu que si le gouvernement a l'intention de réduire ce sera uniquement dans l'intérêt des héritiers qui réclament. Nous pensons cependant que cet intérêt des héritiers est suffisant pour faire considérer le droit d'autorisation partielle, aussi bien que de refus ou d'acceptation intégrale, comme étant d'ordre public.

Voici, du reste, les conséquences pratiques de cette controverse. Dans le système de la Cour de cassation, la clause étant valable doit être respectée ; la condition à laquelle est subordonné le legs n'est pas observée, le gouvernement ayant opéré une réduction. Le tiers substitué recueillera le legs; et s'il n'y a pas de tiers, la chose léguée retombera dans la succession. Dans le système adverse, la clause violant l'ordre public, est réputée non écrite ; le département reçoit la portion pour laquelle l'acceptation est autorisée : l'autre portion retombe dans la succession; le tiers appelé ne peut la réclamer, puisque la clause de laquelle dépend l'existence de son droit est réputée non écrite. Cependant ce dernier point peut donner lieu à des difficultés. La solution que nous indiquons est celle qu'avait admise la Cour de Paris. La Cour de cassation dans son arrêt précité a condamné également la Cour de Paris sur ce point. La question est de savoir si la condition illicite porte sur l'institution ou sur la substitution. Dans le premier cas, étant réputée non écrite, elle entraîne l'inexistence de la substitution ; dans le deuxième système, elle laisse subsister la disposition à laquelle elle était attachée (art. 900). Mais on voit que cette question est absolument indépendante de la première, et nous n'avons pas à en faire ici l'examen approfondi.

Il faut remarquer, du reste, que la plupart du temps il y aura transaction entre le gouvernement et les héritiers légitimes. Cependant, ces transactions présentent des inconvénients sérieux. Elles ne lient que les héritiers qui y sont intervenus, et l'on se trouve ainsi à la merci de tout héritier nouveau qui se présenterait.

Le droit de réduction n'entraîne pas pour le gouvernement celui d'attribuer la portion non réduite à tel ou tel héritier. Autrefois, ce droit existait, surtout dans le cas où le legs avait été fait aux pauvres. Aujourd'hui, il ne saurait y avoir de doute. Les héritiers tiennent leur vocation des autres clauses du testament ou de la loi sur les successions et nullement de la décision du gouvernement. Évidemment, en cas de réclamation des héritiers, le gouvernement pourra trouver très intéressants quelques-uns d'entre eux et nullement les autres, et se laisser entraîner à une réduction uniquement en considération des premiers. Mais tous profiteront de cette disposition bienveillante. Les principes du droit l'exigent. Tout ce qu'on pourra faire en cas de non réduction, ce sera d'inviter le département à indemniser, par une mesure quelconque, les parents pauvres.

Il résulte des mêmes principes, que si un tiers a été substitué au département pour le cas ou le legs serait réduit (1) la volonté du testateur devra être respectée. Cependant on a soutenu devant la Cour de cassation que la réduction doit uniquement profiter à l'héritier présomptif appelé par la loi à recueillir la succession en cas d'absence de disposition testamentaire.

La Cour de cassation a repoussé ce système en disant que l'article 910 n'a pas été établi seulement dans l'intérêt des familles. (Il s'agissait dans l'espèce d'un legs fait aux pauvres). Mais en ce qui concerne les départements, nous avons déjà indiqué que le droit d'intervention du gouvernement ne se justifie que par l'intérêt des familles. Par conséquent, cet argument, s'il s'agissait d'un legs fait à un département, ne serait pas suffisant.

Mais la Cour de cassation a ajouté avec raison qu'il faut tenir compte de la volonté du testateur. Celui-ci peut certainement appeler à bénéficier de la réduction un légataire universel, à l'exclusion de la famille légitime. La vocation de ce bénéficiaire résulte de la volonté bien interprétée du testateur. L'autorisation partielle ne crée aucun droit spécial, elle n'opère aucune dévolution en dehors de la volonté du défunt.

La Cour de cassation a même été plus loin, et a admis que quand bien même la réduction aurait été prononcée à la suite d'une transaction avec l'héritier, cette transaction ne serait

____

(1) Il ne s'agit ici de substitution que pour la portion que ne recueillera pas le département, et non plus comme dans l'hypothèse précédemment examinée d'une substitution pour la totalité du legs.

pas opposable au légataire substitué qui pourrait réclamer
la portion non autorisée (arrêt du 6 novembre 1878.)

Enfin nous devons ajouter qu'en cas de réduction, le legs universel fait à un département conserve son caractère et ne se
transforme pas en un legs à titre universel. Ainsi le département conservera la saisine s'il n'y a pas d'héritiers réservataires.

Dans tout ce qui précède, nous avons supposé que le
conseil général accepte la libéralité. Mais la loi de 1871
comme celle de 1838 parle de refus aussi bien que d'acceptation. Si donc il y a réclamation et que le conseil refuse, le
chef de l'État pourra-t-il ne pas approuver la délibération du
conseil et rendre une décision emportant acceptation pour
le compte du département ? En présence du texte formel de la
loi, il nous semble difficile de répondre autrement que par l'affirmative. Cependant il y a là, ce nous semble, une anomalie.

Ce droit de statuer d'office se comprend parfaitement pour
les communes et les établissements publics, parce que le
gouvernement intervient non seulement dans l'intérêt de
l'État ou des héritiers, mais aussi dans celui de l'établissement ou de la commune. C'est ainsi que, en ce qui regarde
les communes, le gouvernement doit autoriser lorsque la
disposition contient des charges ; on craint que le conseil
municipal ne s'exagère les conséquences d'un pareil legs ;
on se défie de sa capacité. Mais en est-il de même à l'égard
du conseil général ? La loi de 1871 a supprimé l'intervention
du pouvoir central en cas de libéralités grevées de charges,
et le rapporteur lui-même disait dans son rapport : « Votre
commission n'a pas pensé que l'intervention du gouvernement fut indispensable en pareille matière, et n'a maintenu
que la réserve en faveur des familles. Personne en effet n'est
plus à même que le conseil général de juger si les charges
ou l'affectation immobilière attachées à un don ou à un legs
sont de nature à être onéreuses ou non, et il n'y a pas lieu

d'amoindrir dans ce cas particulier le contrôle souverain qu'il exerce sur tout ce qui touche à la fortune du département. »

Ajoutons que le refus d'une libéralité par le conseil municipal est une sorte d'aliénation d'un bien communal qui ne peut être consommée sans l'approbation du gouvernement. Cette observation ne peut s'appliquer au conseil général qui statue souverainement sur l'administration du domaine départemental. Quoi qu'il en soit le texte est formel, et le droit du gouvernement d'accepter une libéralité pour le compte d'un département est indéniable.

Il peut arriver enfin que le conseil reste dans l'inaction, et que les héritiers demandent au gouvernement d'intervenir pour fixer leur droit. Il est certain qu'on ne peut forcer ceux-ci à rester pendant trente ans dans l'incertitude en ce qui touche le legs. Que fera le gouvernement ? Pourra-t-il statuer d'office, et se substituer pour ainsi dire au conseil général ? A l'égard des conseils municipaux, la jurisprudence admet en pareil hypothèse, que le gouvernement ne peut statuer sans avoir au préalable mis la commune en demeure de prendre une délibération (arrêt du Conseil d'État au 16 mai 1873) (1). Il doit en être de même à fortiori pour les conseils généraux.

Mais si le conseil général consulté refuse parce qu'il y a certaines charges, le gouvernement peut-il se dire saisi par la réclamation des héritiers, et accepter d'office ? Ne peut-on pas soutenir que la réclamation des héritiers n'a pas porté sur la délibération du conseil général mais sur l'absence de délibération, que ce n'est pas l'hypothèse prévue par la loi de 1871, que dès lors le gouvernement n'est pas saisi et ne peut se substituer au conseil général ? Nous pencherions à adopter cette solution.

(1) Mais nous devons dire à ce sujet qu'il a été jugé par le Conseil d'État que cette formalité est exigée uniquement dans l'intérêt de l'établissement public (arrêt du 9 août 1880), et que par suite les tiers n'ont aucune qualité pour se prévaloir de l'inaccomplissement de cette formalité.

Jusqu'ici nous nous sommes contentés d'indiquer qu'il n'y avait lieu à un décret d'autorisation qu'en cas de « réclamation des familles. » Ce sont les termes mêmes de la loi. Le texte s'applique aux legs et aux donations indistinctement : « Or, dit M. Batbie (2), s'il est facile de comprendre que la famille réclame quant aux legs, puisque les droits des héritiers s'ouvrent au décès, on ne s'explique pas comment du vivant du donateur, des héritiers sans aucun droit acquis pourraient élever la voix contre un acte de disposition qui ne contrarie que des espérances. Aussi pensons-nous que dans la pensée des rédacteurs de l'article (il s'agissait de la loi de 1838), les mots *sans réclamation* ne doivent s'entendre que des legs et ne s'appliquent pas aux donations. La donation serait donc valablement approuvée par délibération du conseil général, et les tribunaux ne devraient pas l'annuler sous prétexte que l'approbation n'aurait pas été donnée par décret. En tout cas, si les tribunaux en décidaient autrement, l'acceptation approuvée par le conseil général voudrait toujours comme mesure conservatoire, et empêcherait la caducité. Les parties pourraient donc encore se pourvoir en autorisation par décret, et le tribunal saisi de la demande en nullité devrait accorder un délai au département pour faire des diligences auprès de l'administration centrale. »

On sait qu'en ce qui concerne les communes, les préfets autorisaient les dons et legs en vertu du décret de décentralisation de 1852, quand il n'y avait pas de réclamation des familles. Autrement il fallait toujours un décret, du moins avant la loi de 1867. On voit que c'est une situation analogue à celle dans laquelle se trouvent aujourd'hui les conseils généraux par rapport aux libéralités faites aux départements. Or, la jurisprudence avait décidé que le préfet excède ses pouvoirs en statuant sans avoir mis la famille en demeure de réclamer si elle le jugeait à propos (Conseil d'État, 22 janvier 1857-1ᵉʳ août 1857). On disait alors que si le préfet n'é-

(2) M. Batbie. *Traité de droit public et administratif.* t. 5 p. 57.

tait pas tenu de mettre les familles en demeure de se prononcer, il pourrait, par une prompte décision, rendue sans que les héritiers fussent avertis, soustraire l'affaire à la compétence du chef de l'État, et violer ainsi le décret de 1852. Il nous semble que ce système pourrait être appliqué sans inconvénient aux conseils généraux.

III. — *Marchés de fournitures et de travaux publics.*

Nous réunissons ces deux espèces de marchés parce qu'au point de vue qui nous occupe en ce moment, les règles qui les concernent sont identiques. C'est seulement en ce qui touche les règles relatives à la compétence, comme nous le verrons plus loin, qu'il importe de ne pas les confondre.

Les marchés de fourniture sont des traités passés par le département, dans le but de se procurer les objets de consommation nécessaires aux services publics. Les marchés de travaux ont pour objet non des prestations mobilières, mais des travaux à exécuter sur le domaine départemental.

Les marchés peuvent être faits de gré à gré ou par adjudication publique. On applique sur ce point aux marchés passés par les départements, la législation relative à ceux de l'État. L'article 12 de la loi de finances du 31 janvier 1833 avait disposé qu'une ordonnance royale réglerait les formalités à suivre dans les marchés passés au nom de l'État. En exécution de cet article fut rendue l'ordonnance du 4 décembre 1836, dont les dispositions ont été reproduites dans le décret de 1862 sur la comptabilité publique. L'ordonnance de 1836 ne parle que des marchés de l'État. Mais la jurisprudence a admis l'assimilation des marchés départementaux, notamment en ce qui concerne la question des formes à suivre dans l'intérêt de la concurrence et de la publicité. C'est ainsi qu'un arrêt du 24 février 1845, rendu par le Conseil d'État sur le pourvoi du département de Seine-et-Oise, a décidé que le préfet, et après lui le ministre, en acceptant pour la construction d'ouvrages départementaux, la soumission d'un entrepreneur, sans avoir observé l'ordonnance du 4 décembre 1836, avaient commis un excès de pouvoir. Dans l'espèce, il s'agissait de marchés de travaux publics. Mais la même solution s'applique sans difficultés aux marchés de fournitures (art. 1er de l'ordonnance) « Considérant, disait l'arrêt, que les règles prescrites par notre ordonnance du 4 décembre 1836, sont également applicables aux marchés passés au nom des départements, que les travaux, pour lesquels un marché de gré à gré avait été passé, ne sont pas de la nature de ceux pour la nature desquels il peut être traité de gré à gré, qu'ainsi, notre ministre de l'intérieur, en autorisant le préfet de Seine-et-Oise à confier aux sieurs... adjudicataires des travaux de la Cour d'assises, l'exécution de ceux relatifs à la maison de justice, avait méconnu les dispositions de notre dite ordonnance ; qu'il y avait lieu dès lors d'annuler sa décision, et de déclarer non avenus tant l'arrêt du préfet approuvant entre autres la soumission que ladite soumission. »

La loi du 10 août 1871 ayant donné aux conseils généraux le droit de statuer définitivement sur le mode d'exécution des travaux à la charge du département et sur les concessions à des associations, à des compagnies ou à des particuliers de travaux d'intérêt départemental , on pouvait se demander si la jurisprudence que nous venons d'indiquer devait être maintenue. Une circulaire du ministre de l'intérieur du 25 mars 1872 examine ce point : « Le principe de la concurrence et de la publicité est maintenu, dit-elle en substance ; on ne peut en douter puisque l'article 81, § 4, confère à la commission départementale le soin de fixer l'époque de l'adjudication des travaux d'utilité départementale. » L'adjudication publique est donc exigée en principe. Quant aux exceptions prévues par l'article 69 du décret de 1862, elles intéressent pour la plupart les marchés passés au nom de

l'État. Cependant sont autorisés les marchés de gré à gré
« pour les fournitures, transports et travaux qui, dans le cas
d'urgence évidente amenée par des circonstances imprévues
ne peuvent pas subir les délais de l'adjudication, ainsi que
pour les fournitures, transports et travaux dont la dépense
totale n'excède pas 10,000 francs, et, si le marché est pour plusieurs années, dont la dépense annuelle n'excède pas 3,000
francs. » Ces dispositions s'appliquent aux départements.
Du reste, en pareil cas, comme le marché de gré à gré est
un contrat, c'est le préfet qui doit le passer, sur l'avis conforme de la commission départementale.

D'un autre côté, si le conseil général doit respecter les règlements sur la matière, il peut toutefois demander que l'adjudication ait lieu dans un cas où elle n'est pas exigée.
C'est ce qui résulte implicitement d'un décret du 1er juillet
1873 annulant une délibération du conseil général de la Cha-
rente, qui avait prescrit la mise en adjudication de la fourniture des imprimés à la charge des communes du département. Le décret s'exprime ainsi : « Considérant que si la loi du
10 août 1871 a donné au conseil général le droit de prendre
une décision semblable *en ce qui concerne les impressions à
la charge du département,* aucun texte ne l'autorisait à en
étendre l'application aux fournitures faites pour le compte
des communes. »

IV. — *Des transactions.*

L'article 38 de la loi du 10 mai 1838 portait : « Les transactions délibérées par le conseil général ne peuvent être autorisées que par ordonnance du roi, le Conseil d'État entendu. »
Le conseil d'État avait étendu à ces transactions l'arrêté du
21 frimaire an XII, en ce sens qu'il exigeait que la délibération du conseil général fut prise sur la consultation de trois
jurisconsultes désignés par le préfet. Le décret de décentra-

lisation de 1852 transmit aux préfets le droit d'autoriser les transactions. « Cependant, disait le ministre de l'intérieur dans une circulaire aux préfets, si l'intervention du Conseil d'État et du pouvoir exécutif n'est plus nécessaire, vous n'êtes pas dispensé de prendre l'avis du conseil de préfecture et de demander une consultation à trois jurisconsultes désignés par vous » (Circulaire du 5 mai 1852).

La loi de 1866 et après elle celle de 1871 ont donné au conseil général le droit de statuer définitivement sur les transactions. Pour suppléer autant que possible à l'examen du Conseil d'État et assurer aux intérêts du département une garantie sérieuse, on peut recommander de prendre l'avis de trois jurisconsultes. Mais il n'y a là aucune obligation.

V. — Des actions.

Le conseil général statue définitivement sur les actions. D'après la loi de 1866, le préfet en cas d'urgence pouvait personnellement intenter une action ou y défendre, sauf à rendre compte au conseil général. Mais le droit du conseil restait entier, de sorte que si au moment de la session le procès n'était pas encore terminé, une délibération suffisait pour qu'il n'y eût plus lieu de suivre. Ce droit qu'avait le préfet en cas d'urgence à été transporté à la commission départementale qui statue dans l'intervalle des sessions. Hors les cas d'urgence, c'est au conseil général à prendre une décision ; s'il s'agit au contraire de défendre à une action, l'article 54 dit que l'avis conforme de la commission départementale suffit.

C'est au préfet qu'appartient le droit de représenter le département en justice ; la commission départementale n'a pas qualité pour citer en justice, alors même que le conseil général lui en aurait confié la mission. La délibération du conseil général à cet égard doit être considérée comme nulle et non avenue.

.C'est également au préfet seul qu'est remis le soin de diriger l'affaire et de procéder aux actes d'exécution, comme la constitution d'avoué (1), la désignation de l'avocat et autres actes de procédure.

Un arrêt du Conseil d'État du 16 décembre 1863 a admis que le ministre des travaux publics n'a pas qualité pour exercer les actions du département, et spécialement pour déférer au Conseil d'État, au nom d'un département, un arrêté de conseil de préfecture relatif à une action en indemnité intentée contre ce département pour dommages provenant des travaux d'une route départementale.

Il peut sembler étonnant que cette question ait été posée. Et cependant, peu d'années auparavant, en 1859, le Conseil d'État avait admis la solution contraire. Cette jurisprudence ancienne montre avec quelle difficulté l'idée de la personnalité civile du département s'est introduite. Il faut dire que dans ces espèces il s'agissait de routes départementales, et que la question de propriété de ces routes venait encore rendre plus délicat le débat soulevé. Quoi qu'il en soit, ce point ne peut plus faire aucun doute aujourd'hui.

Aucune action judiciaire autre que les actions possessoires ne peut être intentée contre un département qu'autant que le demandeur a préalablement adressé au préfet un mémoire exposant l'objet et les motifs de la réclamation. Il en est donné récépissé à la partie qui ne peut porter son action devant les tribunaux que deux mois après la date du récépissé, sans préjudice des actes conservatoires (art. 55 de la loi de 1871).

<hr>

(1) En effet, un département plaideur doit constituer avoué. L'État, en vertu de l'arrêté du 10 thermidor an IV, non abrogé par l'article 1041 du Code de procédure, n'est pas tenu de constituer avoué devant les tribunaux. Mais une pareille disposition ne peut s'appliquer aux départements depuis qu'ils sont reconnus personnes civiles distinctes de l'État. Aussi l'exploit d'assignation ou d'appel fait au nom d'un préfet représentant un département serait vicié à peine de nullité (art. 61, Code de procédure), s'il ne contenait pas constitution d'avoué. Seulement, il y aura lieu à communication au ministère public (art. 83, Code de Procédure).

Avant la loi de 1871, il avait été jugé qu'une fois le mémoire remis, le préfet devait, dans les deux mois, faire les diligences nécessaires pour réunir le conseil général et obtenir l'autorisation de défendre à l'action; et que, après l'expiration de ces deux mois, sans autorisation rapportée, les tribunaux avaient droit de rendre un jugement, sauf au préfet à demander un sursis en justifiant des causes l'ayant empêché d'obtenir l'autorisation. Aujourd'hui, le préfet défend sur l'avis de la commission départementale ; il n'y a donc plus lieu de chercher à réunir le conseil général.

Le mémoire est exigé, que le demandeur soit un particulier, une commune ou un autre département. Il est bien entendu que la commune demanderesse n'est pas dispensée pour cela d'obtenir l'autorisation de plaider.

Mais celui qui, défendeur en première instance, relève appel d'un jugement qui a accueilli une action intentée contre lui par un département, n'a pas besoin de présenter un mémoire.

L'article 55 ajoute que la remise du mémoire interrompt la prescription, si elle est suivie d'une demande en justice dans le délai de trois mois. Il n'en était pas de même avant la loi de 1871. Vis-à-vis de l'État et des communes, la présentation du mémoire interrompait bien toute prescription (Décret des 28 octobre, 5 novembre 1790, titre 3, article 15 ; loi du 18 juillet 1837, article 51). Mais, vis-à-vis des départements, la prescription était simplement suspendue, depuis la présentation du mémoire jusqu'à l'expiration du délai après lequel l'action pouvait être intentée. Il résultait de là une anomalie signalée par les auteurs : « Quand il s'agit d'une action à intenter contre l'État ou une commune, l'interruption de la prescription a pour effet d'effacer toute possession antérieure, que le mémoire soit ou non suivi d'une assignation en justice à l'expiration du délai. M. Reverchon croit, il est vrai, que si la loi ne subordonne pas expressément ici l'interruption de la prescription, comme dans le cas de l'article 2245 du Code civil, à la condition d'une assignation ultérieure en justice, cette condition n'en doit pas moins être suppléée. Mais il ne paraît pas possible d'ajouter aux dispositions de la loi, surtout en matière de prescription. Lorsqu'il s'agit au contraire d'une action concernant un département, la prescription n'étant que suspendue reprend son cours si à l'expiration du délai une assignation en justice ne vient pas l'interrompre définitivement ; de sorte que dans ce dernier cas la prescription se trouve bien retardée de deux mois, mais le département pourra joindre à sa possession antérieure celle qui suivra l'expiration du délai » (1). Telle était la législation. Les auteurs la critiquaient avec raison. Ainsi, MM. Serrigny et Chauveau (2) remarquaient que l'un et l'autre système étaient mauvais, et qu'on aurait dû dire, dans tous les cas, que conformément au droit commun, cette tentative de conciliation aurait l'effet d'interrompre la prescription, si elle était suivie d'une assignation en justice dans un temps fixé après l'expiration du délai donné pour se concilier.

C'est ce qui fut inséré dans la loi de 1871 sur la proposition de M. Batbie. Averti par la discussion qui s'était élevée au sujet de l'interruption dont parle la loi du 18 juillet 1837, il fit indiquer que l'interruption n'aurait lieu que si l'assignation se produisait dans les trois mois.

Ajoutons, qu'en ce qui concerne les communes, la jurisprudence continuait à observer strictement le texte de la loi de 1867, et refusait d'appliquer par analogie la disposition de la loi de 1871. (Arrêt de la Cour de cassation du 21 août 1882.) « Attendu, disait l'arrêt, que l'arrêt attaqué s'est justement conformé aux règles édictées par la loi spéciale de la matière, et a refusé à bon droit d'apporter des restrictions et modifications insérées dans d'autres lois étrangères au régime municipal, et sur lesquelles on se fondait pour faire admettre

_____

(1) M. Chauveau. *Code d'instruction administrative*, no 40.
(2) Serrigny, *op. cit.* t. I, no 429, et Chauveau, *op. cit.* no 40.

la fin de non-recevoir proposée par la commune. » La loi récente du 6 avril 1884 a fait disparaître cette anomalie, et dans son article 124 a reproduit la disposition de l'article 55 de la loi de 1871.

D'où vient cette obligation du dépôt du mémoire ? Elle tire son origine de la loi du 28 octobre - 5 novembre 1790, qui exige la remise d'un mémoire au préfet quand on intente une action contre l'État. En effet, les actions domaniales sont dispensées du préliminaire de conciliation devant le juge de paix (article 49, Code de procédure) qui ne pourrait aboutir à rien, attendu que le préfet n'a pas la faculté de transiger. C'est pourquoi ce préliminaire est remplacé par une tentative de conciliation administrative. Plus tard, quand on rédigea la loi de 1837 sur les communes, on se trouva en face d'une disposition résultant de l'arrêté du 17 vendémiaire an X et d'après laquelle, les créanciers d'une commune ne pouvaient intenter contre elle aucune action qu'après en avoir obtenu la permission du conseil de préfecture. La jurisprudence avait interprêté ce texte en ce sens que la permission de poursuivre ne pouvait pas être refusée aux créanciers. « La loi de 1837 supprima cette différence entre les actions pour créances ou autres objets » et remplaça la demande d'autorisation par le dépôt d'un mémoire destiné comme dans le cas de poursuites contre l'État, à tenir lieu du préliminaire de conciliation. En effet, « le préliminaire de conciliation ne peut s'appliquer aux communes et autres personnes incapables de disposer de leurs droits, parce qu'il n'aboutirait à rien devant le juge de paix en raison même de cette incapacité » (1).

Cette disposition édictée pour l'État d'abord, puis pour les communes, fut étendue sans difficulté aux départements en 1838, sauf ce que nous avons dit de la prescription. A cette époque, on sait que le département n'était pas capable de transiger sans autorisation. La loi de 1871 a maintenu la for-

______

(1) Serrigny. *op. cit.* n° 428.

malité du mémoire, non plus à cause de l'incapacité du département, mais parce que le préfet ne peut rien faire sans l'assentiment du conseil général.

Cependant il ne faut pas assimiler complètement le dépôt du mémoire à un préliminaire de conciliation : car ce dernier n'a lieu que pour les instances principales à introduire devant les tribunaux civils de première instance, tandis que le mémoire préalable doit être déposé même dans les affaires commerciales et dans celles de la compétence des juges de paix autres que les actions possessoires, bien que ces affaires ne soient pas soumises à la conciliation organisée par le Code de procédure.

Le mémoire déposé fait-il courir les intérêts? « Sans doute, dit M. Chauveau, le mémoire ne doit pas être assimilé à l'assignation en justice ; mais il est analogue à la citation en conciliation. Le silence de la loi autorise à appliquer par analogie les dispositions de l'article 57 du Code de procédure, et à décider que la remise du mémoire aura pour effet de faire courir les intérêts et la restitution des fruits pourvu qu'il soit suivi d'une assignation en justice dans le mois qui suit l'expiration du délai après lequel l'action peut être intentée (1) ». Cet argument est devenu encore plus probant selon nous, depuis que la loi de 1871 a assimilé au point de vue de la prescription la remise du mémoire à la citation en conciliation. M. Serrigny est d'un avis contraire. La Cour de cassation a également admis que la remise du mémoire dans une instance contre l'État ne fait pas courir les fruits; « attendu que l'article 15 de la loi du 5 novembre 1790 n'a attaché exceptionnellement à la remise du mémoire, que l'effet d'interrompre la prescription; que loin d'assimiler, quant au surplus, ce mémoire à la demande judiciaire, il l'en distingue soigneusement en déclarant que cette demande pourra être formulée un mois après ladite remise. » (Arrêt du 23 décembre 1840.) La Cour de cassation a raison de dire que la remise du mémoire ne

____
(1) *Code d'instruction administrative,* n° 41.

peut être assimilée à une demande ; mais la loi de 1871 a bien eu l'intention de l'assimiler au préliminaire de conciliation, et dès lors elle doit en produire tous les effets. Cependant nous devons dire que depuis cette époque la jurisprudence a examiné de nouveau la question à propos d'une demande contre une commune : « Attendu, dit l'arrêt, que si le dépôt du mémoire interrompt la prescription et toutes les déchéances, il ne s'ensuit pas qu'il ait pour effet de faire courir les intérêts de la créance dont le payement doit être poursuivi contre la commune par une demande distincte ou séparée ; qu'à la différence de la citation en conciliation, le dépôt ignoré de la commune au moment où il est opéré ne peut avoir le caractère et les effets d'une interpellation directe qui la mette en demeure d'acquitter la dette à raison de laquelle le demandeur veut exercer une action contre elle. » (Arrêt de la Cour de cassation du 25 mars 1874.) Nous croyons néanmoins devoir maintenir notre solution, à l'égard du département ; l'argument de la Cour ne peut s'appliquer en effet à une instance engagée contre un département, puisque la personne à laquelle est remis le mémoire est la même que celle qui recevra l'assignation.

La remise du mémoire est-elle nécessaire quand il s'agit d'une action administrative ? M. Chauveau parlant des actions dirigées contre l'État soutient la négative : « Il résulte, dit-il, de l'article 15 du décret du 28 octobre — 5 novembre 1790, titre 3, que le législateur n'a en vue que les actions judiciaires (1). » M. Serrigny est également de cet avis. Enfin, un arrêt du Conseil d'État du 9 janvier 1849 a aussi décidé que l'accomplissement de cette formalité n'est point nécessaire lorsque la contestation doit être soumise au conseil de préfecture. En cas de poursuite contre une commune, le but de la remise du mémoire est que l'administration soit avertie des poursuites, afin que si la demande lui parait fondée, elle puisse ménager une transaction et éviter un

____

(1) Chauveau : *Op. cit.*

procès qui tournerait au désavantage de la commune. On comprend dès lors que s'il s'agit d'une action administrative, la demande remplisse aussi bien cet objet que le mémoire. Cette observation est applicable aux procès dirigés contre les départements.

La même question relative à la nécessité de la remise du mémoire peut se poser en matière de référé. La jurisprudence ne s'est prononcée qu'à propos d'une action dirigée contre une commune, et a répondu que la remise n'est pas exigée (arrêt du 10 avril 1872). Les motifs de cette décision ont été parfaitement résumés dans les conclusions de l'avocat général : « Il faut reconnaître que le référé est une action en justice; mais si le cas de référé n'est pas formellement excepté de la règle, l'exception résulte virtuellement et nécessairement des dispositions du Code de procédure. En organisant cette procédure spéciale, en décidant qu'elle serait intentée et suivie dans des conditions et des formes déterminées, les articles 806 et suivants de ce Code ont entendu exclure toute autre forme, et notamment toutes celles qui seraient incompatibles avec l'essence et le but même du référé. » Ces observations sont certainement applicables en cas de poursuites intentées contre un département.

Enfin, la remise du mémoire peut être remplacée par des équipollents. Ainsi, il a été jugé que la signification qu'une partie faite de ses titres au préfet avec sommation de reconnaître les droits qu'elle a contre l'État, suffit, et que lorsque le préfet a eu connaissance des prétentions d'une commune contre le domaine par l'autorisation de plaider accordée à cette commune, la remise d'un mémoire n'est point indispensable (arrêts, de cassation, 9 avril 1834, 2 juillet 1832). On peut étendre ces solutions à notre hypothèse, en exigeant toutefois, en principe, que les équivalents remplissent exactement le but pour lequel le mémoire est exigé. Cependant un arrêt de Cassation du 19 janvier 1852 a admis en règle générale que le dépôt du mémoire ne peut être suppléé par aucun équipollent.

Le dépôt du mémoire doit être préalable à l'action : suit-il de là qu'il ne puisse être utilement effectué après l'assignation ? M. Serrigny (1) répond que cette tentative de conciliation ne peut suivre un exploit introductif d'instance, que le contraire est déraisonnable. Cependant, la Cour de cassation a admis une solution opposée (arrêt du 20 janvier 1845). Mais il faut remarquer que dans l'espèce aucune procédure, autre que la citation, n'avait précédé la remise du mémoire. « En admettant que cette citation ait été prématurément donnée, pour faire sortir de ce fait une déchéance, il faudrait qu'il eût empêché l'effet utile que la loi a attaché à la communication du mémoire. Cet effet est de mettre l'administration à même de décider si elle doit amiablement faire droit à la demande du pétitionnaire. L'irrégularité de procédure relevée dans l'espèce avait-elle pu gêner la faculté d'examen de l'administration ? La négative a paru avec raison établie aux yeux de la Cour suprême, qui, écartant pour ce cas la rigueur du droit, a pensé qu'il n'y avait pas lieu de prononcer une nullité qui ne faisait aucun grief à l'État. » Nous n'admettrons pas la même solution en ce qui concerne les départements. Le but du mémoire n'est pas seulement de permettre à l'administration de transiger, mais aussi de donner au préfet un délai suffisant pour consulter la commission départementale.

Du reste, il faut ajouter que cette nullité qui résulte de l'inobservation de l'article 55 est relative et peut être couverte par la défense au fond (Cour de cassation, arrêt du 3 février 1874). On doit admettre de même que le défaut de remise du mémoire ne constitue qu'une irrégularité de nature à vicier la procédure ; il donne simplement lieu à une exception que les parties peuvent faire valoir devant le tribunal saisi de l'affaire. Il ne saurait donc être question de conflit. C'est ce qui résulte de l'ordonnance du 1er juin 1828, article 3; « ne peuvent donner lieu au conflit....... 2° Le défaut d'accom-

____

(1) Serrigny, *op. cit.*, n° 1025.

plissement des formalités à remplir devant l'administration
préalablement aux poursuites judiciaires. »

VI. — *Des emprunts.*

L'emprunt est très fréquemment employé par les départements. Il n'est pas de grands travaux, exigeant des ressources
considérables, qui ne s'accomplissent au moyen d'un emprunt. C'est pour ainsi dire l'acte par lequel se manifeste
le plus souvent dans la pratique la personnalité des départe-
tements.

D'après la loi de 1838, les conseils généraux ne faisaient que
délibérer sur les emprunts à contracter dans l'intérêt des
départements : leur vote était soumis en ce cas à l'approbation
gouvernementale. La loi de 1866 a donné aux conseils généraux le droit de voter définitivement les emprunts remboursables en douze années au plus. Ce délai a été étendu à quinze
ans par la loi de 1871. Les intérêts de l'emprunt sont payés
sur le budget ordinaire ou sur le budget extraordinaire. Le
plus souvent pour faire face à cette dépense, les conseils généraux votent des centimes extraordinaires.

Une fois l'emprunt contracté, le conseil général doit assurer
chaque année le payement des intérêts. Autrement, la dette,
étant exigible, deviendrait obligatoire et pourrait être inscrite
d'office par le gouvernement en vertu de l'article 61 de la loi
de 1871.

Si l'emprunt doit être remboursé dans une limite excédant
quinze années, ou bien si les centimes extraordinaires votés
pour assurer son remboursement dépassent le maximum fixé
par la loi de finance, l'intervention du pouvoir législatif
devient nécessaire. Ainsi ce qui était la règle jusqu'en 1866
est devenu l'exception. Du reste, le pouvoir législatif a le droit
de modifier le chiffre et les conditions de l'emprunt.

Hors ce cas exceptionnel, le conseil général est absolument

maître de déterminer le mode d'emprunt. Il peut le contracter de gré à gré, ou avec publicité et concurrence, ou par souscription ou directement à la caisse des dépôts et consignations, ou avec tout autre établissement de crédit. L'emprunt avec émissions d'obligations est assez fréquemment employé.

Lorsque le conseil général inscrit au budget extraordinaire le montant d'un emprunt à contracter durant la durée de l'exercice, il ne fixe pas l'époque de la réalisation de cette ressource. « L'exécution plus ou moins rapide des travaux, les faits imprévus qui peuvent se produire doivent en effet avoir pour résultat de retarder ou de hâter le moment où il sera nécessaire de faire appel au crédit. Aussi l'époque de la réalisation de l'emprunt est-elle fixée par la commission départementale (1) ».

VII. — *Des créances et des dettes du département.*

On sait qu'à de nombreux points de vue, l'État n'est pas considéré comme un créancier ordinaire (2) et qu'il est armé à l'égard de ses débiteurs de pouvoirs spéciaux, que ne pourrait invoquer un simple particulier. Le département n'a pas une situation aussi privilégiée. Cependant il peut revendiquer certaines garanties.

Un résumé rapide mettra ce point en lumière.

Créances du département contre les acquéreurs de biens.— Nous avons vu qu'à la différence des contrats passés au nom de l'État, ceux conclus par les départements ne peuvent contenir stipulation d'hypothèque à moins d'intervention d'un notaire et n'emportent pas exécution parée.

(1) M. Barbier. *Traité du budget départemental*, p. 116.

(2) Bien entendu il n'est question ici que des créances qui n'ont pas pour objet le montant des impôts, c'est-à-dire de celles que l'État acquiert comme personne morale et non comme puissance publique, les seules du reste que l'on puisse rapprocher des créances départementales.

Il ne peut donc être question de contrainte comme cela a lieu envers les acquéreurs de biens nationaux (Loi du 18 août-12 septembre 1791, article 4). La loi du 15 floréal an X, article 8, et la loi du 18 mai 1850 qui établissent une déchéance spéciale en faveur de l'État en cas de non paiement du prix, sont également inapplicables. Il en est de même à l'égard des créances des départements vis-à-vis les preneurs à bail de biens départementaux.

Créances du département contre le comptable. — Le Trésor public, d'après les articles 2098 et 2121 du Code civil a un privilège et une hypothèque sur les biens des comptables. Une loi de 1807 a réglé sur quels biens porteraient d'une part le privilège, de l'autre l'hypothèque. Elle a donc, en ce qui concerne les créances de l'État, modifié l'article 2122 du Code civil. Le département n'a pas de privilège ; à son profit existe seulement l'hypothèque légale de l'article 2121, et comme la loi de 1807 ne lui est pas applicable, son hypothèque reste sous l'empire de l'article 2122. L'article 2121 ne somme pas expressément le département. Mais on doit le comprendre parmi les établissements publics. Du reste, l'article 1er du décret du 31 mai 1862 sur la comptabilité, ne laisse aucun doute à cet égard.

Créances contre les fournisseurs. — Il existe au profit de l'État deux garanties légales contre ses fournisseurs. 1° Une hypothèque qui peut être stipulée dans l'acte administratif ; 2° Les peines établies par le Code pénal contre les délits des fournisseurs. Les départements ne profitent pas de ces garanties générales, et ne possèdent que celles qu'ils s'assurent dans leurs marchés. En conséquence, les cautionnements en immeubles doivent être constitués par actes passés devant notaire.

Créances contre les entrepreneurs de travaux publics. — La responsabilité de droit commun des architectes (art. 1792 et 2270 du Code civil) est appliquée par le Conseil d'État aux architectes et entrepreneurs non seulement de l'État, mais aussi de tous établissements publics y compris les départements. (Voir : arrêts 21 juillet 1853 et 14 mars 1861). Cette responsabilité s'étend, en dehors des édifices proprement dits aux travaux d'art tels que les ponts. Enfin, le délai de dix ans court non de la date de réception du procès-verbal de la réception des travaux, mais de celle de leur achèvement et de la prise de possession.

Dettes des départements. — Si des créances nous passons aux dettes des départements, nous avons encore à signaler des règles spéciales.

Pour obtenir l'exécution d'une condamnation pécuniaire ou d'un titre de créances contre un département, il faut adresser une pétition au préfet, qui inscrit la somme due au budget du département, sur lequel le conseil général statue. Une fois la dépense votée, le payement a lieu sur mandat du préfet. Si le préfet refuse de porter la créance au budget, on se pourvoira devant le ministre d'abord, ensuite au Conseil d'État, et, dans le cas où le conseil général ne voudrait pas voter la dépense, on réclamera l'inscription d'office. En effet, l'article 61 de la loi de 1871 a ajouté aux dépenses obligatoires mentionnées dans l'article 60 « l'acquittement des dettes exigibles ».

Ces règles supposent en principe qu'à l'égard des biens départementaux la voie de la saisie n'est pas praticable.

Il est bien vrai qu'au cas d'une action réelle en revendication, le jugement revêtu de la formule exécutoire produira ses effets ordinaires aux mains de l'adversaire du département pour prendre possession de l'objet en litige avec l'assistance de la force publique. Mais s'il s'agit d'une action personnelle, le créancier ne peut pas ramener son titre a exécution par voie de commandement, saisie-exécution, saisie arrêt ou saisie immobilière, comme il le ferait à l'égard d'un simple particulier. En effet, l'article 65 de la loi de 1871 est ainsi conçu : « le comptable chargé du service des dépenses départementales ne peut payer que sur les mandats délivrés par le préfet, dans la limite des crédits ouverts par les budgets du département. » Il faut donc s'adresser au préfet qui paiera ou fera procéder au besoin à l'inscription d'office. Le décret peut être rendu non seulement au cas de jugement contradictoire et de jugement par défaut contre avoué passé en force de chose jugée quinze jours après la notification, mais aussi au cas de jugement par défaut contre partie, contre lequel l'opposition serait recevable jusqu'à l'exécution. Il faut supposer dans ce dernier cas que c'est la commission departementale qui a voulu faire défaut.

La déchéance quinquennale établie pour les dettes de l'État par la loi du 29 janvier 1831, n'est pas applicable aux départements (art. 480. Décret de 1862 sur la comptabilité publique).

VIII. — *Obligations qui ne dérivent pas d'un contrat.*

Les personnes morales, telles que les départements, sont soumises au droit commun en matière d'obligations. Ces obligations peuvent donc résulter non seulement de contrats, mais aussi de quasi-contrats (ainsi un quasi-contrat judiciaire) de quasi-délits et même de délits. Cette responsabilité qui nait en dehors des contrats est pénale ou civile. La première consiste à subir une peine infligée par la société, la seconde a pour objet de réparer le préjudice causé à un particulier.

La Cour de cassation a admis que la responsabilité pénale, même quand elle est purement pécuniaire, ne peut jamais s'appliquer à l'État. « Attendu que l'État ne peut jamais être réputé l'auteur d'un délit ou d'une contravention; que si dans certaines circonstances il est responsable de ses agents et doit réparer le tort qu'ils auraient occasionné, ce n'est là qu'une responsabilité civile qui ne peut s'étendre aux confiscations et aux amendes (arrêt du 11 août 1848). » Cette doctrine a pour conséquence d'affranchir l'État de toute responsabilité pénale, même dans le cas ou par exception un commettant ordinaire pourrait être déclaré pénalement responsable du fait d'autrui (1). Doit-on appliquer un principe analogue aux départements ? M. Sourdat (2) pense que dans les cas exceptionnels ou la responsabilité du fait d'autrui s'étend aux amendes, en vertu d'une disposition expresse de la loi, les personnes morales autres que l'État doivent y être condamnées comme les simples particuliers. C'est ainsi que l'article 13 de la loi du 30 mai 1851 portant règlement sur la police du roulage décide que « tout propriétaire de voiture est responsable des *amendes*, dommages-intérêts et frais de réparations prononcés contre toute personne préposée par lui à la conduite de sa voiture. » Cette disposition serait certainement applicable à un département poursuivi à raison d'une contravention commise par le conducteur d'une voiture dont il serait propriétaire.

Mais ne peut-on aller plus loin ? L'État, dit la Cour de cassation, ne peut être réputé l'auteur d'un délit ou d'une contravention. Mais le département a-t-il le droit comme l'État de s'abriter sous cette présomption légale qu'il n'a jamais donné mandat de délinquer ? « A la vérité, dit M. Sourdat, on suppose difficilement que le corps lui-même puisse se rendre personnellement coupable d'un fait réprimé par la loi pénale, pour l'avoir par exemple commandé à l'agent d'une manière expresse. Mais sans parler des crimes proprement dits, cette complicité ou coopération se conçoit pour certains délits ou contraventions qui peuvent entraîner

----

(1) En pareil cas, on présume que la faute provient du fait du commettant. Il s'agit dès lors bien plutôt d'une responsabilité directe que de la responsabilité du fait d'autrui.

(2) M. Sourdat. *De la responsabilité en dehors des contrats.*

des peines pécuniaires. Or, qui pourrait s'opposer à ce que la preuve de la complicité ou de la coopération fut faite et la peine appliquée conformément à la loi » (1).

Quoi qu'il en soit, le plus souvent, la personne morale ne pourra être considérée comme ayant encouru elle-même la responsabilité pénale. La faute proviendra du fait d'un individu, et on se trouvera en présence non plus du Code pénal ni même des articles 1382 et 1383 du Code civil, mais de l'article 1384.

Doivent être considérés comme pouvant engager la responsabilité du département tous ceux qui, fonctionnaires, entrepreneurs ou ouvriers, sont rétribués sur les fonds départementaux, et qui par conséquent ont la qualité de préposés exigée par le Code civil. Le préfet, bien qu'il ne soit pas payé par le département, est également un préposé en tant qu'il représente la personnalité civile du département. On ne saurait objecter qu'il n'est pas élu par les habitants de la circonscription ni par les conseillers généraux. La jurisprudence a en effet toujours admis que les maires, même à l'époque où ils étaient nommés par le pouvoir central pouvaient engager la responsabilité de la commune. Il doit en être de même pour les préfets. Seulement il faut supposer que l'acte incriminé ne peut rentrer dans la catégorie de ceux pour lesquels le préfet agit comme délégué du pouvoir central.

En matière de travaux publics, on se trouve en présence d'une législation spéciale. Il est admis aujourd'hui que les travaux exécutés par un département dans un intérêt d'utilité générale rentrent dans la catégorie de ceux prévus par l'article 4 de la loi du 28 pluviôse an VIII. Nous revien-

---

(1) Cette argumentation, si elle est exacte, nous paraît s'appliquer à l'État aussi bien qu'aux départements. Aussi serions-nous porté à décharger l'État de toute responsabilité en ce qui concerne les amendes ou la confiscation, non pas pour les raisons données par la Cour de cassation dans l'arrêt rapporté plus haut, mais par ce motif que l'amende est prononcée contre l'État au profit de l'État lui-même et que par suite il y a confusion entre les deux obligations.

drons plus tard sur ce point qui présente une grande importance relativement aux règles de compétence. Mais nous devons en conclure dès maintenant que les questions de dommages soulevées par suite de l'exécution de travaux publics départementaux, seront résolues d'après les principes spéciaux à la législation des travaux publics, et non d'après les règles du droit civil.

SECTION III

Des règles spéciales à l'administration du domaine public.

Nous parlerons successivement des routes départementales, des ponts et bacs et des chemins de fer d'intérêt local.

Routes départementales.

Il importe de déterminer en premier lieu, quelles sont les autorités compétentes pour procéder au classement et au déclassement de ces routes.

Aux termes du décret de 1811, le chef de l'État statuait par décret après délibération du conseil général. La loi du 20 mars 1835, exigea que le vote fut précédé d'une enquête. D'après la loi de 1838, l'initiative est laissée au conseil ; les dépenses d'entretien seules sont obligatoires, jusqu'à concurrence des ressources inscrites à la première section du budget. Les dépenses de construction deviennent facultatives. Si donc le conseil ne statue pas encore définitivement, du moins il acquiert un droit d'initiative. Il était résulté de cette disposition une difficulté sérieuse : quand une route départementale devait traverser plusieurs départements il suffisait de l'inertie ou de la mauvaise volonté d'un seul conseil général pour empêcher l'exécution d'un travail d'intérêt commun. Une loi du 25 juin 1841, dût intervenir et décider que dans ce cas, une loi pourrait désormais ordonner le classement ou l'exécution de la route après une enquête dont les formes seraient ultérieurement déterminées, et fixer la part contributive de chaque département intéressé.

La loi de 1866, donna au conseil général le pouvoir de statuer définitivement sur le classement et la direction des routes départementales, lorsque leur tracé ne se prolongeait pas sur le territoire d'un autre département (§ 6 de l'art. 1er). Toutefois le gouvernement se réservait non seulement le droit d'annuler en cas de violation de la loi ou d'un règlement d'administration publique, ce qui n'était que l'application d'une règle générale, mais encore, en vertu de la disposition spéciale du dernier paragraphe de l'article 1, celui de suspendre indéfinitivement la décision prise par le conseil général. Du reste, l'enquête prescrite par la loi du 20 mars 1835 restait obligatoire. Enfin la législation ne fut pas modifiée en ce qui concernait les routes dont le tracé s'étendait sur plusieurs départements. En cas d'accord des conseils généraux, il était statué par un décret ; en cas de désaccord par une loi. De plus, les formalités relatives à la déclaration d'utilité publique en matière de traversées départementales restaient fixées comme auparavant. Mais la disposition, peut-être la plus importante de la loi de 1866, fut celle qui déclara désormais non obligatoires les dépenses d'entretien des routes départementales.

Nous arrivons ainsi à la loi du 10 août 1871, qui a augmenté encore les attributions des conseils généraux en décidant qu'ils statueraient définitivement sur le classement et la direction de toutes les routes départementales, que leur tracé fût limité ou non à un seul département. (1) Le gouvernement n'a donc

(1) Cependant ce principe comporte encore aujourd'hui une exception. Quand il s'agit d'une portion de route nationale délaissée et classée comme

aucun droit de suspension, il ne conserve que la faculté d'annuler en cas de violation de la loi. Bien entendu, ses pouvoirs en matière de déclaration d'utilité publique sont toujours réservés. La loi de 1871 ne s'explique pas formellement sur ce point comme l'avait fait celle de 1866. Mais il résulte de la discussion à l'Assemblée nationale qu'aucun changement n'a été apporté à la législation antérieure. En effet, lors de la troisième délibération, on a repoussé un amendement de la commission tendant à accorder aux conseils généraux le droit de déclarer l'utilité publique de tous les travaux départementaux (1).

La faculté qu'ont les conseils généraux de statuer définitivement sur le classement, la direction et l'entretien des routes départementales entraine nécessairement pour ces assemblées des pouvoirs d'une égale étendue en ce qui concerne les projets, plans et devis des travaux à exécuter.

Le droit de déclassement a suivi les mêmes vicissitudes et aujourd'hui est soumis aux mêmes règles que le droit de classement. Cependant on a voulu restreindre les pouvoirs souverains du conseil général à l'hypothèse ou la route ne se

route départementale, l'article 1er de la loi du 24 mai 1842, ne se contente pas de la décision du conseil général ; il exige un décret. Cette loi qui vise un cas tout spécial n'a pas été abrogée par celle de 1871. On ne saurait objecter qu'elle ne faisait qu'appliquer le droit commun (modifié en 1871). En 1842 un arrêté du préfet suffisait pour classer un chemin vicinal ; et cependant, dans le cas ou la portion de route nationale était placée dans le réseau vicinal, un décret était encore déclaré nécessaire par la loi du 24 mai.

(1) Un doute peut s'élever sur la question de savoir à qui revient le droit de déclarer d'utilité publique. On ne peut appliquer ici la loi du 27 juillet 1870, (voir article 2). Il y a bien l'article 4 du sénatus-consulte du 5 décembre 1852, qui pour tous les travaux publics exige un décret, le Conseil d'État entendu. Mais cet article a-t-il modifié la loi du 3 mai 1841, qui se contentait d'une simple ordonnance royale pour l'exécution d'une route départementale. Le Conseil d'État en 1856, a admis la négative en se basant sur ce que le législateur de 1852, a voulu étendre d'une manière générale les pouvoirs du chef de l'État et lui donner le droit d'autoriser dans des cas ou une loi était auparavant nécessaire. Il n'a donc pu restreindre son pouvoir sur le point spécial qui nous occupe.

prolonge pas sur un autre département. Le droit de déclasser a-t-on dit comporte non seulement le droit de faire passer une voie publique d'une classe dans une autre, mais aussi celui de la supprimer et toutes les fois qu'une mesure intéresse plusieurs départements il doit y avoir lieu à l'application des dispositions des articles 89 et 90 de la loi. Il faut donc exiger l'accord des conseils généraux intéressés pour prononcer le déclassement. Cette manière de voir a été adoptée dans une circulaire du ministre des travaux publics (14 octobre 1871) et dans un avis du Conseil d'État (9 août 1875). Cet avis ajoute que: « la délibération par laquelle un conseil général aurait prononcé le déclassement d'une route départementale demeure sans force exécutoire et sans effet jusqu'à ce qu'elle ait été ratifiée par les conseils généraux intéressés ; qu'en conséquence il n'y a lieu d'en poursuivre l'annulation, ni en vertu de l'article 47, ni en vertu de l'article 53 de la loi du 10 août. » Depuis, une circulaire du ministre de l'intérieur du 9 août 1879 a repris la question. Lorsqu'une route départementale traverse plusieurs départements, chacun n'est intéressé qu'à une seule chose ; c'est que sur toute l'étendue du tracé de la route, les facilités offertes au point de vue de la circulation restent exactement les mêmes. Chaque conseil peut donc déclasser à lui seul la portion de la route qui le concerne pour en faire un chemin vicinal de grande communication, pourvu que ce chemin conserve la même largeur que la route. Les autres départements ne souffriront nullement du changement apporté au régime juridique de cette partie de la route, « cela est tellement vrai, ajoute la circulaire, que sur seize départements qui ont déclassé leurs routes départementales depuis 1871 douze se sont abstenus de consulter leurs voisins, lesquels n'ont paru avoir éprouvé aucun trouble par suite de l'opération puisqu'ils n'ont pas formulé de réclamations. Cette expérience est tout à fait concluante, et l'application, le cas échéant, de l'article 90 suffit pour sauvegarder les intérêts aussi bien que les droits des conseils généraux ». Cette distinction nous paraît juste et donne satisfaction aux observations exposées plus haut. Toutefois une objection pourrait être soulevée. Le texte primitif de la loi conférait aux conseils le pouvoir de déclasser les routes départementales « alors même qu'elles se prolongeaient sur le territoire d'un ou de plusieurs départements à la condition de consulter les départements intéressés. » M. Waddington rapporteur, expliqua que l'intention de la commission avait été de ne pas subordonner le droit d'un département sur son territoire à celui d'un autre département sur le sien et de laisser chacun d'eux maître absolu de sa vicinalité ; que, du reste, il n'y avait pas à craindre de voir les départements abuser de cette faculté pour supprimer les débouchés qui existent et dont tout le monde à besoin dans un département comme dans un autre. C'est alors qu'intervint M. Batbie, pour soutenir qu'il n'y avait aucune raison de déroger à l'article 90, et qu'on ne pouvait permettre à un seul conseil général de disposer d'une route, sans le consentement des autres départements. Sur ces observations la dérogation à l'article 90 ne fut pas maintenue par la commission. D'après cet exposé des travaux préparatoires, il semble bien que l'hypothèse qui nous occupe ait été considérée par les auteurs même de la loi comme tombant sous l'application de l'article 90. Nous nous contenterons de répondre que la question est justement de savoir si, quand la condition juridique seule de la route est modifiée et non son mode de viabilité, on peut dire que l'intérêt des départements voisins est véritablement engagé.

Cette même circulaire du 9 août 1789 règle un autre point controversé : « On s'est demandé si la loi du 2) mars 1835, exigeant que le classement d'une route nouvelle soit précédé d'une enquête, s'appliquait au déclassement et si elle était toujours en vigueur. Une décision contentieuse du 10 novembre 1876, rendue sur un pourvoi de la ville de Bayeux, avait déclaré que si la loi du 20 mars 1835 exige que le clas-

sement des routes départementales soit précédé d'une enquête, aucune disposition de la loi ni de règlement n'a exigé
que le déclassement soit précédé de cette formalité. Mais
l'assemblée générale du Conseil d'État n'a pas maintenu cette
jurisprudence; elle a prononcé l'annulation d'une délibération
du conseil général de Tarn-et-Garonne, qui avait prononcé le
déclassement des routes départementales sans que les formalités prescrites par la loi de 1835 aient été accomplies.
Cette délibération a été prise conformément aux conclusions
du ministre de l'intérieur et confirmée par un décret du 13
novembre 1871. »

Il arrive très souvent que les conseils généraux déclassent
une route départementale pour la faire entrer dans le réseau
vicinal. Quelles conséquences doivent entraîner de pareilles
décisions au point de vue de la domanialité? La question a
été discutée dans les circonstances suivantes: En 1877, plusieurs particuliers attaquèrent devant le Conseil d'État comme
entachée d'excès de [pouvoir une délibération du 25 avril
1873, par laquelle le conseil général de l'Oise avait classé
toutes les routes départementales de l'Oise parmi les chemins
vicinaux de grande communication, en réservant les droits du
département sur la propriété du sol des anciennes routes
déclassées et sur les plantations qui en dépendaient. Les requérants se basaient sur ce que le Conseil n'avait pas le droit
de déclasser les routes départementales par mesure générale, et que d'ailleurs ce déclassement était fictif, puisque le
Conseil se réservait la propriété du sol.

Le Conseil d'État, sans examiner au fond rejeta le pourvoi en
refusant de reconnaître un intérêt personnel aux réquérants,
tant que des subventions industrielles ne leur seraient pas
réclamées. Mais dans les observations du ministère de l'intérieur, la question qui nous occupe fut traitée. « En classant
comme chemins vicinaux de grande communication les an
ciennes routes départementales, le conseil général a-t-il pu
réserver au département son droit de propriété sur le sol de

ces routes? Les requérants croient pouvoir affirmer que, dès qu'elles étaient classées dans le réseau de la vicinalité, ces lignes entraient dans le domaine communal. » Pour réfuter ce principe, le ministre rappelait les controverses relatives au décret de 1811 « il n'avait donc pas suffi du déclassement des routes impériales et de leur classement à titre de routes départementales pour que les départements devinssent propriétaires. Il a fallu la disposition de l'article 59 de la loi de 1871. Le conseil général de l'Oise a donc parfaitement pu modifier la nature d'un certain nombre de lignes sans porter atteinte au domaine du département, et les réserves qu'il a inscrites dans sa délibération sont parfaitement légales. »

Du reste, en 1872, au sujet du classement dans l'Ain de portions délaissées de routes départementales comme chemins vicinaux un avis du ministre de l'intérieur a donné plusieurs solutions dont nous pouvons tirer les principes suivants :

1° Lorsqu'un conseil général déclasse une route départementale pour la classer dans le régime vicinal, le département conserve la propriété du sol à moins que par des dispositions formelles cette propriété n'ait été aliénée. Le conseil ne consent qu'un droit d'usage. Il ne fait que changer la destination d'une propriété immobilière qui ne cesse pas de faire partie du domaine départemental, et si plus tard une portion de ce chemin est délaissée, elle tombera dans le domaine privé du département.

2° Réciproquement, si un conseil général déclasse un chemin vicinal et le classe comme route départementale, ou bien emprunte une portion de voirie municipale, pour en faire une route départementale, et que plus tard cette route est abandonnée ou déclassée, le sol fait partie du sol communal. Les communes qui n'avaient pas été dépouillées de leurs biens par le classement reprennent le droit d'usage momentanément exercé par le département (1).

(1) Ces mêmes principes ont été formellement reconnus par le Conseil d'État

Ces décisions ont été vivement contestées (1). On a soutenu que, dès qu'une voie est classée dans le réseau de la vicinalité, elle entre nécessairement dans le domaine communal. On s'appuie d'abord sur l'article 15 de la loi du 21 mai 1836, aux termes duquel la déclaration de vicinalité d'un chemin attribue définitivement à la commune la propriété du sol de ce chemin, et ensuite sur la loi du 24 mai 1842 (art. 4). Cet article suppose qu'une route royale a été délaissée et que certaines parties ont été classées parmi les routes départementales ou les chemins vicinaux, et il décide que les parcelles de terrain qui ne feraient pas partie de la nouvelle voie, peuvent être aliénées dans certaines formes par le département ou la commune. Ce qui prouve bien que le déclassement entraîne une translation de propriété.

Ces arguments ne nous semblent pas concluants. D'abord, l'article 15 de la loi de 1836 se rapporte à une hypothèse toute différente. Les arrêtés du préfet, dit-il, portant reconnaissance et fixation de la largeur d'un chemin vicinal, attribuent définitivement au chemin le sol compris dans les limites qu'il détermine (comp., art. 44 et 86 de la loi du 10 août 1871). Cela est incontestable, mais rien ne prouve que la commune doive être nécessairement propriétaire. La loi de 1836, dans son article premier, met simplement les chemins vicinaux à la charge des communes.

Quant à la loi de 1842, on peut tout au plus en tirer cette conclusion que le déclassement, dans le cas spécial qui est prévu par cette loi, entraîne une translation de propriété; mais rien ne nous autorise à étendre cette disposition particulière (2).

à l'égard des chemins vicinaux absorbés par une route nationale. (Avis du 24 novembre 1860).

(1) V. M. Choppart. *Déclassement des routes départementales.*

(2) Les paroles suivantes du rapporteur à la Chambre des députés, qui sont destinées à justifier ce transfert de propriété montrent bien qu'il s'agit là d'une mesure extraordinaire qui avait besoin d'être spécifiée d'une manière expresse : « Il est utile d'encourager les départements à classer ces portions

Nous avons supposé jusqu'ici que le conseil général, par mesure particulière, déclasse une route départementale déterminée. Ce qu'il peut faire pour une de ces voies de communication, il peut certainement le répéter pour toutes. De là découle pour cette assemblée le droit de déclasser *en bloc* toutes les routes départementales. Cette solution est aujourd'hui généralement admise, et la pratique l'a consacrée (1).

Enfin, le conseil général est maître de statuer définitivement sur la désignation des services qui seront chargés de la construction ou de l'entretien des routes départementales. Ces pouvoirs, très considérables du reste, des assemblées de départements, découlent des textes de la loi de 1871. Ils ne sauraient être étendus en dehors des hypothèses prévues et doivent être considérés comme déterminés d'une façon limitative. C'est ainsi qu'un avis du Conseil d'État, émis le 15 juillet 1873, a reconnu qu'aucun des textes de la loi de 1871 ne donnant aux conseils généraux le droit de statuer sur les plans d'alignement des routes départementales, ce droit est resté dans les mains du pouvoir exécutif. Le conseil général doit seulement être appelé à délibérer, par application du dernier alinéa de l'article 50 de la loi de 1871.

Ponts et bacs.

Le conseil général statue définitivement sur l'établissement et l'entretien des bacs et passages d'eau desservant les routes et chemins à la charge du département. Nous avons déjà dit que par chemins à la charge du département, il faut entendre non seulement les chemins de grande communication, mais

d'anciennes routes et chemins ; les terrains ainsi concédés les indemniseront des frais d'entretien et profiteront plus facilement à l'accroissement des voies de communication. »

(1) V. sur ce point les observations de M. Aucoc, dans ses *Conférences de droit administratif*, nᵒ 943.

aussi ceux d'intérêt commun. La décision du conseil général est définitive sauf annulation pour violation de la loi. Elle
doit être précédée de l'accomplissement des formalités tracées par la loi du 6 frimaire an VII et l'instruction ministérielle du 31 août 1852. Le conseil général est seulement substitué au pouvoir central pour les mesures de décision. Mais
les formalités anciennes sont maintenues. C'est ce que dit
formellement le ministre des travaux publics dans une circulaire de 1871. Ainsi, comme il s'agit de travaux à exécuter
sur les rivières ou canaux, les projets de ces travaux seront
nécessairement préparés conformément aux règlements en
vigueur par les ingénieurs des ponts et chaussées chargés
du service de la rivière ou du canal, qui proposeront en
même temps le tarif du péage à percevoir. Il est évident
qu'une fois ces formalités accomplies, le conseil général reste
libre, et consultera de son côté les agents qu'il a chargés du
service des routes départementales.

Si la rivière qu'il s'agit de traverser est à la limite de deux
départements les conseils généraux intéressés doivent se
mettre d'accord. S'ils ne s'entendent pas, la loi n'ayant pas
institué d'arbitre pour trancher le différent, les choses resteront en l'état.

Le conseil général statue définitivement non seulement sur
l'établissement même du bac, mais encore sur le tarif des
droits de péage. L'instruction doit être faite, à peine d'annulation, dans les formes prescrites avant la loi de 1871.

Sur ce point encore, ce sont les ingénieurs de la navigation
qui doivent proposer le tarif à appliquer. Le département
sera tenu d'adjuger l'exploitation du bac aux enchères publique (loi du 6 frimaire an VII, article 25). Cette adjudication
se fait à la préfecture au feu des enchères, et non par voie
de soumissions cachetées. Les conditions d'exploitation sont
réglées dans un modèle de cahier des charges qui a été modifié par la circulaire du 17 décembre 1868.

Chemins de fer d'intérêt local.

Pour compléter ce qui a été dit dans le chapitre précédent au sujet des chemins de fer d'intérêt local il suffira de rappeler les principales dispositions de la loi du 11 juin 1880. C'est le conseil général qui arrête à titre de projet la direction de ces chemins, le mode et les conditions de leur construction, ainsi que les traités et les dispositions nécessaires pour en assurer l'exploitation, en se conformant aux clauses et conditions du cahier des charges type approuvé par le Conseil d'État. Ces projets sont soumis à l'examen du Conseil d'État et du conseil général des ponts et chaussées. Enfin, l'utilité publique est déclarée et l'exécution est autorisée par une loi. L'autorisation obtenue, le préfet soumet les projets d'exécution au conseil général qui statue définitivement.

CHAPITRE V

DES RÈGLES DE COMPÉTENCE AUXQUELLES DONNENT LIEU LES ACTES DE LA VIE CIVILE DU DÉPARTEMENT

Tous les actes dont il a été question au chapitre précédent sont contractuels ou quasi-contractuels; l'administration n'y figure que comme partie contractante. Ils se distinguent des actes administratifs proprement dits qui revêtent un caractère d'autorité et de commandement. Or, ces derniers ne peuvent donner lieu à un recours au contentieux que lorsqu'il violent un droit acquis, et ce recours doit toujours être porté devant les tribunaux administratifs, sauf dispositions contraires. Quant aux premiers, en tant que contrats, ils sont par leur nature même susceptibles d'être déférés à une juridiction; mais qui sera compétent, des tribunaux ordinaires ou des juges administratifs? La jurisprudence et la doctrine admettent aujourd'hui que de pareils actes, en l'absence de textes, doivent être portés devant l'autorité judiciaire. « S'il s'agit des droits ou des obligations qui dérivent d'un contrat proprement dit passé par l'administration, c'est à l'autorité judiciaire qu'il appartient en principe d'y statuer, sans qu'on ait à rechercher si le contrat était passé à l'occasion d'un service public, ou pour la gestion des propriétés publiques dans les conditions du droit civil (1). »

(1) M. Aucoc. *Conférences de droit administratif,* n° 273.

Ce principe est général ; il s'applique à l'État, aux départements, aux communes. Toutefois, en ce qui concerne l'État, de graves difficultés ont été soulevées. On a admis qu'en vertu de la loi du 17 juillet — 8 août 1790, relative à la liquidation de la dette publique, il n'appartient qu'à la juridiction administrative de constituer l'État débiteur ; c'est-à-dire de reconnaître une créance à la charge de l'État. Cette nouvelle règle restreint singulièrement la portée du principe qui vient d'être énoncé, puisqu'elle a pour résultat de soumettre à la juridiction administrative toutes les difficultés relatives aux dettes que l'État aurait contractées dans la gestion des divers services publics. Mais jamais on n'a songé à en étendre l'application aux départements. Ce point de doctrine est certain. C'est ainsi que nous trouvons dans la jurisprudence du Conseil d'État une décision spéciale à notre matière. Il s'agissait d'un bail passé en la forme administrative entre un particulier et un département pour la location d'une maison destinée au casernement de la gendarmerie. Le Conseil d'État (arrêt du 30 avril 1868) a décidé que ce bail constituait un contrat de droit commun dont la résiliation, s'il y a lieu, ne peut être prononcée que par l'autorité judiciaire, et, en conséquence, a annulé pour excès de pouvoirs l'arrêté par lequel le préfet, en se fondant sur l'inexécution des obligations imposées au bâilleur, prononçait la résiliation du bail.

Toutefois, dans le cas où la délibération du conseil général, relative à l'acte en question, serait soumise à l'approbation du pouvoir central, il faudrait faire une réserve en ce qui concerne l'interprétation des difficultés qui pourraient s'élever sur la régularité de cette approbation. Il est bien vrai que l'approbation en elle-même ne change pas la nature de l'acte « En principe, dit M. Serrigny, après l'approbation donnée, l'administration a rempli sa mission et épuisé ses pouvoirs quand elle a donné son homologation. Il en résulte que la personne civile de l'établissement autorisé est considérée comme si elle avait fait l'acte à l'état de majorité. La constitution qui s'élève plus tard n'est qu'un débat portant sur des intérêts privés des deux parts, et qui dès lors doit être soumis aux tribunaux. Cependant si des difficultés s'élèvent sur la régularité de cette approbation, ces contestations me semblent rentrer dans la compétence administrative parce qu'il s'agit d'apprécier des faits placés dans le domaine exclusif de l'administration (1) ». Ces mêmes observations s'appliquent naturellement au cas où le gouvernement aurait usé de son droit de suspension en vertu de l'article 49 de la loi de 1871. D'autre part, s'il s'agit d'un acte passé en la forme administrative pour lequel on aurait employé les formes de l'adjudication, il faut remarquer, avec le même auteur que « la réception de l'adjudication par les agents administratifs constitue un fait, une opération de l'administration, dont la régularité ne peut être impugnée par les tribunaux ; c'est donc à l'autorité administrative qu'il appartient de déclarer ce qui est fait par devant elle, et à se prononcer sur la régularité des formes de l'acte. » Cette solution est conforme à celle de la jurisprudence. Un arrêt de la Cour de Limoges (22 mars 1870) s'exprime ainsi : « les actes translatifs de propriété même quand ils sont passés dans la forme administrative, n'en sont pas moins des actes de droit commun ; lorsqu'ils sont produits sur une action en revendication, les tribunaux ont évidemment le droit de les apprécier, de les interpréter et même de les considérer comme non avenus, s'ils ne contiennent pas les formalités exigées par la loi civile pour leur validité ; mais il en est tout autrement quand un acte de cette nature est attaqué pour violation de formalités purement administratives et préalables à l'aliénation; dans ce cas, l'autorité administrative a seule qualité pour statuer. » Il est également reconnu que si la partie à laquelle les actes sont opposés ne relève pas cette nullité par la voie administrative et ne demande pas de sursis pour se pourvoir, le

(1) Serrigny, *op. cit.*, n° 1013.

tribunal qui reconnaît à ces actes les conditions de validité requises par la loi civile peut en faire l'application à la cause.

Si de cet exposé général, nous passons à l'étude des divers actes en particulier, nous constaterons tout d'abord qu'en matière d'acquisitions aucun texte ne s'oppose à ce que les principes qui viennent d'être énoncés ne reçoivent leur application. C'est ainsi qu'en ce qui concerne l'application de la loi du 3 mai 1841, sur l'expropriation publique, les contrats de vente relatifs à l'acquisition des terrains passés dans la forme des actes administratifs seront soumis à la compétence judiciaire pour les difficultés qui s'élèvent sur leur interprétation. « Il est bien vrai que la loi de 1841 ne donne aux tribunaux que le pouvoir d'examiner si les formes préalables à l'expropriation ont été observées ; mais il n'y a là rien de limitatif. Hors de l'hypothèse prévue, on rentre dans le droit commun. Or les conventions contenant acquisition de terrains pour le département sont de simples contrats dans lesquels le département joue le rôle d'un particulier ; les agents qui reçoivent ces actes remplissent le ministère des notaires dont ils tiennent la place pour des raisons d'économie. Rien n'empêcherait de recourir à un notaire, et dans ce cas l'acte n'aurait rien d'administratif. La circonstance que le notaire est remplacé par le préfet ne peut changer la compétence de l'autorité chargée d'interpréter l'acte (1) ».

D'après l'article 4 de la loi du 28 pluviôse an VIII, les difficultés relatives aux ventes de biens nationaux sont de la compétence des conseils de préfecture. Ce texte, étant limitatif et ne parlant que des biens nationaux, c'est-à-dire appartenant à l'État, n'est pas applicable quand il s'agit de ventes faites par un département. Nous retombons ici sous l'empire des règles générales relatives à la séparation des pouvoirs. En d'autres termes, les principes qui régissent les acquisitions sont applicables aux ventes.

En matière de dons et legs la compétence judiciaire est

____
(1) M. Serrigny, *op. cit.*, no 1016.

également de droit et, conformément aux principes énoncés plus haut, il faut dire que le décret d'autorisation lui-même, dans le cas ou il est requis ne peut faire obstacle à ce que les héritiers fassent valoir devant les tribunaux ordinaires l'atteinte portée à leurs droits privés. Il est évident en effet que l'autorité judiciaire est seul juge des questions d'hérédité et des difficultés auxquelles peuvent donner lieu la validité des dons et legs. La décision du gouvernement qui autorise le département à accepter ne peut nullement modifier les droits respectifs des parties au point de vue du pur droit civil. Cette solution a toujours été admise, l'article 7 de l'ordonnance du 2 avril 1817, porte que « l'autorisation pour l'acceptation ne fera aucun obstacle à ce que les tiers intéressés se pourvoient, par les voies de droit, contre les dispositions dont l'acceptation aura été autorisée ».

Ainsi prenons un exemple : une libéralité est faite à un département sous une condition. La question est douteuse de savoir si cette condition est contraire aux lois. Le gouvernement estime qu'il y a lieu de la réputer non écrite, et il accorde l'autorisation en effaçant la condition. Les héritiers qui s'étaient opposés à l'acceptation, conservent certainement le droit de s'adresser aux tribunaux et de demander la révocation de la libéralité pour cause d'inexécution des conditions, ou même de soutenir l'illégalité absolue de la disposition (1).

Le décret d'autorisation ne porte donc jamais atteinte au principe de la séparation des pouvoirs. Il en résulte qu'il ne

(1) Il a été jugé de même qu'il appartient à l'autorité judiciaire de déclarer que les conditions sous lesquelles un établissement public a été autorisé à accepter un legs ne sont pas conformes à la volonté exprimée par le disposant et de décider, s'il y a lieu, en conséquence, pour les héritiers à se refuser à la délivrance du legs (18 juillet 1870. Conseil d'État) et en ce qui concerne spécialement les départements, que l'autorité judiciaire est seule compétente pour décider, par l'interprétation des titres de fondation, donations ou testaments, si les libéralités faites à un hospice avaient pour but de gratifier le service des enfants assistés, et si par suite le département a le droit de réclamer que les revenus de ces libéralités lui soient remis pour venir en déduction de ses dépenses dans ce service. (Tribunal des conflits, 11 décembre 1875.)

peut être attaqué devant le Conseil d'État par la voie contentieuse. C'est un acte de tutelle administrative, c'est-à-dire un
acte de pure administration qui ne doit pas être discuté au
fond par le Conseil d'État.

Mais les héritiers ont-ils la faculté de se pourvoir pour incompétence ou violation des formes ? Le Conseil d'État, pendant très longtemps, s'est prononcé pour l'affirmative. C'est
ainsi qu'un arrêt du 16 mai 1873 annulait, pour excès de
pouvoir, un décret du gouvernement qui avait statué d'office
sur une libéralité faite à une commune sans que le conseil
municipal eût été mis préalablement en demeure de délibérer. Un arrêt du 4 août 1882 a modifié cette jurisprudence:
« Considérant que l'arrêté qui a autorisé l'hospice à accepter
une donation ne faisait pas obstacle à ce que les requérants,
s'ils s'y croyaient fondés, fissent valoir devant l'autorité judiciaire les droits qu'ils prétendaient avoir à invoquer contre
la régularité de la dite donation, que, dès lors, ils ne sont
pas recevables à demander l'annulation du dit arrêté par la
voie du recours pour excès de pouvoir (1). » Ainsi, les héritiers doivent saisir en premier lieu l'autorité judiciaire, et ce
n'est que dans le cas où il y aurait doute sur la régularité
du décret que le juge ordonnera un renvoi devant l'autorité
administrative pour déclarer si cet acte est régulier ou non.

Si relativement aux actes constatant des transmissions de
droits réels à titre onéreux ou à titre gratuit, les principes
généraux sur la compétence conservent leur application, en
sera-t-il de même en matière de marchés ? Ici on se trouve
en présence de l'article 4 de la loi du 28 pluviôse an VIII, qui
attribue compétence au conseil de préfecture relativement

(1) C'est l'application d'un principe général aujourd'hui sanctionné par une
jurisprudence constante, et d'après lequel le Conseil d'État, saisi par la voie
du recours pour excès de pouvoir, ne peut annuler directement les actes qui
ont servi de base à des droits privés, et ne peut prononcer sur la régularité de
ces actes, qu'en cas de renvoi ordonné par la juridiction régulièrement saisie
de la question de fond. (Voir : arrêts du Conseil d'État des 5 et 26 janvier
et 2 février 1877. D. 77, 3. 35.)

aux contestations qui s'élèvent entre les entrepreneurs de travaux publics et l'administration sur le sens et l'exécution des clauses de leur marché. Cette disposition, qui fait exception au principe général que nous avons admis, s'applique-t-elle uniquement aux travaux exécutés aux frais de l'État ?

Parmi les auteurs qui ont soutenu que les travaux publics entrepris et payés par les départements sont compris parmi ceux visés dans la loi du du 28 pluviôse, quelques-uns se sont appuyés sur cette considération qu'en l'an VIII les dépenses départementales étaient de véritables dépenses publiques, qui ne se distinguaient pas de celles de l'État ; que par suite il n'y avait pas de travaux d'utilité publique départementaux, et qu'en rendant le décret du 16 décembre 1811, le législateur n'a pu avoir la pensée de restreindre la portée de la loi du 28 pluviôse. D'après eux, les travaux départementaux ont été considérés de tout temps comme des travaux publics, sans que l'on se soit jamais bien rendu compte de leur assimilation avec ceux de l'État.

Cette argumentation qui tendait à mêler à la question qui nous occupe, les difficultés relatives à la reconnaissance de la personnalité civile des départements, est aujourd'hui complètement abandonnée ; le débat porte sur un autre terrain ; les départements comme les communes et les établissements publics forment des personnes distinctes de l'État ; et la controverse, qui est la même pour tous ces êtres moraux, peut se formuler ainsi : les travaux exécutés par les départements, les communes, etc., peuvent-ils être dits publics au sens de la loi du 28 pluviôse, an VIII, et les difficultés qu'ils soulèvent doivent-elles en conséquence être soumises au conseil de préfecture ?

D'après M. Chauveau, les départements sont de véritables personnes privées, leurs conventions ne se rattachent point à l'intérêt public. A l'État seul est réservé la prérogative d'être une personne publique représentant l'intérêt général ; « vouloir attribuer juridiction à l'autorité administrative sous

le léger prétexte que les travaux concernent une partie
importante du public, une agglomération d'individus, c'est
méconnaître tous les principes constitutifs de la science
administrative ». M. Chauveau, reconnait seulement que le
décret du 16 décembre 1811, ayant classé les routes départementales dans la grande voirie, il y a lieu de faire exception
pour les travaux relatifs à ces routes. (1)

Cette doctrine n'a pas prévalu, on admet aujourd'hui que
les travaux entrepris par le département, pourvu qu'ils aient
le caractère public , sont comme ceux de l'État, soumis à la
juridiction du conseil de préfecture, lors même qu'il n'y a pas
eu d'adjudication. Or, tous les travaux faits par ordre de
l'administration dans un bâtiment affecté à un service
public (2) ont le caractère de travaux publics. Mais s'il s'agit
de travaux que le département fait faire comme simple propriétaire et personne privée, il n'en serait pas de même ;
« les marchés relatifs à la construction ou aux réparations des
bâtiments et aux autres ouvrages appliqués à ces espèces de
biens ne paraissent pas renfermés dans la classe des travaux
publics mentionnés par l'article 4 de la loi du 28 pluviôse an
VIII. Ce ne sont pas proprement des marchés de travaux
publics. Ils n'ont pas le même caractère d'urgence et d'utilité
immédiate pour le public qui n'en profite pas directement » (3).
M. Ducrocq admet aussi cette distinction (4). Selon lui « les
travaux exécutés dans l'intérêt privé des départements, tels
que ceux ayant pour objet l'amélioration de leurs propriétés
rurales ou urbaines et le seul intérêt de la personne morale »
ne constituent pas des travaux publics.

(1). Chauveau. *Principes de compétence et de juridiction administrative*.
V. no 433, 674 et s.

(2) Nous avons cependant classé ces édifices dans le domaine privé. Ils
n'en sont pas moins considérés comme étant d'utilité publique, et, en effet,
l'expropriation peut être prononcée quand il s'agit de les construire. L'idée
de domanialité publique ne se confond nullement avec celle d'utilité publique.

(3) Serrigny, *opt. cit.* no 673.

(4) M. Ducrocq, *Cours de droit administratif,,* no 251.

La jurisprudence du Conseil d'État s'est depuis longtemps prononcée dans le même sens. C'est ainsi qu'on lit dans un arrêt du 1ᵉʳ juin 1828 ; « Considérant que les travaux ont été exécutés par ordre du préfet sur les fonds départementaux, d'après les plans et sous la surveillance de l'architecte du département; qu'ils rentrent dans la classe des travaux publics. » Le 4 février 1849, nouvelle décision soumettant au conseil de préfecture les difficultés relatives à des travaux nécessités par l'installation d'un calorifère dans un hôtel de préfecture. Peu de temps après, le 18 novembre 1852, un autre arrêt exprimait ainsi au sujet des travaux de construction du palais de justice de Saint-Gaudens : « La disposition de la loi de pluviôse est générale et absolue ; elle s'applique à toutes les difficultés qui peuvent s'élever entre les entrepreneurs de travaux publics et l'administration, concernant le sens et la portée des clauses de leurs marchés, soit que les travaux aient été reçus, soit que la réception n'en ait pas été faite ; il en résulte que le conseil de préfecture était, compétent pour apprécier la responsabilité qu'aurait encourue l'entrepreneur aux termes de l'article 1792 du Code civil, et c'est à tort que le conseil de préfecture a renvoyé le préfet de la Haute-Garonne à se pourvoir devant les tribunaux civils pour faire valoir ladite responsabilité ».

Enfin un arrêt plus récent a statué dans le même sens, et a décidé que les travaux d'appropriation exécutés pour le casernement de la gendarmerie dans un bâtiment loué à cet effet par le département présentent le caractère de travaux publics, alors même que la dépense en vertu des conventions intervenues entre le département et le propriétaire de l'immeuble aurait été mise à la charge de ce propriétaire.

La jurisprudence admet également que les clauses insérées dans les cahiers des charges pour soumettre les parties à telle ou telle juridiction sont de nulle valeur et ne produisent aucun effet, parce que les juridictions étant d'ordre public ne peuvent être établies par la volonté des parties. Enfin le moyen d'incompétence fondé sur ce que les tribunaux se trouveraient saisis d'une contestation de cette nature peut être proposé pour la première fois comme ouverture de cassation même de la part de celui qui avait reconnu d'abord la compétence de l'autorité judiciaire.

Si les marchés de travaux publics passés au nom des départements sont assimilés à ceux de l'État, au point de vue de la compétence, il n'en est pas de même en ce qui concerne les marchés de fournitures. Du moins telle est la solution que nous croyons devoir adopter. On sait que les ministres sont compétents pour statuer sur les difficultés relatives à l'interprétation ou à l'exécution des marchés de fournitures passés au nom de l'État (article 14 du décret du 11 juin 1806).

Or, cette disposition ne s'applique qu'aux marchés passés avec les ministres. Tous les autres marchés retombent sous l'empire du droit commun. Le département, lorsqu'il traite pour les fournitures dont il a besoin, ne fait autre chose que d'user de stipulations dont les effets sont prévus et garantis par les lois civiles. La juridiction des tribunaux ordinaires est donc normalement compétente.

Le Conseil d'État s'est d'abord prononcé dans un sens opposé à notre doctrine. Trois ordonnances rendues dans la même affaire les 27 mai 1816, 11 juin et 6 novembre 1817, déclarent le conseil de préfecture compétent pour connaître des contestations élevées entre un préfet et un fournisseur sur un marché relatif à la fourniture du pain des prisons. L'ordonnance du 27 mai ayant été insérée au *Bulletin des lois*, le Conseil d'État en a conclu plus tard que cette ordonnance devait être considérée comme ayant force de loi, et il l'a visée dans quelques-unes des décisions rendues depuis cette époque. C'est ainsi que le 3 mai 1839, le Conseil d'État saisi d'un recours contre un arrêté du conseil de préfecture de Paris, relatif à une difficulté qui s'était élevée entre le préfet de police et l'adjudicataire d'une fourniture de toiles, statua au fond, sans que la question de compétence ait même été soulevée. La jurisprudence était donc bien établie ; mais depuis elle a admis du moins implicitement une solution opposée.

On sait que de nombreux marchés ont été passés pendant la guerre par les préfets pour l'équipement de la garde nationale mobilisée. A Lyon, certains fournisseurs ayant à plaider contre l'administration saisirent le tribunal civil. Le conflit fut élevé, et le Conseil d'État jugea que ces marchés ayant été faits dans l'intérêt de la défense nationale devaient être considérés comme passés au nom de l'État, et non pas pour le compte du département, qu'en conséquence il y avait lieu d'appliquer l'article 14 du décret du 11 juin 1806, que le tribunal civil de Lyon s'était déclaré à tort compétent par l'unique motif que la demande était dirigée contre le département du Rhône, et sans examiner s'il s'agissait d'un marché passé pour l'État ou pour le département. Il semble bien résulter de là, que si le Conseil d'État avait reconnu que le marché avait été passé pour le compte du département, le tribunal aurait eu raison de se déclarer compétent. Ceci fut confirmé expressément dans les conclusions du commissaire du gouvernement ; « l'article 14 du décret du 11 juin 1806 n'est pas applicable aux marchés de fournitures passés avec les départements et les communes. Notre législation ne nous offre pour ces marchés aucun texte qui défère les contestations sur leur sens et leur exécution à la juridiction administrative. Elles restent donc dans le domaine de l'autorité judiciaire. » Le commissaire s'attacha seulement à établir que les marchés avaient été passés pour le compte de l'État, (arrêt du 21 octobre 1871).

La Cour de cassation semble avoir admis les mêmes principes. D'après une loi du 11 septembre 1871, ont été mis à la charge de l'État avec effet rétroactif, les dépenses faites et les engagements souscrits par les départements pendant la guerre de 1870-1871 pour fournitures relatives aux gardes nationales mobilisées ; l'État s'est ainsi trouvé substitué aux départements comme débiteur vis-à-vis des fournisseurs. Une question de cette nature ayant été soumise aux tribunaux judiciaires par un fournisseur qui réclamait à un département le prix de son marché, on plaida l'incompétence, en cherchant à prouver en fait que le marché tombait sous l'application de la loi de 1871, et ne pouvait en conséquence être considéré comme passé par le département. La Cour de cassation admit cette manière de voir, et proclama l'incompétence des tribunaux judiciaires en se fondant sur ce que l'État seul était en cause.

Cet arrêt résout implicitement notre question, puisque si les marchés faits pour le compte des départements avaient été régis par le décret de 1806, il aurait été inutile de prouver en fait que les marchés dont il s'agissait avaient été passés au nom de l'État. Dans un cas comme dans l'autre l'autorité judiciaire aurait été incompétente.

Nous devons ajouter qu'à l'égard des conventions passées pour le compte des communes, la jurisprudence se prononce formellement en faveur de la compétence judiciaire. (Arrêt du Conseil d'État, 7 septembre 1869.) Il n'y a donc à ce point de vue aucune différence entre les marchés des communes et ceux des départements. Mais en ce qui concerne la forme, nous avons déjà dit que pour les départements on applique par analogie les ordonnances du 4 décembre 1836 et 9 août 1841, tandis que pour les communes une ordonnance spéciale des 14 novembre — 12 décembre 1837 a réglé la manière dont les marchés doivent être conclus. Cette différence a semblé à quelques auteurs pouvoir être invoquée en faveur de l'opinion qui remet à l'autorité administrative la compétence des marchés départementaux. Mais une simple ordonnance ne peut changer les questions de compétence qui sont d'ordre public.

En résumé, les marchés de travaux publics au compte des départements sont de la compétence administrative; au contraire, tous les marchés de fournitures sont soumis aux tribunaux ordinaires. Il importe donc de ne pas les confondre. Or, il arrive souvent que l'entrepreneur est également fournisseur ; en pareil cas, le Conseil d'État estime que l'on doit considérer quelle est la partie principale. Ainsi, il a été jugé: que l'engagement imposé à l'entrepreneur de la construction d'un calorifère commandé pour un établissement public, de l'entretenir pendant un certain nombre d'années, n'empêche pas que le contrat ne présente dans son ensemble le caractère de marché de travaux publics plutôt que celui de fournitures. (Conseil d'État, 11 août 1859.)

Enfin, si la question est soulevée devant le tribunal saisi, celui-ci l'examinera et la résoudra, à moins qu'on ait élevé le conflit.

Nous devons terminer en énonçant un principe qui s'applique également aux marchés de fournitures et aux marchés de travaux publics. La compétence judiciaire pour les premiers, administrative pour les seconds, s'entend d'une compétence en matière d'exécution ; mais si l'on attaque l'adjudication pour inobservation des formalités, il nous semble qu'on doit aller devant le Conseil d'État, en formant un recours pour excès de pouvoir.

Ainsi, nous pouvons supposer qu'un marché qui devrait être fait avec adjudication a été conclu de gré à gré ; le département pourra se pourvoir pour excès de pouvoir, parce qu'il a été lésé dans ses intérêts par un marché passé sans que les conditions de concurrence et de publicité aient été remplies. Quant à l'entrepreneur ayant traité en pleine connaissance de cause, avec entière capacité, il ne peut invoquer l'inobservation de formalités qui n'ont pas été prescrites en sa faveur. De leur côté, les tiers ne seront pas admis à se pourvoir, n'ayant, en effet, aucun droit acquis qui puisse servir de fondement à leur action.

Le département a donc seul le droit d'agir. Le marché a été passé de gré a gré par le préfet ; le conseil général estime

que les formalités de l'adjudication devaient être observées ;
il intentera l'action.

Du reste, si l'on suppose, non plus un marché conclu de
gré à gré quand il devait être passé avec adjudication, mais
certaines formalités simplement omises dans l'adjudication
faite, tous les soumissionnaires seront autorisés à se pourvoir.

Enfin, nous devons rappeler spécialement, à l'égard des
marchés de fournitures, ce que nous avons dit à propos des.
ventes administratives. Si, les tribunaux judiciaires étant
saisis, le département invoque l'inobservation de certaines
formalités, il faudra renvoyer l'examen de ce point à l'autorité administrative.

A l'égard des emprunts passés par les départements, un
arrêt du 16 août 1876 (Cour de cassation) statue ainsi :
« Attendu que si l'autorité judiciaire est incompétente pour
connaître des actes administratifs, il lui appartient de statuer
sur les difficultés qui s'élèvent sur l'exécution ou l'interprétation des conventions du droit civil intervenues entre les
simples particuliers d'une part et le département de l'autre,
à moins de dispositions exceptionnelles résultant de lois spéciales ; que l'emprunt contracté par voie d'émissions d'obligations par un département a essentiellement le caractère
d'un contrat à titre onéreux de droit commun, et que, par
conséquent, les demandes en payement de sommes dues par
suite d'un emprunt de cette nature, et en dommages-intérêts
pour inexécution des obligations qui en résultent, sont de la
compétence des tribunaux civils. »

Ce n'est que l'application du principe général posé en tête
de ce chapitre.

Enfin si l'on est en présence d'obligations ne résultant pas
d'un contrat, par exemple si une action en responsabilité civile est intentée contre un département, la compétence judiciaire est encore de droit. A défaut de textes spéciaux les
juges administratifs ne pourront être saisis. A l'égard de

l'État, poursuivi pour des faits imputés à ses agents, la question est beaucoup plus complexe. La jurisprudence du Conseil d'État, pour revendiquer la compétence administrative, s'est longtemps appuyé sur le principe que l'État ne peut être constitué débiteur, principe résultant selon elle de la loi du 17 juillet 1790 relative à la liquidation de la dette. C'est ainsi qu'une ordonnance du 26 août 1835 décidait « qu'aux termes de l'article premier de la loi du 17 juillet-8 août 1790 et des lois générales de la matière, les tribunaux ne peuvent connaître d'actions qui tendraient à faire déclarer l'état débiteur, et qu'à cet égard les tribunaux ne sont compétents que dans les cas prévus par la loi. » La loi visée par l'ordonnance étant spéciale aux dettes de l'État ne pourrait certainement être invoquée en cas de poursuites dirigées contre un dépar-tement. Mais plus tard le Conseil d'État, tout en maintenant la solution précédemment admise, a fondé sa doctrine uniquement sur le principe de la séparation des pouvoirs. Quelques arrêts ont dans ce but essayé de distinguer entre l'État puissance publique, et l'État personne civile, et ont laissé à l'autorité judiciaire dans ce dernier cas la connaissance du litige. Plus récemment, le tribunal des conflits par des arrêts du 8 et 25 février 1873 rendus dans trois espèces différentes, sans se prononcer sur cette dictinction, a maintenu d'une façon absolue la compétence administrative toutes les fois que l'État est poursuivi à raison de faits imputés à l'un de ses agents, employé dans un service public (1).

De ce que l'État en tant que puissance publique, ne peut être déféré aux tribunaux ordinaires et se voir appliquer les articles 1382 et suivants du Code civil, faut-il conclure que le département peut revendiquer le même privilège ? Ses agents sont des fonctionnaires, tout comme ceux de l'État. Le prin-

______

(1) La difficulté est de savoir ce qu'il faut entendre par service public. Le tribunal des conflits, dans un des arrêts qui viennent d'être cités, a compris dans cette catégorie l'administration des tabacs, ce qui semble étendre bien loin la compétence administrative.

cipe de la séparation des pouvoirs peut-il être invoqué en pareil cas ? Nous ne le pensons pas. Si le tribunal des conflits est allé si avant dans la doctrine qu'il a admise, c'est qu'en réalité il est bien difficile de distinguer entre l'État puissance publique et l'État personne civile. Au contraire, le département ne peut présenter que ce dernier caractère. La compétence judiciaire sera donc de droit. Toutefois, en vertu des principes généraux sur la matière, il faut réserver le cas ou il faudrait interpréter un acte administratif.

La jurisprudence n'a pas eu à se prononcer sur la question. Plusieurs arrêts ont statué sur des poursuites intentées à des départements comme civilement responsables. Mais il s'agissait de dommages causés par suite de l'exécution de travaux publics, et la juridiction administrative a été naturellement saisie d'après le texte de la loi du 28 pluviôse an VIII. Toutefois, de nombreuses décisions ont consacré, tout au moins en fait, le principe de la compétence judiciaire en ce qui concerne les communes.

Nous venons de parler d'une disposition spéciale de la loi de pluviôse an VIII. Cette loi, en effet, établit la compétence administrative, non seulement à l'égard des difficultés qui peuvent s'élever entre l'entrepreneur et l'administration sur le sens et les clauses du marché, mais encore en ce qui concerne les torts et dommages résultant du fait personnel des entrepreneurs, et à plus forte raison provenant du fait de l'administration. Cette disposition vise les travaux exécutés par les départements, aussi bien que ceux de l'État. Les conseils de préfecture seront donc saisis de toutes les questions de responsabilité qui peuvent s'élever en cette matière. Il n'y a à cet égard aucune différence entre l'État et les départements.

Toutefois, certaines difficultés peuvent s'élever au sujet de l'étendue de cette compétence des conseils de préfecture. La jurisprudence avait d'abord admis qu'aucune distinction ne doit être établie entre les dommages causés aux propriétés mobilières et immobilières et ceux qui atteignent les individus dans leur personne même. La seule condition à laquelle était subordonnée la compétence du conseil de préfecture était que les dommages fussent la conséquence directe de travaux ordonnés par l'administration ou d'un fait se rattachant à l'exécution même de ces travaux.

A partir de 1863, la jurisprudence s'est modifiée, et a reconnu que les dommages causés aux personnes ne rentrent pas dans la catégorie de ceux prévus par la loi du 28 pluviôse. Un décret de conflit rendu par le conseil d'État, le 13 décembre 1868, a appliqué cette doctrine aux départements. Il s'agissait dans l'espèce d'une action en indemnité intentée par un ouvrier contre un conducteur des ponts et chaussées et contre le département du Rhône cité comme civilement responsable. Cet ouvrier se plaignait de blessures qui lui avaient été faites dans l'exécution des travaux d'une route départementale, par suite de la négligence du conducteur. Ainsi d'après cette nouvelle jurisprudence on doit considérer l'objet du dommage. Toutes les fois que le dommage atteint une personne, les tribunaux ordinaires sont compétents.

Cette solution nous semble critiquable. En cette matière, ce n'est pas l'objet mais la cause du dommage qui doit décider de la compétence. Dès qu'il s'agit de travaux publics, la loi de pluviôse devient applicable. Du reste, ce principe a été soutenu devant le Conseil d'État, par le commissaire du gouvernement en 1873, à propos d'une demande formée contre une compagnie de chemin de fer, à raison des fièvres causées par des émanations provenant des eaux stagnantes réunies dans des chambres d'emprunt dont elle avait extrait les remblais du chemin de fer. Le commissaire du gouvernement disait en terminant: « Nous estimons, messieurs, que sans avoir besoin de vous prononcer en termes exprès sur cette question de compétence, puisque les parties en cause n'en ont pas fait l'objet d'une exception formelle, vous n'en devez pas moins la résoudre implicitement dans le sens de la compétence administrative, en statuant sur le fond du litige qui vous est soumis. » Conformément à ces conclusions, le Conseil d'État alloua une indemnité aux demandeurs (arrêt du 10 décembre 1873). Cette solution serait certainement applicable s'il s'agissait d'un département. On recherchera donc en principe si le dommage provient directement de l'exécution des travaux. Dans le cas contraire, la compétence reviendrait aux tribunaux de l'ordre judiciaire (1). Ainsi un homicide par imprudence a été causé par un ouvrier dans l'exercice de ses fonctions, mais par suite d'un fait qui ne lui a pas été commandé, le dommage ne résulte pas directement de l'exécution des travaux ; le département pourra être déclaré civilement responsable pour avoir fait choix d'un ouvrier négligent et sera poursuivi devant les juges ordinaires (2).

Ces principes sont communs à tous les travaux faits par des établissements publics. Si, au contraire, il s'agit de poursuites dirigées contre l'État, le conseil de préfecture reste bien compétent dans les hypothèses prévues par la loi du 28 pluviôse an VIII; mais toutes les fois que l'action en indemnité, si elle est dirigée contre un département, sera renvoyée aux tribunaux ordinaires comme ne tombant pas sous l'application de la loi du 28 pluviôse, cette même action intentée contre l'État restera de la compétence administrative en vertu du principe général qui interdit aux tribunaux ordinaires de déclarer l'État débiteur. Elle sera soumise alors aux ministres, juges ordinaires du contentieux.

(1) Cette jurisprudence se trouve confirmée par des arrêtés de conflit en date des 17 janvier et 13 mars 1880.

(2) Nous supposons, pour plus de simplicité, que les travaux sont exécutés en régie. Il est certain alors que le département peut être poursuivi directement. Il n'en serait plus de même, si l'exécution du travail public était remis à un entrepreneur ou à un concessionnaire. Cependant, en cas d'insolvabilité de ces derniers, la question de responsabilité du département pourrait être soulevée. Mais c'est là une difficulté dans laquelle nous n'avons pas à entrer et qui, du reste, ne modifie en rien les règles relatives à la compétence.

CHAPITRE VI

DES CONTRIBUTIONS AUXQUELLES EST ASSUJETTI LE DÉPARTEMENT EN TANT QUE PERSONNE CIVILE

En tant que personne civile le département doit acquitter certaines contributions au profit de l'État.

Impositions directes.

Le département peut être propriétaire ; il payera donc l'impôt foncier comme le ferait un particulier, seulement par application de l'article 105 de la loi du 3 frimaire an VII, d'après lequel les domaines nationaux non productifs, et en général les établissements ayant pour objet l'utilité générale ne sont point cotisés, on déclare en principe non imposables les bâtiments et édifices, appartenant aux départements, non productifs de revenus et affectés à un service public.

Ainsi les hôtels de préfecture, de sous-préfecture, les palais de justice, les écoles normales, etc., ne payent pas l'impôt foncier à condition, bien entendu, que le département soit propriétaire et non pas simplement locataire. Cependant si ces établissements sont productifs de revenus ils seront imposés. C'est ce qui a été décidé à l'égard de terrains affectés à un dépôt de mendicité, et mis en culture malgré cette affectation ; de terrains productifs de revenus situés en dehors de la superficie nécessaire à un hospice que fait bâtir un département, ou encore à des bois vendus par l'État à un département qui les affecte au service d'un dépôt d'étalons.

On s'est demandé si une caserne départementale de gendarmerie est exempte de la contribution foncière, alors même
que le département reçoit une subvention de l'État, pour y
loger les officiers. D'après le Conseil d'État le fait que le département reçoit une somme pour consacrer une certaine
partie de l'immeuble lui appartenant à ce service, ne doit
pas faire considérer l'immeuble comme productif de revenus
(Conseil d'État 30 avril 1880).

Il a été jugé de même qu'un département ne doit pas l'impôt foncier pour un immeuble affecté à une division militaire,
bien que cette affectation ait lieu en exécution d'un contrat à
titre onéreux, comme condition de la cession faite au département d'immeubles appartenant à l'État.

Toutefois, on a admis que des terrains en culture dépendant d'un asile départemental d'aliénés ne doivent pas être
exemptés de la contribution foncière, bien qu'ils soient cultivés par les aliénés et que les produits soient consommés dans
l'asile (Conseil d'État 18 juin 1880.)

Quant à la contribution des portes et fenêtres, elle est également due par le département en tant que propriétaire ou
locataire, à moins qu'il ne s'agisse d'immeubles affectés à un
service public. C'est ainsi qu'on doit considérer comme non
imposables les ouvertures des bureaux de préfecture,
ainsi que celles des maisons appartenant à des particuliers
et louées pour servir de casernes de gendarmerie Cette
solution n'est pas en contradiction avec celle que nous
avons admise relativement à l'impôt foncier ; quand le
département est locataire, l'impôt foncier continue à peser
sur le particulier, même quand l'immeuble est affecté à
un service public, parce que cette affectation ne peut changer la situation personnelle de ce contribuable vis-à-vis
du fisc ; au contraire, l'impôt des portes et fenêtres devant

frapper le locataire, puisqu'il a pour but d'atteindre le revenu mobilier, c'est le département qui doit l'acquitter en principe ; seulement il en est dispensé quand la location est faite en vue d'assurer un service public.

Si le département ne doit payer aucune contribution pour l'hôtel de préfecture, cependant sont imposables au nom du préfet les ouvertures des locaux affectés à son habitation personnelle y compris les appartements de réserve et de reception.

Le troisième impôt direct porte le nom de contribution personnelle et mobilière. D'après l'article 12 de la loi du 21 avril 1832 il est dû par chaque habitant français et par chaque étranger de tout sexe jouissant de ses droits et non réputé indigent. Cette disposition suppose évidemment qu'il s'agit des personnes physiques et non de personnes morales. Le département ne sera donc pas imposable.

Enfin le département peut être assujetti à la patente pourvu qu'il s'agisse non d'un service public départemental tel par exemple que le service des établissements d'aliénés, mais d'une véritable industrie exercée pour le compte et au nom du département.

Outre les quatre contributions directes qui atteignent les particuliers le département en tant que personne morale, est soumis à la taxe de main-morte. En effet, la loi du 20 février 1849 a établi sur les biens immeubles passibles de la contribution foncière appartenant aux départements, une taxe annuelle représentative des droits de transmission entre vifs et par décès. La condition essentielle pour que la taxe soit exigible est que l'immeuble paie la contribution foncière ; il n'y a donc qu'à se reporter à ce que nous avons dit à propos de cette contribution, pour déterminer les immeubles qui seront assujettis à ce nouvel impôt. La taxe de main-morte en vertu de la loi de 1849 était fixée à 62 centimes et demi pour franc du principal de la contribution foncière. La loi du 30 mars 1872, article 5, l'a portée à soixante-dix centimes. Elle est, en outre, soumise aux décimes auxquels sont assujettis les droits d'enregistrement.

Pour terminer ce qui concerne les contributions directes mises à la charge des départements, il nous resterait à parler de l'impôt de 3 0/0 sur le revenu des valeurs mobilières. Nous traiterons ce sujet plus loin à propos des autres impositions qui pèsent sur les valeurs mobilières.

Enregistrement et Timbre.

Les départements sont soumis en général au droit d'enregistrement, pour tous les actes contractuels qui les concernent, comme les simples particuliers. C'est ce qui résulte de l'article 78 de la loi du 15 mai 1818, ainsi conçu : « Demeurent assujettis au timbre et à l'enregistrement sur la minute dans le délai de vingt jours, conformément aux lois existantes :

1° Les actes des autorités administratives et des établissements publics portant transmission de propriété, d'usufruit ou de jouissance ; les adjudications ou marchés de toute nature aux enchères, au rabais ou sur soumission.

2° Les cautionnements relatifs à ces actes ».

Ce principe n'a pas toujours été maintenu. L'article 7 de la loi du 16 juin 1824 mettait les départements, et en général tous les établissements publics, dans une situation privilégiée, en décidant qu'ils ne paieraient que dix francs pour droit fixe d'enregistrement et de transcription hypothécaire sur les actes d'acquisition, et sur les donations et legs, lorsque les immeubles acquis ou donnés devaient recevoir une destination d'utilité publique et ne pas produire de revenus. Le droit de dix francs était réduit à un franc, toutes les fois que la valeur des immeubles acquis ou donnés n'excédait pas 500 francs en principal. Ainsi, pourvu que les deux conditions exigées par l'article 7 fussent remplies, le département n'avait pas à payer de droit proportionnel. La loi du 18 avril 1831 a abrogé cette disposition dans son article 17, dont le dernier paragraphe est ainsi conçu : « En conséquence ces acquisitions, donations et legs seront soumis aux droits proportionnels de transcription et d'enregistrement établis par les lois existantes ». C'était, en d'autres termes, remettre en vigueur l'article 78 de la loi de 1818.

Cet article ne soumet à l'enregistrement que des actes ayant le caractère contractuel, et qui tous, rentrent dans la catégorie de ceux que nous avons étudiés comme étant relatifs à la personnalité civile du département. Au contraire l'article 80, de la même loi, exempte de l'enregistrement les actes des autorités administratives non dénommés dans l'article 78, c'est-à-dire principalement ceux que nous avons appelés administratifs proprement dits, et qui ne peuvent être assimilés à un contrat. Nous retrouvons donc ici une distinction semblable à celle que nous avons établie en traitant des règles de compétence. Il est facile de voir que le but du législateur est de ramener la situation du département, en tant que personne civile, à celle d'un particulier.

C'est ainsi que les actes constatant des acquisitions de terrains par les départements seront enregistrés conformément au droit ordinaire de 5 fr. 50 pour 0/0 (Loi du 20 avril 1816, article 32). De même, si le département acquiert a titre gratuit, il supportera le droit de mutation entre personnes non parentes soit 9 0/0, non compris les décimes qu'il s'agisse de biens mobiliers ou immobiliers (Loi du 21 avril 1832, article 33. Loi du 10 mai 1850, article 10). Cependant on a soutenu autrefois que la loi de 1824 et la loi de 1831, n'ayant fait mention que des immeubles et des actes soumis à la transcription hypothécaire, les acquisitions mobilières et les donations de sommes et de meubles pourraient être assujetties à un simple droit fixe. La jurisprudence a repoussé ce système : « attendu que la loi du 22 frimaire an VII ne fait aucune distinction entre les acquisitions faites par les départements et celles faites par les particuliers ; que l'article 70 est relatif exclusivement aux actes qui intéressent directement le gouvernement et les acquisitions faites en son nom, que l'article 17 de la loi de 1831, a non seulement abrogé l'article 7 de la loi de 1824, mais aussi les dispositions des lois, décrets et arrêts, qui n'ont assujetti qu'au droit fixe les actes d'acquisitions faits au profit des départements et a soumis ces acquisitions aux droits proportionnels, que cette abrogation est un retour au principe de la loi de l'an VII, que si cette loi exempte de tout droit les acquisitions faites par l'État, elle ne dit rien de celles faites par les départements » (arrêt du 23 août 1841).

L'acquisition des casernes de gendarmerie avait été déclarée sujette au droit fixe par un décret du 7 novembre 1825. Aujourd'hui elle est sujette au droit proportionnel.

Il en est de même des concessions gratuites faites par l'État au profit des départements, qui avaient été déclarées sujettes au droit fixe de un franc par une décision du 21 novembre 1809.

Enfin, les ventes de meubles ou d'immeubles par les départements sont également soumises au droit ordinaire de 5 fr. 50 0/0.

On voit donc qu'en règle générale, sauf les exceptions qui seront indiquées plus loin, les départements sont soumis au droit commun. Il est loin d'en être de même pour l'État. En ce qui concerne les acquisitions ou échanges faits par l'État, il n'est dû aucun droit (Loi du 22 frimaire an VII, article 70, § 2. n° 1). Quant aux ventes, il faut distinguer entre les meubles et les immeubles. S'il s'agit de meubles, la loi de l'an VII soumet les actes de vente au droit ordinaire de 2 0/0, comme pour les particuliers, Pour les ventes d'immeubles, la même loi de l'an VII avait admis le droit ordinaire de 4 0/0, mais la loi du 15 floréal an X ramena ce droit à 2 0/0. On a remarqué avec juste raison que ce système est peu satisfaisant. Rationnellement, on devrait dégréver entièrement, car les offres de l'acheteur étant calculées en raison inverse de l'élévation des droits de mutation et l'impôt retombant en somme indirecte-ment sur le vendeur, c'est-à-dire sur l'État, ce que l'on veut éviter, l'immunité convient aussi bien en cas de ventes qu'en cas d'acquisitions. Quoiqu'il en soit, le but du législateur est évidemment de donner une situation privilégiée à l'État, et de mettre les départements sur le même rang que les parti-culiers.

Cependant ce principe comporte plusieurs restrictions. Toutes les fois que les formalités de la loi du 3 mai 1841 sont remplies, le département, comme tout expropriant, bénéficie des dispositions de l'article 58 de cette loi. Ainsi, les actes d'acquisitions de terrains pour la construction, l'alignement ou le prolongement des routes départementales, sont visés pour timbre et enregistrés gratis. Il en sera de même toutes les fois qu'une cession amiable sera faite par un par-ticulier qui peut être exproprié en vertu d'une déclaration d'utilité publique.

On admet également que les devis et les états estimatifs rédigés par les ingénieurs des ponts et chaussées pour les travaux d'entretien ou de réparation des routes départe-mentales sont exempts du timbre et de l'enregistrement.

Enfin, parmi les actes administratifs passés au nom des départements, les adjudications et marchés ont donné lieu à des dispositions spéciales. D'après la loi de 1818, ces droits n'étaient soumis qu'à un droit fixe. En effet, l'article 73 de cette loi décidait que les adjudications au rabais et marchés pour constructions, réparations, entretiens, approvisionnements et fournitures dont le prix doit être payé directement ou *indi rectement* par le trésor royal, et les cautionnements relatifs à ces adjudications et marchés étaient sujets au droit fixe d'un franc d'enregistrement. Or, à cette époque, les dépenses et les recettes des départements étaient, d'après une opinion très accréditée, une simple dépendance du budget de l'État ; aussi considéra-t-on que le prix des marchés départementaux était payé indirectement par le trésor royal, et l'article 73 leur fut appliqué sans difficulté. Cette disposition de faveur remplaçait sur ce point la loi de 1816 qui soumettait au droit proportionnel de un franc par 100 francs les adjudications et marchés dont le prix devait être payé par les administrations locales. Elle fut maintenue jusqu'en 1872 ; la loi du 18 avril 1831, dont nous avons parlé plus haut, ne s'appliquait qu'aux acquisitions, donations et legs, et laissait complètement de côté la législation spéciale aux actes qui nous occupent en ce moment. En 1872, les droits d'enregistrement furent considérablement augmentés ; il fallait créer de nouvelles ressources financières, et la loi du 28 février soumit à un droit nouveau, qu'on a désigné sous le nom de *gradué*, un certain nombre d'actes parmi lesquels les adjudications et marchés dont le prix doit être payé directement par le trésor public ; et le même paragraphe ajoutait : « L'article 73 de la loi du 15 mai 1818 est abrogé. »

Ce texte a donné lieu à une difficulté sur laquelle la jurisprudence a eu à se prononcer, à la suite d'un procès pendant entre l'administration de l'enregistrement et le département d'Ille-et-Vilaine. Le tribunal civil de Rennes avait admis que la loi de 1872 n'a établi le nouveau droit que pour les marchés, dont le prix doit être payé directement par le Trésor, sans mentionner ceux dont le prix ne doit être payé qu'indirectement (article 1, § 9), que l'abrogation contenue dans ce même paragraphe ne doit porter que sur la partie de l'article 73 relative aux adjudications dont le prix est payé directement par le trésor, que pour les autres on reste sous l'empire de la loi de 1818, et que les droits sont seulement augmentés de moitié par la loi de 1872 ; et le tribunal ajoutait : « considérant qu'à la vérité on a sujet de s'étonner que les départements soient traités plus favorablement que l'État ; qu'on peut comprendre, cependant qu'il ait paru bon d'alléger les charges qui pesaient sur eux au lendemain d'une guerre qui leur avait fait subir tant de pertes ; qu'en tous cas la pensée du législateur n'ayant été développée ni dans l'exposé des motifs du gouvernement, ni dans le rapport du projet de loi, le tribunal doit s'en tenir au texte et que le retour à la législation de 1816 en ce qui concerne les marchés des départe_ments ne ressort pas suffisamment de ce texte. » La Cour de cassation saisie par l'administration de l'enregistrement a statué en sens contraire (arrêt du 16 août 1875), et s'est appuyée sur les considérations suivantes : Les marchés de l'État et de tous les établissements publics sans distinction ont été soumis à un droit proportionnel par la loi de l'an VII, droit qui a été augmenté par la loi de 1816; l'uniformité de la taxe a été rompue par la loi de 1818 qui a introduit une exception en faveur de certains marchés ; cette disposition exceptionnelle ayant été abrogée en 1872, on retombe sous l'empire de la législation précédente. Si le législateur dans la loi de 1872 n'a pas introduit le mot : indirectement, c'est qu'il n'a pas entendu admettre entre les marchés de l'État et ceux du département une assimilation qui, expliquée sous la loi de 1818 par la situation dépendante des départements à cette époque, n'aurait plus été justifiée depuis que le département est sans conteste personne juridique. L'abrogation de la loi de 1818 enlève donc aux marchés départementaux le bénéfice d'une exception, et les remet sur le même rang que les marchés des autres administrations locales et des établissements publics. Cette argumentation nous semble irréfutable ; on aurait même pu soutenir que la loi de 1872 ne vise en aucune façon les marchés départementaux, que de pareils actes, depuis l'époque où le budget départemental est devenu absolument distinct de celui de l'État n'étaient plus atteints par le texte de la loi de 1818, puisque leur prix ne pouvait plus être considéré comme étant payé indirectement par le Trésor, et qu'en conséquence ils retombaient sous l'application de la disposition générale de la loi de 1816. Quoiqu'il en soit, le résultat pratique est incontestable. Aujourd'hui les marchés départementaux sont soumis au droit proportionnel au même titre que les marchés de tous les établissements publics.

La loi de 1816 que nous déclarons applicable à notre matière parle dans son article 51 des adjudications au rabais et marchés ; la loi de 1818 (article 78) emploie cette même expression. Faut-il voir là deux actes distincts l'un de l'autre ? La jurisprudence admet que les mots : adjudications et marchés, se rapportent au même contrat. L'adjudication n'est qu'une forme du marché. L'administration a cependant soutenu que le mot adjudication désigne une convention indépendante du marché. Par suite, tous les actes, marchés ou autres qui se passent en séance publique devraient être soumis à l'enregistrement. Ainsi les emprunts administratifs qui en principe, comme nous le verrons bientôt, ne font pas partie des actes sujets aux droits d'enregistrement, échapperont bien à l'impôt quand ils seront conclus de gré à gré ; mais, faits en séance publique, ils y seront soumis comme rentrant dans la classe des adjudications de toute nature. C'est cette doctrine que repousse la jurisprudence.

Une autre controverse, commune aux marchés passés par tous les établissements publics, s'est élevée sur la question de savoir si tous les marchés sont soumis à l'enregistrement. L'article 51 de la loi de 1816 ne parlait que des marchés pour constructions, réparations, entretiens, approvisionnements et fournitures. Cette énumération était considérée comme limitative. Du reste, peu importait la forme de l'acte ; le droit était toujours exigible, pourvu que le marché rentrât dans une des catégories spécialement désignées. La loi de 1818 (art. 78) a employé une autre formule ; elle soumet au droit les marchés de toute nature, aux enchères, au rabais ou sur soumission. Ce texte a donné lieu à plusieurs difficultés. Tout d'abord, en énumérant les formes dans lesquelles peut être passé l'acte, a-t-il entendu être limitatif ?

Cette question a été tranchée par la Cour de cassation en 1845. D'après elle, on ne peut induire un sens restrictif de ces termes : au rabais, aux enchères ou sur soumission ; ces mots, placés à la suite de ceux-ci : marchés de toute nature, constituent une universalité ; le mot de soumission complète cette pensée et comprend les marchés dans lesquels un particulier déclare se soumettre à toutes les charges imposées par l'établissement public ; l'article 78 doit être combiné avec l'article 73, qui ne fait pas de restriction quant à la forme.

D'autre part, les mots : (de toute nature) ont-ils abrogé l'énumération limitative de la loi de 1816 ? La jurisprudence a longtemps varié sur ce point. La Cour de Paris admettait la négative ; elle exemptait, par exemple, du droit d'enregistrement le louage d'industrie. Ainsi, quand un département charge un entrepreneur d'exécuter moyennant un prix convenu toutes les opérations d'une expropriation, il y a là deux contrats : le premier, relatif à la construction des travaux, soumis par suite à l'enregistrement ; le second, ayant pour but de poursuivre l'achat et la livraison des terrains. Ce dernier, d'après la Cour de Paris, devait échapper à l'impôt, puisqu'on ne pouvait le faire rentrer dans l'énumération de la loi de 1816. Il est bien vrai que la loi de 1818 emploie les mots de toute nature ; mais « ces mots expliqués par ceux qui suivent ne se rapportent qu'aux formes et non à la substance ; il faut combiner cet article avec l'article 78 de la loi de 1816 en ce qui touche non seulement la quotité du droit, mais aussi la désignation des marchés soumis à l'enregistrement. »

La Cour de cassation, après avoir admis cette doctrine à plusieurs reprises (arrêts du 15 juin 1869, 29 août 1872, 25 juin 1873), l'a définitivement repoussée par un arrêt du 12 juillet 1875, rendu toutes chambres réunies : dans l'espèce, il s'agissait d'un marché passé par une commune, mais l'argumentation s'applique sans difficulté à notre matière : « Attendu en droit, disait la Cour, que l'article 78 de la loi du 15 mai 1818 dispose que les adjudications ou marchés de toute nature, au rabais, aux enchères ou sur soumissions, passés par les autorités administratives ou par les établissements publics, demeurent assujettis au timbre et à l'enregistrement sur la minute, dans le délai de vingt jours, conformément aux lois existantes; que ces expressions « marchés de toute nature » destinées, par le législateur de 1818, à déterminer sur ce point particulier le sens des lois antérieures et à faire cesser les difficultés que leur interprétation avait fait naître, comprennent par leur généralité tous les marchés administratifs, quel qu'en soit l'objet ou la forme ; que leur portée, quant à ces marchés, n'est limitée ni par la disposition de l'article 80 de la même loi qui exempte de tous droits d'enregistrement tous les actes, arrêtés, décisions des autorités administratives non dénommées dans l'article 78, ni dans l'énumération de l'article 51 de la loi du 28 avril 1816, auquel le dit article 78 ne se réfère que pour la quotité de droit. »

L'article 78 de la loi de 1818 soumet à l'enregistrement non seulement les actes portant transmission de propriété, d'usufruit et de jouissance, mais encore les cautionnements relatifs à ces actes. Ce sont les marchés qui le plus souvent contiennent l'engagement d'une caution. Dans ce cas, il est perçu un second droit sur l'importance totale du marché. Toutefois, si une disposition spéciale du cahier des charges limitait la responsabilité de la caution à une quotité du montant du marché, les droits seraient liquidés en conséquence.

Tous les actes, non dénommés en l'article 78, ne sont pas passibles des droits d'enregistrement. C'est ce que la Cour de cassation a reconnu à l'égard des emprunts. Les emprunts peuvent être contractés avec ou sans émissions d'obligations négociables. Dans le premier cas l'emprunt n'est pas considéré « comme constituant un contrat à part donnant lieu à un droit d'enregistrement proportionnel. Il n'y a dans ce traité et dans la remise ultérieure des obligations qu'une seule opération : la négociation de l'emprunt, régie exclusivement par la loi du 5 juin 1850 ».

S'il n'y a pas eu émissson d'obligations, la Cour de cassation reconnaît encore que les actes administratifs d'emprunt ne rentrant pas dans la catégorie des contrats portant « transmission de propriété d'usufruit ou de jouissance, adjudication ou marchés » on doit d'après la combinaison des articles 78 et 80 de la loi du 15 mai 1818, les considérer comme exempts du timbre et de l'enregistrement (Cassation, 15 mai 1860).

Enfin nous devons signaler une disposition particulière, relative aux concessions de chemins de fer d'intérêt local. En principe les concessions faites aux compagnies de chemins de fer ne font acquérir aux concessionnaires ni un droit de propriété sur la voie, ni même un droit de jouissance immobilière. La compagnie reçoit seulement la faculté mobilière de percevoir une indemnité de transport pour se couvrir de ses travaux. La cession de ce droit doit donc être assujettie au tarif applicable en cas de ventes de meubles. Cependant la loi du 11 juin 1880 (article 24) dispose que « toutes les conventions relatives aux concessions ou rétrocessions de chemins de fer d'intérêt local, ainsi que les cahiers des charges annexés, ne seront passibles que du droit d'enregistrement fixe de un franc ». Cet article a modifié la pratique existante. En effet, un avis du ministre des finances en date du 9 novembre 1874, s'exprimait ainsi :

« Si l'exemption du droit proportionnel a pu être accordée aux traités de concession de chemins de fer de l'État, on ne saurait en conclure que cette faveur doit être étendue aux traités de même nature concernant les chemins de fer d'intérêt local ; s'il y a un intérêt public et général à ne pas grever les premiers de droits d'enregistrement qui peuvent retomber indirectement à la charge du Trésor, il n'y a pas le même motif pour dispenser les départements d'un impôt général au profit de l'État. Il importe au contraire de maintenir la règle qui soumet les actes passés par les départements aux droits ordinaires d'enregistrement, et de ne point ajouter indirectement par une dispense d'impôts aux subventions accordées sur les fonds du trésor public. »

Impôts sur les valeurs mobilières.

L'emprunt avec émissions d'obligations est fréquemment employé par les départements. Ces obligations, en vertu de la législation fiscale relative aux valeurs mobilières, sont soumises à trois impôts.

1° Le droit de timbre ;

2° Le droit de transmission ;

3° L'impôt direct de 3 0/0 sur le revenu.

1° *Droit de timbre.* — Ce droit a été établi par les dispositions suivantes de la loi du 5 juin 1850 :

« Les titres d'obligations souscrits, à compter du 1er janv. 1851, par les départements sous quelque dénomination que ce soit, dont la cession pour être parfaite à l'égard des tiers n'est pas soumise aux dispositions de l'article 1690 du Code civil, seront assujettis au timbre proportionnel de 1 0/0 du montant du titre. L'avance en sera faite par les départements. La perception du droit suivra les sommes et valeurs de 20 en 20 francs, inclusivement et sans fraction » (art. 27).

« Toute contravention à l'article 27 sera passible contre les départements d'une amende de 10 0/0 du montant du titre » (art. 29).

« Les départements pourront s'affranchir des obligations imposées par l'article 27, en contractant avec l'État un abonnement pour toute la durée des titres. Le droit sera annuel et de cinq centimes par cent francs du montant de chaque titre » (art. 31).

La loi du 23 août 1871, qui a ajouté deux centimes aux droits de timbre de toute nature est évidemment applicable aux obligations émises par les départements, et cela quelque soit l'affaiblissement et même l'absence de revenus du titre.

Ces titres sont exempts de l'enregistrement, ou plutôt le droit d'enregistrement dont ils seraient passibles est compris dans le droit de timbre précité. On peut en conséquence les produire en justice ou les mentionner dans les actes publics sans les soumettre à la formalité de l'enregistrement. Mais leur transmission est assujettie à un droit spécial comme nous allons le voir :

2° *Droit de transmission.* — La loi de finances du 23 juin 1857 a établi un droit de transmission sur les titres d'actions et d'obligations de toute société, compagnie ou entreprise quelconque, financière ou industrielle, commerciale ou civile. Cet impôt nouveau tient aux modifications profondes apportées dans l'état de la fortune publique, par le développement considérable des valeurs mobilières.

Le droit de transmission, d'après la loi de 1857, n'atteignait pas toutes les valeurs mobilières ; ainsi les titres de rentes de l'État ne payaient pas le droit ; quant aux obligations des départements, la jurisprudence avait admis qu'elles en étaient exemptées. Mais la loi du 16 septembre 1871 (art. 11) a décidé qu'à partir du 15 octobre 1871 « les droits de vingt centimes pour 100 francs de la valeur négociée sur les titres nominatifs, et de douze centimes sur les titres au porteur établis par l'article 6 de la loi du 23 juin 1857 seraient respectivement élevés à 0,50 centimes et à 15 centimes, et que ces droits deviendraient applicables à la transmission des obligations des départements ». La loi du 30 mars 1872 (art. 1er) a élevé à 25 centimes la taxe annuelle (1) sur les titres au porteur de toute nature, mais n'a pas touché au droit sur la transmission des titres nominatifs. De plus, en vertu de l'article 1er de la loi du 23 août 1871, il y avait lieu à imposer deux décimes en plus sur chacune de ces taxes.

La loi du 20 juin 1872, qui a établi l'impôt sur le revenu des valeurs mobilières et dont nous allons parler tout à l'heure, a réduit le taux des droits et taxes établis par les lois

(1) On sait que pour les titres au porteur, le droit de transmission, qui ne pourrait en pratique être perçu, est remplacé par une taxe annuelle obligatoire.

des 23 juin 1857, 16 septembre 1871, 30 mars 1872, à 50 centimes par 100 francs, pour la transmission ou la conversion des titres nominatifs, à 20 centimes pour les titres au porteur, ces droits et taxes n'étant plus soumis aux décimes. Le décret du 6 décembre 1872 a ordonné que le paiement serait fait au bureau de l'enregistrement du siège administratif, en quatre termes égaux, dans les vingt premiers jours de janvier, avril, juillet, et octobre.

3° *Impôt de 3 0/0 sur le revenu.* — Bien que ce soit en réalité un impôt direct, cependant sa perception est confiée à l'administration de l'enregistrement. La taxe est de 3 p. 0/0 sur les arrérages et intérêts annuels des emprunts et obligations des départements. Le revenu est déterminé pour les obligations et emprunts par l'intérêt ou le revenu distribué dans l'année. Les lots et primes de remboursement payés aux créanciers et aux porteurs d'obligations sont passibles de la même taxe (Loi du 21 juin 1875, article 5). Mais si le lot payé comprend le remboursement de la somme versée et la prime, c'est sur le montant de cette dernière seule que la taxe est acquittée. Cet impôt vient aussi s'ajouter au droit de timbre proportionnel établi par la loi de 1850. C'est ce qu'a décidé la Cour de cassation (arrêt du 12 juin 1877). « Attendu que les articles 27 et 31 de la loi du 5 juin assujettissent les obligations à un droit de timbre proportionnel, basé sur le montant du titre ; que par ces mots : montant du titre, il faut entendre le montant, non du prix d'émission du titre, mais de la somme portée au titre que les compagnies s'engagent à rembourser, quels que soient d'ailleurs le mode de remboursement et les chances aléatoires qui s'y rattachent ; attendu que les articles précités n'ont nullement été abrogés par l'article 5 de la loi du 21 juin 1875, qui soumet les primes de remboursement payées aux porteurs d'obligations à la taxe de 3 p. 0/0, établie par la loi du 29 juin 1872 ; que cet article 5 est complètement étranger au droit de timbre, et qu'il a pour objet un impôt d'une toute autre nature, un impôt sur le revenu.» Dans l'espèce, il s'agissait de la compagnie du chemin de fer de Lille à Valenciennes.

CHAPITRE VII

DU BUDGET DÉPARTEMENTAL

Toute personne morale qui a pour mission de satisfaire à certains services publics a nécessairement un budget. Il ne lui suffit pas, en effet, d'être propriétaire, d'administrer un domaine, elle doit encore employer les fonds mis à sa disposition et remplir le rôle qui lui a été assigné par la loi. Or, le département à la différence de la commune, n'existe qu'en vertu de la volonté du législateur. Sa véritable mission est de pourvoir à certains intérêts locaux. Des ressources lui sont donc indispensables. Nous avons vu dans notre premier chapitre comment s'est formé peu à peu ce budget départemental et l'influence que cette création a eu sur le développement de la personnalité civile du département. Nous nous sommes arrêtés à la loi de 1838. A cette époque, l'individualité du département est définitivement consacrée; les règles relatives à la gestion de ses ressources se multiplient, se précisent et subissent des modifications successives qu'il nous faut exposer avant d'aborder la législation actuelle.

Avant 1838, les dépenses mises à la charge des départements étaient fixes ou variables. Les premières comprenant principalement les traitements des fonctionnaires de l'ordre administratif et des employés de préfecture, les travaux des maisons centrales, etc., furent rattachées dès 1837 au budget de l'État; les secondes, qui étaient les véritables dépenses locales prirent le nom de dépenses ordinaires dans la loi de 1838. Elles sont énumérées dans l'article 12, et toutes déclarées obligatoires. Il y était pourvu au moyen : 1° Des centimes affectés à cet emploi par la loi de finances; 2° De la part allouée au département dans le fonds commun provenant de centimes additionnels levés spécialement à cet effet, et 3° De certains produits éventuels, tels que le revenu des propriétés affectés à un service public, le produit des expéditions d'anciennes pièces ou d'actes de la préfecture déposés aux archives, le produit des droits de péage.

La loi de 1838 conserva également les dépenses facultatives créées par la loi de l'an XIII, c'est-à-dire celles que le conseil général pouvait voter ou non. On subvenait à ces dépenses au moyen de centimes additionnels facultatifs et des revenus ou produits des propriétés non affectées à un service départemental. Cette seconde section du budget était distincte de la première. Le conseil général pouvait bien employer aux dépenses ordinaires ou obligatoires les ressources provenant des centimes facultatifs; mais inversement, aucun fonds ne devait être détourné de la première section pour servir à acquitter des dépenses facul atives. Les dépenses ordinaires étaient encore considérées à cette époque comme intéressant l'État autant que le département : « Elles font, disait M. Vivien, dans son rapport, à vrai dire partie des dépenses générales, et si elles n'étaient pas imputées sur les budgets départementaux, elles devraient l'être sur celui que vote chaque année le pouvoir législatif ».

La troisième section comprenait les dépenses extraordinaires. Il y était pourvu aux moyens de centimes additionnels extraordinaires, votés par le conseil général et qui devaient ensuite être autorisés par une loi spéciale.

Enfin, dans une quatrième section, étaient réunies les dépenses relatives aux chemins vicinaux, à l'instruction primaire et au cadastre; elles étaient acquittées au moyen de centimes additionnels spéciaux qui, à la différence de ceux

CHAPITRE VII

DU BUDGET DÉPARTEMENTAL

Toute personne morale qui a pour mission de satisfaire à certains services publics a nécessairement un budget. Il ne lui suffit pas, en effet, d'être propriétaire, d'administrer un domaine, elle doit encore employer les fonds mis à sa disposition et remplir le rôle qui lui a été assigné par la loi. Or, le département à la différence de la commune, n'existe qu'en vertu de la volonté du législateur. Sa véritable mission est de pourvoir à certains intérêts locaux. Des ressources lui sont donc indispensables. Nous avons vu dans notre premier chapitre comment s'est formé peu à peu ce budget départemental et l'influence que cette création a eu sur le développement de la personnalité civile du département. Nous nous sommes arrêtés à la loi de 1838. A cette époque, l'individualité du département est définitivement consacrée; les règles relatives à la gestion de ses ressources se multiplient, se précisent et subissent des modifications successives qu'il nous faut exposer avant d'aborder la législation actuelle.

Avant 1838, les dépenses mises à la charge des départements étaient fixes ou variables. Les premières comprenant principalement les traitements des fonctionnaires de l'ordre administratif et des employés de préfecture, les travaux des maisons centrales, etc., furent rattachées dès 1837 au budget de l'État; les secondes, qui étaient les véritables dépenses la proposition fut repoussée. On se borna à restituer à chaque département les sept centimes du fonds commun :

« Les 43 départements, disait le rapporteur, qui se plaignaient de verser au fonds commun plus qu'ils n'en reçoivent, sont immédiatement dotés de ressources importantes par l'attribution à chaque département des sept centimes payés aujourd'hui pour la formation du fonds commun. »

Ce n'était là qu'un remède à la mauvaise répartition du fonds commun, dont tout le monde se plaignait ; en réalité, le total des ressources départementales n'était pas augmenté. L'État se décida à subvenir lui-même au déficit constaté. Il créa un nouveau fonds commun, pris sur les ressources générales du Trésor « les départements pour lesquels l'aide du fonds commun est nécessaire, le retrouveront dans la distribution du fonds commun... nous avons demandé qu'il fût porté à quatre millions comme suffisant pour qu'aucun département ne se trouve, par l'application de la nouvelle loi dans une situation inférieure à celle que lui a faite la loi de 1838 « (Rapport à la Chambre des députés).

Cette réforme fut accompagnée de plusieurs autres non moins importantes. Les différentes sections du budget, d'après la loi de 1838, étaient autant de budgets distincts ne pouvant être confondus ; les recettes d'une d'entre elles ne pouvaient servir à acquitter les dépenses d'une section voisine ; il n'y avait exception que pour les recettes de la deuxième section qui pouvaient être affectées aux dépenses ordinaires. L'inconvénient d'une pareille règle se manifestait surtout en ce qui touchait les centimes spéciaux. On voyait des départements trop riches en centimes de cette catégorie, les laisser tomber nécessairement en non-valeurs, tandis que l'insuffisance de leurs revenus ordinaires les forçait à solliciter une part dans le fonds commun. D'un autre côté, le nombre des dépenses obligatoires étant considérablement diminué, un remaniement dans la fixation des centimes par section devenait nécessaire.

Toutes ces considérations décidèrent la suppression du système de la loi de 1838, et pour laisser une plus grande habitude aux conseils généraux, on se contenta de réunir les dépenses ordinaires facultatives et spéciales avec les recettes y afférentes pour en former le budget ordinaire ; la troisième section restait seule et prenait le nom de budget extraordinaire.

Enfin la loi de 1866 autorisa les conseils généraux 1° A voter les centimes extraordinaires dans la limite d'un maximum fixé annuellement par la loi de finances, une loi spéciale n'étant plus nécessaire que si les centimes votés dépassaient ce maximum ; 2° A voter des emprunts remboursables dans un délai n'excédant pas douze années. La même loi décida qu'à l'avenir tout centime additionnel ordinaire ou extraordinaire établi en sus de ceux déjà autorisés porterait sur toutes les contributions directes.

La loi de 1871 a conservé les principales dispositions de la loi de 1866, et s'est contenté de les développer en y apportant quelques modifications de détail.

« D'une façon générale, on peut dire que le service départemental est assuré par des centimes additionnels au principal des contributions directes, et spécialement affectés à des dépenses ordinaires et extraordinaires ; par des produits éventuels ; par les impositions spéciales que les lois particulières ont appliquées aux divers services publics du département » (1).

Le maximum des centimes additionnels affectés aux dépenses ordinaires, puis aux dépenses spéciales des chemins vicinaux, de l'instruction primaire et du cadastre, est fixé chaque année par la loi de finances : le conseil général vote chaque année dans la limite de ce maximum la quotité de centimes dont il entend doter le budget de l'exercice.

Quant à l'emploi de ces fonds, le conseil général en est maître ; il doit seulement acquitter les dépenses obligatoires

____

(1) M. Barbier. *Traité du budget départemental.*

et, de plus, respecter la spécialité des centimes affectés à l'instruction primaire et aux chemins vicinaux. Toutefois, on ne doit pas exagérer cette règle de la spécialité. Si un département, grâce à sa richesse, n'épuise pas complètement ses centimes spéciaux pour doter suffisamment les services de la vicinalité et de l'enseignement, il peut affecter l'excédant aux dépenses ordinaires. Seulement, il faut auparavant constater que toutes les dépenses spéciales ont été couvertes, et qu'il reste un boni. Ce qui ne se peut faire qu'à la fin de l'exercice.

Quant aux centimes extraordinaires, le maximum en est également fixé par la loi de finances, et le conseil général en détermine librement l'emploi. Ils remplacent les centimes qui avant 1866 étaient autorisés dans chaque cas par des lois particulières ; ils portent sur les quatre contributions directes.

D'après la loi de 1866, le produit des centimes extraordinaires devait être affecté à des dépenses extraordinaires d'utilité départementale. Cette restriction, purement nominale, était constamment violée dans la pratique, ainsi quand les centimes étaient consacrés à des chemins vicinaux. Elle a été supprimée par la loi de 1871. Les centimes extraordinaires peuvent donc servir à couvrir des dépenses ordinaires.

Enfin les produits éventuels sont, comme les centimes, ordinaires ou extraordinaires. Les premiers énumérés dans l'article 58 de la loi comprennent : 1° Les revenus et produits des propriétés départementales ; 2° Le produit des expéditions d'anciennes pièces ou d'actes déposés aux archives ; 3° Le produit des droits de péage et autres ; 4° Les subventions de l'État ou des communes pour les dépenses du budget extraordinaire (on peut y ajouter celle des hospices ou des familles pour les aliénés) ; 5° Enfin les ressources éventuelles du service vicinal et des chemins locaux. Les autres produits, qui rentrent alors dans le budget extraordinaire, proviennent des emprunts, des dons et legs, des biens aliénés, du remboursement des capitaux exigibles et des ventes rachetées, et de toutes autres recettes accidentelles.

Les dépenses du budget ordinaire tant qu'extraordinaire sont laissées, sauf les dépenses obligatoires, à la libre appréciation du conseil général. Le pouvoir central a seulement imposé à ces assemblées une certaine classification : « Les dépenses départementales, dit une circulaire du ministre de l'intérieur en date du 29 juillet 1867, ne pouvant en raison de leur multiplicité et de la diversité des besoins auxquelles elles correspondent être inscrites sans ordre et sans méthode aux budgets ordinaire et extraordinaire, il m'a paru nécessaire de subdiviser chacunde ces budgets en sous-chapitres dans lesquels les dépenses ont été groupées suivant leur importance et leur analogie. Cette classification qui n'apporte aucune restriction au libre vote du conseil général était réclamée dans un intérêt d'ordre et de comptabilité ; elle était en outre indispensable pour assurer l'emploi régulier des ressources, d'ailleurs peu nombreuses qui conservent une destination spéciale. »

C'est sous cette forme que le budget est présenté à l'approbation du pouvoir central, et définitivement réglé par décret. Ce décret n'est soumis à aucune condition de délai et n'est pas précédé d'un avis de Conseil d'État. Du reste, il ne peut modifier les articles dont le montant est déterminé par suite de délibérations prises par le conseil général sur les matières énumérées dans l'article 46 ; autrement les garanties résultant de l'article 47, relatif au droit d'annulation, deviendraient illusoires, d'autant plus que les votes émis en vertu de l'article 46 se traduisent presque toujours par des dépenses et des recettes départementales. Aussi le Conseil d'État (arrêt du 23 mars 1880) a-t-il jugé que le décret réglant le budget départemental ne peut faire aucune modification ayant pour objet de mettre obstacle à l'exécution d'une délibération antérieure du conseil général sur l'une des matières de l'article 46, et dont l'annulation n'a pas été prononcée dans les formes et les délais de l'article 47.

Enfin nous devons remarquer en terminant que le budget de l'asile d'aliénés ne se confond pas avec celui du département, bien que l'asile ne soit pas personne civile. En effet, les dépenses sont à la charge des aliénés ou de leurs parents, ou à la charge du département et des communes. Le département ne peut prélever un bénéfice pour ses autres services sur les prix de pension payés par les aliénés, les familles, ou les communes. Les deux budgets sont donc distincts ; et même sous l'empire du décret de 1852, c'était le préfet qui statuait sur le budget des asiles, et le pouvoir central qui réglait le budget départemental. Il est bien vrai que depuis la loi de 1866, les conseils généraux statuent sur les dépenses et recettes des asiles; mais si les recettes l'emportent, les fonds restés libres doivent servir soit à couvrir le déficit des années moins favorisées, soit à solder des dépenses extra-ordinaires, mais ne peuvent être employés à des dépenses autres que celles relatives à l'asile.

Ainsi donc les asiles, en vertu de la loi de 1838 et d'une ordonnance de 1839, sont des établissements ayant des ressources et une comptabilité propres ; les lois de 1866 et de 1871 n'ont pas modifié le régime légal de ces établissements, et n'ont pas entendu mettre tout ou partie de leurs ressources à la disposition du département.

CHAPITRE VIII

LÉGISLATION COMPARÉE

Dans la plupart des pays de l'Europe on trouve des circonscriptions administratives qui présentent comme nos départements le caractère de personnes morales. Les détails d'organisation diffèrent d'un pays à l'autre ; ici l'intervention du pouvoir central est considérable ; ailleurs la décentralisation est établie sur de larges bases. Fonctionnaires et conseils électifs entrecroisent leurs attributions de manières très diverses, suivant les localités ; enfin le système provincial étant rattaché plus ou moins à l'organisation générale du pays, des dispositions spéciales à la juridiction contentieuse par exemple ou bien encore à la tutelle des communes viennent augmenter les divergences. Mais presque partout l'autonomie de la province est reconnue ; c'est un être moral qui est propriétaire, qui contracte des obligations, qui possède un budget, et pourvoit à certains services d'utilité publique.

Ce côté seul doit nous préoccuper dans l'étude que nous nous proposons de faire des institutions provinciales à l'étranger. Nous passerons successivement en revue, sinon tous les pays de l'Europe, du moins ceux qui peuvent faire l'objet d'un rapprochement avec la France.

Belgique.

Quand la Belgique fut annexée à la France, pendant la révolution, les provinces belges formaient des corps politiques indépendants. Non seulement elles avaient la personnalité civile, mais encore une certaine part de souveraineté. Leurs états rappelaient ceux qui avaient existé plus anciennement en France ; ils veillaient à la conservation des lois fondamentales du pays ; ils parlaient non de libertés locales, expression qui semble laisser entendre que ces libertés sont octroyées par un pouvoir central, mais de privilèges. Les impôts ne pouvaient être levés par le souverain que sur l'autorisation des États. Il est vrai qu'aucune imposition nouvelle ne devait être établie dans la province sans le consentement du gouvernement. Mais cette restriction n'empêchait pas les pouvoirs de pareilles assemblées d'être considérables; comme représentant la personnalité civile de la province, leur autorité était pour ainsi dire absolue.

La Belgique une fois réunie à la France, on lui appliqua l'organisation administrative française. Le régime voté par la Constituante fut mis en vigueur. L'histoire des départements belges se confond alors avec celle des départements français.

En 1815, le gouvernement néerlandais fit renaître l'ancien système. Les provinces furent rétablies, les États divisés en trois ordres comme autrefois; les délégués du corps équestre, les représentants des villes et ceux des campagnes. Un collège permanent composé, sous le nom d'États députés, d'un certain nombre de membres des États provinciaux, un gouverneur représentant la personne du roi, complétaient le système. Seulement la nouvelle législation renferma les pouvoirs des États dans le cercle de l'administration locale.

Il n'est plus question de provinces unies et indépendantes ; on retrouve là un reste de l'influence qu'avait exercée l'organisation française de l'époque intermédiaire. Mais en Belgique, le principe qui a mis si longtemps à s'introduire en France, a été reconnu dès l'origine; la province est une personne civile, et les actes relatifs à cette personnalité sont de la compétence des États qui statuent définitivement dans un certain nombre de cas.

On peut donc dire avec M. Flourens « que les auteurs de la loi fondamentale de 1815, ont respecté l'œuvre de l'assemblée constituante ; ils ne sont pas revenus aux traditions fédératives des pays-bas autrichiens » (1). Seulement la Constituante créait de nouvelles divisions administratives, supprimait les anciennes et réunissait au domaine de l'État les biens des provinces ; de là certaines obscurités au sujet de la personnalité de ces nouvelles circonscriptions. En Belgique, on reprend les anciennes divisions du territoire. Les provinces se constituent naturellement comme être moraux distincts, mais dépendant du pouvoir central.

Toutefois, ce système était vicié dans sa base. Le roi s'était réservé par la loi fondamentale, la prérogative de supprimer ou de modifier les institutions libérales. Il avait de plus en sa main la nomination des membres des États. Après 1830 seulement on eut une représentation sincère de la province. Les noms furent également changés, les États provinciaux devinrent le conseil provincial, les États députés la députation permanente ; les gouverneurs conservèrent leur titre.

Enfin l'existence d'intérets provinciaux distincts de ceux de l'État, fut solennellement reconnue par la constitution de 1831, dont l'article 31 est ainsi conçu : « les intérêts exclusivement provinciaux sont réglés par les conseils provinciaux, d'après les principes établis par la constitution. » Parmi ces principes qui sont proclamés par l'article 108, nous pouvons relever les suivants :

1° Attribution aux conseils provinciaux de tout ce qui est

____

(1) *Organisation judiciaire et administrative de la France et de la Belgique*, par M. E. Flourens

d'intérêt provincial sans préjudice de l'approbation de leurs actes dans les cas et suivant le mode que la loi détermine;

2° Publicité des budgets et des comptes;

3° Intervention du roi ou du pouvoir législatif pour empêcher que les conseils provinciaux ne sortent de leurs attributions et ne blessent l'intérêt général ».

Ces prescriptions de l'article 108, ont été développées dans les lois du 30 avril 1836, 27 mai 1870 et 18 mai 1872.

Les lois de 1838, de 1866, de 1871, ayant successivement étendu les libertés locales en France, les deux législations se rapprochent beaucoup l'une de l'autre. Nous nous contenterons de signaler les différences en nous plaçant toujours au point de vue spécial qui fait l'objet de ce travail.

Le conseil provincial autorise les emprunts, acquisitions, aliénations et échanges des biens de la province, et les transactions relatives aux mêmes biens. Ces actes sont soumis à l'approbation du roi dans certains cas : 1° Quand la valeur des acquisitions, etc...., excède 10.000 fr. ; quand la construction de routes, canaux ou autres ouvrages publics en tout ou en partie aux frais de la province, entraîne une dépense de plus de 50.000 fr.; 2° Quand il s'agit de créer des établissements publics aux frais de la province.

C'est le roi qui approuve le budget. Chaque article du budget est considéré comme formant l'objet d'une résolution spéciale. Le roi peut donc refuser son approbation à un ou plusieurs articles et approuver pour le surplus. Mais il doit admettre ou rejeter simplement les allocations sans les modifier. Les revenus provinciaux comprennent :

1° Les centimes additionnels au principal des contributions directes qui sont perçues au profit de l'État. La loi du 12 juillet 1821, article 14, ne permettait d'établir des centimes additionnels que sur le foncier et le personnel, et fixait le nombre de ces centimes additionnels à six seulement.

Ces restrictions ont été abolies par l'article 110 de la constitution.

2º Le produit des barrières établies sur les routes provinciales (loi du 18 mars 1833, article 6). La perception des droits de barrières, droits dont l'existence est très ancienne en Belgique, généralisée dans l'empire français, par la loi du 28 fructidor an V, régularisée en Belgique, par la loi de 1833, a été supprimée sur les routes de l'État, par la loi du 15 novembre 1866. Les administrations provinciales ont suivi cet exemple. On ne rencontre plus de barrières provinciales que dans certaines parties du Hainaut et de la province de Namur.

3º Les taxes particulières établies par le conseil provincial avec l'approbation du gouvernement. Les conseils provinciaux sont investis du pouvoir absolu et illimité de fixer, comme ils le jugent à propos, l'assiette et le montant de ces taxes. Les dispositions légales concernant l'assiette, le recouvrement, les réclamations, les poursuites, les privilèges en matière de contributions directes au profit de l'État sont applicables aux institutions provinciales. Toutefois, les rôles sont arrêtés et rendus exécutoires par le gouverneur. Les conseils privés peuvent établir, pour assurer la perception des impositions provinciales, des peines qui n'excèdent pas huit jours d'emprisonnement et deux cents francs d'amende;

4º Les subsides que l'État alloue aux provinces;

5º Le produit des emprunts, ventes d'arbres et autres ressources, etc.

Les conseils provinciaux peuvent établir des receveurs particuliers. Les provinces ont hypothèque légale sur les biens de ces receveurs. Toutefois, la comptabilité des fonds est nécessairement centralisée et confiée aux agents du Trésor dans les chefs-lieux de province.

Les dépenses obligatoires sont bien plus nombreuses qu'en France. Il est vrai que le loyer de l'hôtel du gouverneur provincial, l'entretien et le renouvellement de son mobilier sont à la charge de l'État et non de la province ; mais, en revanche, on peut voir par l'énumération suivante que la loi de 1871 s'est montrée plus large que la législation belge.

Les dépenses provinciales déclarées obligatoires comprennent :

1° Les menues dépenses des cours d'assises, tribunaux de première instance, de commerce, de justice de paix et de simple police ;

2° La réparation de menu entretien des locaux des cours d'assises, tribunaux, etc., le loyer des locaux, l'achat et l'entretien de leur mobilier ;

3° Les réparations d'entretien des maisons d'arrêt et de justice civile et militaire de la province, autres que les grandes prisons de l'État, et les maisons de passage ; l'achat et l'entretien de leur mobilier ;

4° Le salaire des messagers de canton ;

5° Le traitement et frais de route des ingénieurs des ponts et chaussées en service pour la province ;

6° L'entretien des routes, travaux hydrauliques, dessèchement ;

7° ..... indigents, (abrogé, aujourd'hui dépense communale ;)

8° Les frais de listes du jury ;

9° Les dépenses relatives aux cathédrales, palais épiscopaux, séminaires diocésains (loi du 18 germinal an X) ;

10° Les loyer, contributions, entretien des édifices provinciaux ;

11° L'entretien et le renouvellement du mobilier provincial ;

12° La moitié des frais des tables décennales de l'état civil ;

13° Les dettes de la province, liquidées et exigibles ;

14° Les pensions aux anciens employés de la province, d'après règlement du conseil ;

15° Le traitement des aliénés indigents et les frais d'entretien des indigents dans les dépôts, à défaut de ressources des communes ;

16° Les frais d'impression du budget ;

17° Les frais relatifs aux séances du conseil et indemnité allouée aux conseillers ;

18° Les secours aux communes pour instruction primaire ;

19° Les frais d'entretien des enfants trouvés, dans la proportion déterminée par la loi ;

20° Les fonds destinés à faire face aux dépenses accidentelles ou imprévues ;

21° Les frais de casernement de la gendarmerie.

Si le conseil ne porte pas au budget les allocations nécessaires, le gouvernement procède à une inscription d'office.

La députation permanente, nommée par le Conseil, est présidée par le gouverneur. Comme organe du pouvoir provincial, elle délibère sur tout ce qui concerne l'administration journalière des intérêts de la province, et dispose par voie de mandats (1), signés du président et du greffier des fonds provinciaux dans la limite des crédits. Ces mandats sont adressés à la Cour des comptes pour être revêtus de son visa avant le payement ; la Cour devrait refuser le visa si la députation dépassait les crédits ou opérait un transfert d'un article à un autre. La députation peut cependant ordonner avant tout visa le payement immédiat de ces mandats jusqu'à con-

(1) On voit que si le gouvernement peut inscrire d'office des dépenses obligatoires, le mandatement reste aux mains de la députation permanente. Il est résulté de cette situation certaines difficultés. Ainsi, des députations ont refusé de mandater, en 1882, les dépenses imposées par les lois nouvelles sur l'enseignement qui avaient été inscrites d'office à leur budget. Aussi, la Chambre des députés, à la date du 18 juillet 1883, a-t-elle dû voter un projet de loi émané du gouvernement, d'après lequel le gouverneur pourra désormais délivrer des mandats pour le payement des dépenses inscrites d'office en cas de résistance de la députation permanente.

Les Chambres avaient également dû, devant cette résistance, pour assurer le payement des traitements des instituteurs, consentir sur les fonds du Trésor des avances aux provinces. La nouvelle loi a fait remise aux provinces de ces sommes.

currence des 4/5 de la créance. La députation soumet chaque année au conseil le compte provisoire des recettes et dépenses afférentes au dernier exercice financier et le compte définitif de l'exercice qui a été clôturé le 31 octobre précédent ; elle lui soumet le projet de budget pour l'exercice suivant.

En principe, c'est le conseil qui autorise les procès ; toutefois, s'il y a urgence, la députation permanente peut agir ; on admet deux cas d'urgence, la réponse à une assignation, le fait d'intenter une action purement mobilière ou possessoire. Le conseil doit confirmer à sa premiere réunion la délibération prise par la députation. Les poursuites et diligences sont confiées au gouverneur, ainsi que le choix des avocats et des avoués.

Mais, en revanche, c'est la députation permanente et non le gouverneur qui accepte provisoirement les dons et legs et qui est chargé de faire les actes conservatoires.

On voit par cet exposé que les pouvoirs de la députation permanente sont plus étendus que ceux de notre commission départementale ; elle est chargée de plusieurs attributions qui sont, en France, confiées au préfet ; mais il faut dire qu'elle est présidée par le gouverneur, et non par un doyen d'âge : ce qui explique qu'elle soit appelée à intervenir si souvent dans les mesures d'exécution.

En Belgique comme en France, certains fonctionnaires sont payés sur le budget provincial ; leur nomination est attribuée au conseil ; on sait que le conseil général n'a aucun pouvoir de cette nature.

En résumé, les deux législations diffèrent par plusieurs points de détails ; la personnalité civile de la province belge semble plus complète, en ce que le conseil et sa députation sont chargés de certaines mesures d'exécution relatives aux intérêts locaux. Mais l'intervention du pouvoir central se fait sentir davantage. Non seulement les dépenses obligatoires surpassent le nombre de celles qui sont énumérées dans la loi du 10 août 1871, mais encore le gouvernement s'est réservé un droit d'approbation plus étendu qu'en France, et même, par suite de la disposition de l'article 89 qui permet au chef de l'État d'annuler les délibérations qui blessent l'intérêt général, il peut indirectement s'opposer à l'exécution de tous les actes sur lesquels le conseil provincial est appelé à statuer d'une façon définitive, En France, au contraire, l'annulation ne peut être prononcée que pour excès de pouvoir ou violation de la loi.

Pays-Bas.

Au xviii⁰ siècle, le système constitutionnel des Provinces-Unies était complètement fédératif. Aussi le principe de la personnalité des Provinces a-t-il été continuellement reconnu. Leur constitution résulte d'une loi fondamentale modifiée en 1840 et 1848. Les articles 149 et suivants déterminent les pouvoirs des États provinciaux ; ils ont été complétés par la loi du 6 juillet 1850. Les principes qui dominent la matière sont à peu près les mêmes qu'en Belgique ; un conseil, une commission permanente et un commissaire du roi se partagent l'administration. Les délibérations du conseil peuvent être suspendues et annulées toutes les fois que le roi les juge contraires à la loi ou à l'intérêt général. Tout ce qui se rapporte à la direction des affaires purement provinciales est confié à la commission permanente, présidée par le commissaire du roi.

Allemagne.

L'empire d'Allemagne étant une confédération, il ne peut être question d'une organisation provinciale commune à tout l'empire. Chaque État a ses institutions particulières.

L'Alsace-Lorraine forme actuellement un État distinct. Elle

envoie des députés au Reichstag. Elle a une délégation ou Chambre législative composée de membres élus par le suffrage à deux degrés (1). Un gouverneur assisté d'un ministère forme le pouvoir exécutif.

L'Alsace-Lorraine est divisée en trois départements. Notre organisation française a été maintenue en vigueur après 1870. Ces circonscriptions allemandes sont donc sous l'empire de nos lois françaises de 1838 et 1867 sur les conseils généraux, et forment, par conséquent, des personnes civiles.

Parmi les autres États de la Confédération, un grand nombre à cause de leur peu d'étendue, n'ont, pour ainsi dire, pas d'organisation provinciale. Aussi ne parlerons-nous que de la *Bavière*, de la *Saxe royale*, du *Wurtemberg* et de la *Prusse*.

Bavière. — La principale division administrative est le cercle Chacun d'eux a une *Diète* élective, un comité permanent élu par la Diète, une Régence ou collège de fonctionnaires dont le président exerce le pouvoir exécutif. Le cercle est une personne morale.

Au-dessous du cercle, l'arrondissement n'a point de conseils électifs ni d'autonomie spéciale ; mais il se divise généralement en deux ou trois districts, qui comme le cercle ont chacun une Diète et un comité permanent. La Diète délibère sur toutes les questions qui intéressent le district en sa qualité de personne morale. Elle peut nommer un caissier chargé de la perception et de l'emploi des revenus du district. Les ressources locales consistent soit dans le produit des biens qui appartiennent au district, soit dans des impositions additionnelles à celles de l'État, mais qui ne doivent pas excéder 5 % de l'impôt annuel. Certaines dépenses sont obligatoires. Le comité est présidé par le directeur de l'arrondissement ou son délégué ; il se compose de membres nommés par la Diète, et s'occupe de l'administration proprement dite ; mais il est

______

(1) Il est inutile de dire combien cette organisation d'un pouvoir central est fictive. En réalité, la délégation n'est souveraine en aucune matière. L'Alsace-Lorraine n'a que les apparences d'un État indépendant.

soumis à la surveillance du conseil de régence qui a le droit d'annuler ses décisions.

Saxe. — La Saxe est divisée en quatre cercles qui sont de simples circonscriptions administratives. Chacun d'eux a un conseil élu par les aides de district, et réunissant des attributions administratives et contentieuses. Le district, au contraire, subdivision du cercle, est une personne morale. On y retrouve comme partout une Diète et un comité permanent qui partage le pouvoir exécutif avec le grand bailli fonctionnaire du roi, pour tout ce qui concerne les intérêts propres du district.

Wurtemberg. — Une organisation à peu près analogue existe en Wurtemberg. A l'inverse de notre système français, c'est la conscription la plus étendue qui n'a pas d'autonomie spéciale. Le cercle n'a qu'un conseil de fonctionnaires ou conseil de régence. Au-dessous du cercle, le bailliage ou district est une personne morale administrée : 1° Par un conseil composé de délégués envoyés par les conseils municipaux de toutes les communes ; 2° Par un comité permanent et 3° Par un bailli, représentant le pouvoir central.

Prusse. — Nous devons insister un peu plus longuement sur le régime provincial de la Prusse. La Prusse comprend douze provinces, sept provinces dites orientales, deux dites occidentales, et trois provinces composées des territoires annexés depuis 1866.

La législation prussienne est loin d'être uniforme. Les provinces occidentales ont conservé leur organisation ancienne, régie par des lois spéciales à chacune d'elles votées de 1825 à 1828. Dans les territoires annexés après 1866, on a introduit un système à peu près analogue, qui est encore en vigueur. Enfin, les provinces orientales, sauf une, sont soumises aux deux lois organiques de 1872 et 1875. Ces législations différentes présentent un caractère commun qui consiste en la superposition de trois divisions administratives, la province, le district et le cercle, dont deux seulement sont des personnes morales, représentées par des conseils électifs ou

Diètes. Le district ou département, circonscription intermédiaire n'a qu'un conseil de régence composé de fonctionnaires.

Nous nous attacherons uniquement à la législation nouvelle applicable aux provinces dites orientales, et résultant des deux lois de 1872 et 1875. Cette législation a eu principalement pour objet d'établir un nouveau mode de représentation des Diètes de provinces et de cercles, de confier la nomination des États de province aux États des cercles, enfin d'instituer des comités permanents partageant le pouvoir exécutif avec les fonctionnaires du roi. Nous allons analyser ces deux lois en insistant seulement sur ce qui touche à la personnalité civile des provinces et des cercles.

A la tête du cercle (1) est le Landrath, ou conseiller provincial nommé par le roi. Mais (art. 74) la Diète du cercle a le droit, en cas de vacance, de présenter des personnes aptes à remplir ces fonctions et prises parmi les propriétaires fonciers et les baillis du cercle. En tant qu'agent du pouvoir central, le Landrath expédie les affaires d'administration générale. Quant à l'administration des affaires communes, il la dirige *comme président de la Diète et du Comité du cercle*. Il peut faire des règlements de police. Anciennement, à l'inverse de notre préfet, il n'avait que le caractère de représentant du cercle; il était élu par les États ou la Diète ; c'est en 1723 qu'il devint fonctionnaire nommé par le gouvernement. Cette origine explique pourquoi, en cas d'absence, il est suppléé non par un secrétaire général dépendant du gouvernement, mais par deux habitants élus par la Diète pour six ans et confirmés il est vrai par le président supérieur de la province.

Chaque cercle forme un groupe d'intérêt commun adminis-

____

(1) *Annuaire de législation étrangère*. Année 1873, p. 275 et s. Loi du 13 décembre 1872, sur l'organisation des cercles dans les provinces de Prusse, Brandebourg, Poméranie, Posen, Silésie et Saxe. Traduction et notes de M. Georges Dubois.

trant lui-même ses affaires avec les droits d'une corporation (art. 2). Or, aux termes de la législation prussienne, une corporation est une personne civile constituée en vue d'intérêts communs et permanents.

Les villes de plus de vingt-cinq mille âmes au moins, qui appartiennent à un cercle, peuvent demander à s'en détacher pour former un cercle urbain. C'est le ministre de l'intérieur qui prononce. Il y a à déterminer la part que la ville doit prendre dans le patrimoine commun, tant actif que passif, ainsi que sa participation aux prestations qui seraient maintenues en vue d'intérêts communs aux deux nouveaux cercles. En cas de désaccord, le tribunal administratif prononce (art. 4).

Ceux qui font partie d'un cercle doivent accepter les fonctions non rétribuées dans l'administration et la représentation du cercle, telles que bailli, membre de la Diète, ou du comité du cercle, ou d'une commission du cercle (art. 8).

Ils doivent également payer les contributions locales à moins que la Diète ne décide qu'il y sera pourvu à l'aide du patrimoine du cercle ou de recettes d'une autre nature. La répartition ne peut se faire qu'en proportion des impôts directs payés à l'État. La loi règle quels impôts peuvent être frappés d'impositions additionnelles au profit du cercle, et dans quelle mesure les uns par rapport aux autres. Ainsi l'impôt foncier et l'impôt des constructions doivent être augmentés de la moitié au moins et au plus du produit total de la perception additionnelle qui est assise sur l'impôt des classes ou des revenus classés (art. 10).

Les patentes, sauf celles produites par des exploitations rurales, peuvent être dispensées de charges additionnelles.

Dans les cas où il s'agit de pourvoir à des services dont certaines parties du cercle sont appelées à profiter plus ou moins que d'autres, la Diète peut décréter, en ce qui concerne les membres de ces parties du cercle, une aggravation ou une diminution correspondante des charges. La surcharge peut être remplacée par des prestations en nature (article 13).

La Diète ne vote pas seulement les impositions locales; elle délibère et statue sur les affaires du cercle ; ainsi elle fixe la répartition des prestations dues à l'État, vote les dépenses pour l'accomplissement d'une obligation ou en vue de l'intérêt du cercle, dispose de la fortune immobilière et mobilière du cercle, contracte des emprunts, fixe le budget du cercle, règle le nombre et le traitement des employés, nomme les membres du comité du cercle et des commissions diverses (art. 16). Les députés de la Diète appartenant à la campagne où à la ville ont seuls le droit de disposer, les premiers des fonds appartenant à l'ensemble de la campagne, les seconds des fonds appartenant à l'ensemble des villes (article 117).

Le comité du cercle présidé par le Landrath se compose de six membres nommé par la Diète pour six ans. C'est lui qui dresse le projet de budget (127). La caisse commune doit être soumise à une vérification chaque mois par le président du comité, et tous les ans à une vérification extraordinaire par ce même président assisté d'un membre du comité. Les comptes du caissier sont revisés par le comité, transmis à la Diète qui les vérifie, les arrête et en donne décharge. Du reste, on peut dire d'une manière générale que le comité prépare et exécute toutes les décisions de la Diète, et administre les affaires du cercle en se tenant dans les termes du budget. Il nomme également les employés du cercle et dirige et surveille leur gestion (article 134).

Le Landrath expédie les affaires courantes de l'administration confiées au comité. Il prépare les décisions du comité et veille à leur exécution. Il peut confier à un membre du comité du cercle la mission d'élaborer séparément certaines affaires. Il représente au dehors le comité du cercle, traite en son nom avec les autorités et les particuliers, rédige la correspondance et signe toutes les pièces au nom du comité. Les actes relatifs à des contrats avec des tiers, doivent contenir l'indication de la décision de la Diète, ou du comité du cercle à laquelle ils se réfèrent et porter la signature du Landrath et de deux membres du comité du cercle ou de la commission chargée de l'affaire, ainsi que le sceau du conseiller provincial (art. 137).

Ont besoin d'une confirmation du pouvoir central les décisions qui se réfèrent aux matières suivantes :

1° Réglements statutaires dont parle l'article 20, § 1 : (Or l'article 20 est ainsi conçu : Chaque cercle a le droit : 1° de prendre des dispositions réglementaires spéciales sur les affaires intéressant le cercle pour lesquelles la présente loi admet des divergences, ou par lesquelles la loi renvoie à une réglementation spéciale, ainsi que sur les affaires dont l'objet n'est pas régi par la loi ; 2° D'édicter des règlements pour des institutions spéciales du cercle) il résulte de la comparaison des deux articles que pour ces derniers réglements la décision est définitive ;

2° Aggravation ou diminution des charges de certaines parties du cercle ;

3° Ventes de parties de la fortune immobilière du cercle ;

4° Émissions d'emprunts qui imposent aux cercles de nouvelles dettes et acceptations de cautions ;

5° Impositions de charges aux citoyens du cercle au moyen de contributions de cercle s'élevant à plus de 50 p. 0/0 du produit total des impôts directs de l'État ;

6° Impositions de nouvelles charges aux citoyens du cercle sans obligation légale, lorsque les prestations à imposer doivent s'étendre à une durée de plus de cinq ans.

Les décisions excédant la compétence de la Diète, ou prises en violation des lois sont attaquées par le Landrath et transmises à l'autorité chargée de l'inspection à l'effet de statuer sur leur exécution. Le Landrath ne peut donc attaquer au point de vue de leur utilité pratique les décisions prises par la Diète dans les limites de sa compétence (article 178).

Lorsque la Diète refuse de faire figurer les prestations imposées au cercle par disposition légale, le gouverneur de district doit par décision motivée les inscrire d'office (article 180).

Dans l'énumération qui précéde, nous avons laissé de côté ce qui touche aux attributions des Diètes ou comités relativement à l'administration des bailliages (corporations inférieures aux cercles,) et à celle des intérêts généraux de l'État, attendu qu'elles ne concernent pas la *corporation proprement dite*. Notons seulement qu'à cet égard, la corporation est considérée comme agissant non pas dans son propre intérêt, mais en vue de l'utilité générale, et a droit en conséquence à une subvention de l'État. En effet, l'article 70 est ainsi conçu : « L'État attribue aux cercles, pour contribuer aux dépenses de l'administration des bailliages, les sommes que la suppression des administrations royales de police, de la rémunération des maires et d'autres frais de police leur permettra d'économiser par l'effet de la présente loi sur les dépenses proposées pour ces divers objets dans le budget de l'année 1873. — L'État attribuera en outre des fonds spéciaux pour les dépenses qui doit causer aux cercles l'expédition d'affaires se rattachant à l'administration de l'État. La loi qui sera promulguée à cet effet contiendra des dispositions spéciales sur le montant de la répartition de ces fonds. » En conséquence de cette dernière disposition, une loi du 30 avril 1873 a alloué une somme annuelle de un million de thalers à répartir entre les provinces auxquelles s'applique la loi sur les cercles.

Une loi du 17 mars 1881, a modifié et complété la loi du 13 décembre 1872, en y insérant, parmi les dispositions de lois subséquentes (loi du 26 juillet 1876 et 29 juin 1875) celles qui se référaient aux intérêts des cercles ; ces dispositions ne touchent qu'à des points de détail dans lesquels il est inutile d'entrer.

La division administrative qui vient immédiatement au-dessus du cercle, est le district du gouvernement administré par le président de gouvernement assisté du conseil de district. Le district n'a pas d'autonomie propre.

La province au contraire forme un groupe d'intérêts communs doté des droits d'une corporation, et organisé pour administrer lui-même ses affaires. (1) Chacune d'elles comprend tous les cercles situés dans ses limites. Tous les citoyens des cercles, peuvent prendre part à l'administration, user des services et établissements publics de la province et doivent contribuer aux charges, ils ne sont pas tenus d'accepter les fonctions gratuites.

Les groupes provinciaux peuvent : 1° Prendre des dispositions statutaires sur les affaires intéressant leur constitution, pour lesquelles la loi renvoie à une règlementation spéciale, sauf respect des lois existantes ; 2° Édicter des règlements relatifs aux institutions spéciales du groupe provincial.

La Diète comme représentant le groupe d'intérêts communs fixe la manière dont seront réparties les prestations dues à l'État, et vote sur les dépenses nécessaires pour l'accomplissement d'obligations ou pour l'intérêt de la province (art. 37). C'est ainsi qu'elle statue sur l'emploi des rentes annuelles et fonds provenant de la caisse de l'État et attribués à la province, en exécution de la loi du 30 avril 1873, complétée par la loi du 8 juillet 1875. En effet, d'après cette dernière loi, pour constituer les budgets provinciaux, au lieu de distraire du budget de l'État certaines branches de recettes, qui auraient été attribuées à la province et perçues par elle directement, on a préféré maintenir le principe de la centralisation, en matière de finances, et servir une rente aux provinces à charge par elles de pourvoir à certaines dépenses publiques.

La loi du 30 avril 1873 avait voté une rente de deux millions de thalers à partager entre les provinces. Mais quelques-unes

(1) V. *Annuaire de législation étrangère*, année 1876, p. 327. Loi du 20 juin 1875 sur l'organisation provinciale dans les provinces de Prusse, de Brandebourg de Poméranie, de Silésie et de Saxe. Traduction de M. Georges Dubois.

étaient déjà dotées et avantagées par des lois particulières.
Pour faire disparaître toute inégalité, la loi de 1875, vota
1º une dotation de deux millions et demie de thalers ou
13.500.000 à ajouter aux deux millions de la loi de 1873;
2º une dotation de19.000 millions de marcks, affectée à
l'entretien des chemins et routes, mis à la charge exclusive
des provinces. De ces deux dotations, la première ne reçut
pas d'affectation spéciale, elle devait permettre aux provinces
d'user de l'autonomie qui leur était laissée, d'entretenir des
établissements, les routes provinciales et chemins vicinaux.
Elle ne fut attribuée qu'aux provinces nouvellement dotées,
et répartie, moitié suivant la population, moitié suivant
l'étendue du territoire. La deuxième subvention affectée
spécialement à la construction et entretien des chemins
d'intérêt général, dont la *propriété* était déclarée passer de
l'État aux provinces, fut partagée entre toutes les provinces
eu égard à la largeur des routes à entretenir et au produit
des impôts. *Ainsi l'État ne s'occupe plus du tout de la
voirie.* Quelques députés voulaient augmenter la dotation et charger les provinces des établissements d'enseignement. Le gouvernement s'y est opposé.

Ces subventions spéciales ne forment pas les seules ressources
de la province. En effet, la Diète peut décider qu'il sera imposé
des contributions provinciales, qui sont réparties entre
les divers cercles, en proportion du produit des impôts
directs dans chacun d'eux. Voici comment on procède : On
recherche le montant des impôts de l'État, dans chaque cercle,
déduction faite des éléments qui sont affranchis de toute
contribution aux charges communes du cercle, et en ajoutant
au contraire les éléments qui bien qu'affranchis des impôts
de l'État contribuent aux charges du cercle. On obtient ainsi
la proportion des facultés de chaque cercle, au point de vue
de la contribution aux charges communes ; et les contributions de chaque province se perçoivent dans chaque cercle
en même temps que celles du cercle.

La Diète statue encore sur l'emploi des recettes provenant des autres capitaux et des propriétés immobilières de la province, ainsi que sur les emprunts et acceptation de cautions, sur l'aliénation de biens-fonds et de droits immobiliers (le projet ajoutait les acquisitions, on objecta que les projets d'acquisitions seraient connus à l'avance et qu'il en résulterait une élévation du prix d'adjudication), sur l'organisation du système de comptabilité et de caisse, sur la fixation du budget, sur la décharge des comptes annuels. La Diète statue également sur la création des emplois de la province, règle le nombre, le traitement, et le mode de nomination des employés, nomme le directeur de la province, les fonctionnaires supérieurs et les chefs de service.

A côté de la Diète se trouve un comité provincial choisi par la Diète, chargé de l'expédition des affaires du groupe d'intérêts communs. Le président est élu par la Diète provinciale; sont inéligibles le président supérieur, le président du gouvernement, le directeur de la province. Le comité prépare et exécute les décisions de la Diète, administre, nomme les employés de la province, dirige et surveille l'administration de tous les fonctionnaires y compris le directeur.

Enfin, la Diète nomme pour six ans, et douze ans au plus, un directeur ou capitaine de la province qui doit être confirmé par le roi : celui-ci dirige les affaires sous la surveillance du comité provincial. Il traite avec les particuliers, passe les contrats et les signe. Il peut employer les services des autorités des cercles, des bailliages et des communes dans les affaires relatives aux intérêts communs de la province. Cependant les caisses des cercles et des communes ne sont pas utilisées obligatoirement pour les affaires d'intérêt commun de la province.

Comme pour les cercles, la loi réserve le droit d'intervention du gouvernement central. C'est ainsi que doivent être approuvées les décisions statutaires, celles portant aggravation ou diminution des charges de certaines parties de la province, les émissions d'emprunts entraînant nouvelles charges, les impositions de charges au moyen de contributions s'élevant à plus de 25 0/0 du produit des impôts directs, les impositions de nouvelles charges aux groupes d'intérêt commun de la province sans obligation légale, lorsque les prestations doivent s'étendre à une durée de plus de cinq années.

Le projet exigeait aussi la confirmation par le pouvoir central pour les aliénations de biens fonciers. On jugea cette disposition inutile, les provinces ne possédant, en fait d'immeubles que des édifices affectés à des services publics, ou des terrains acquis pour construction de routes.

Ont encore besoin d'une confirmation, les règlements sur les établissements suivants, mis à la charge de la province : maisons charitables du pays, maisons de correction, maisons d'aliénés, institutions de sourds-muets, écoles d'accouchement, caisses provinciales de secours et de prêt, établissements d'assurance.

Jusqu'ici nous n'avons parlé que de l'administration locale. Elle est en effet séparée de l'administration générale. A côté de la Diète du comité et du directeur de la province, se trouve le président supérieur (1), assisté du conseil provincial qui s'occupe des intérêts généraux dans la province. Il est vrai que le président intervient à certains points de vue dans l'administration locale, c'est lui qui convoque la Diète, qui exerce la tutelle de l'État, qui recourt contre les décisions illégales etc... Mais le conseil provincial no s'occupe que des affaires non locales ; il se compose du président, de deux fonctionnaires de l'État et de cinq membres de la commission provinciale nommés par elle. Il exerce une surveillance sur l'administration intérieure des cercles et communes, c'ost avec son assentiment que le président fait les règlements de police.

Laissant de côté le département ou district, circonscription

(1) Ce président est nommé par le pouvoir central.

intermédiaire entre la province et le cercle, qui, comme nous l'avons dit, n'a pas de personnalité civile, et se compose simplement de bureau, nous pouvons rapprocher la province et le cercle du département et de l'arrondissement français. Les différences sont considérables. La province est bien plus étendue que notre département ; le cercle y correspondrait davantage comme superficie. Comparé à notre arrondissement, le cercle se présente sous l'aspect d'une personne morale, caractère qui ne possède pas la circonscription française. Enfin, dans la province et le cercle, des comités permanents participent au pouvoir exécutif, bien plus activement que la commission départementale.

Ajoutons d'ailleurs qu'au-dessous du cercle, existe encore une autre division territoriale, le bailliage, ayant les droits d'une corporation, c'est-à-dire formant une personne civile. On y trouve un comité composé des représentants des diverses communes, et un bailli, agent du pouvoir exécutif, nommé par le président supérieur sur la présentation de la Diète du cercle.

Italie.

Les provinces italiennes ne doivent pas être confondues avec les anciennes parties de l'Italie dont plusieurs formaient des États indépendants et qu'on désigne sous le nom de *compartimenti*. Ces dénominations telles que Piémont, Lombardie, Toscane, ne sont plus que des expressions géographiques. La province a été établie en imitation de notre département. Quelques gouvernements italiens déjà avant la constitution de l'unité avaient marché dans cette voie. La loi de 1865 à généralisé le système.

La province est une personne morale, peut posséder et a une administration propre qui régit et représente ses intérêts. Il y a en Italie soixante-neuf provinces. Dans chacune on trouve un conseil provincial et une députation provinciale. Sont soumis à l'administration provinciale les biens et l'actif patrimonial de la province et de ses arrondissements, les institutions et les établissements publics établis en faveur de la province ou de ses arrondissements, les fonds et les secours laissés à la disposition des provinces par des lois spéciales les intérêts des diocèses lorsqu'aux termes des lois cette administration participe à leurs dépenses (art. 153, 154).

D'après l'article 172, le conseil provincial pourvoit aux objets ci-après :

1° Création d'établissements publics provinciaux ;

2° Acquisitions ou acceptation de dons et legs ;

3° Affaires qui touchent à l'administration du patrimoine de la province ;

6° Entretien des aliénés pauvres de la province ;

8° Routes provinciales ;

12° Actions à intenter et à soutenir ;

13° Établissements de péage sur les routes de la province ;

14° Concours de la province dans les travaux et dépenses obligatoires ;

15° Emprunts (1).

Le préfet examine si les délibérations sont régulières en la forme, si elles n'excèdent pas la compétence du conseil provincial, et si elles sont conformes aux lois. Les délibérations deviennent exécutoires quand le préfet ne les a pas annulées pour un de ces motifs dans les vingt jours de la réception des procès-verbaux, et dans les deux mois si elles se rapportent au budget. L'approbation est nécessaire s'il s'agit : 1° D'aliénation d'immeubles, de titres de la dette publique, de simples titres de créances et d'actions industrielles ; 2° De constitution de servitudes ; 3° De réalisation d'emprunts; 4° D'acquisition d'actions industrielles ; 5° D'em-

____

(1) Il est bien entendu que nous ne citons que les attributions qui se rapportent à la personnalité civile de la province.

ploi d'argent quand ils n'ont pas pour objet l'achat de biens immeubles ou des prêts sur hypothèques, ou quand cet argent n'est pas destiné à la caisse d'épargne ou à l'acquisition de fonds publics de l'État, ou de bons du Trésor; 6° De baux et locations pour plus de douze ans; 7° De dépenses portées au budget pour plus de cinq ans; 8° De changements dans la classification des routes et de projets pour leur ouverture; 9° De règlements d'usage et d'administration des biens dans le cas de réclamations des parties intéressées; 10° De créations d'établissements publics aux frais de la province. Du reste, cette tutelle si vaste exercée par le préfet est la même que celle exercée par le comité provincial vis-à-vis des communes.

Sont obligatoires ;

1° Le traitement des employés de l'administration provinciale et dépenses des bureaux ;

2° La construction et l'entretien des ponts, digues et routes provinciales ;

3° Le concours de la province à la construction et à l'entretien des digues contre les fleuves et torrents ;

4° La construction des ports et phares et autres services maritimes ;

5° Les dépenses d'instruction publique, quand il n'y est pas pourvu par le gouvernement ;

6° Le casernement des carabiniers royaux ;

9° La part de la province dans les dépenses d'association ;

10° L'entretien des aliénés indigents de la province ;

11° Le paiement des dettes exigibles ;

14° Les dépenses des bureaux des préfectures et sous-prefectures, mobilier ;

15° Le logement et l'entretien mobilier des préfets et sous-préfets.

La loi ne parle pas des dépenses relatives aux cours d'assises et tribunaux, ni des frais de listes électorales. Toutefois, il est facile de voir que les dépenses obligatoires sont plus nombreuses en Italie qu'en France.

La députation provinciale élue par le conseil est présidée par le préfet. Elle représente le conseil dans l'intervalle de ses réunions, pourvoit à l'exécution des délibérations, prépare le budget des recettes et des dépenses, suspend les employés des bureaux et établissements provinciaux, nomme et révoque les agents salariés de la province (1), stipule dans les contrats dont elle fixe les conditions, fait emploi des sommes portées au budget pour les dépenses imprévues, opère des virements d'un article à l'autre dans la même catégorie, fait les actes conservatoires des droits de la province, instruit les affaires et rend compte annuellement au conseil de son administration.

Quant au préfet, au point de vue qui nous occupe, il ne fait que représenter la province en justice, signer les actes intéressant la personnalité de la province, surveiller les bureaux, assister aux adjudications, et enfin signer les mandats avec le concours d'un autre membre de la députation provinciale. Un membre de la députation provinciale assiste au récolement du mobilier appartenant à la province.

La comptabilité des établissements spéciaux administrés par le conseil provincial fait partie du budget provincial. Le compte du trésorier provincial est approuvé par le conseil de préfecture sauf recours à la Cour des comptes. Les contrats intéressant la province peuvent être faits de gré à gré jusqu'à la somme de trois mille livres. Au delà une adjudication est nécessaire.

Espagne.

L'organisation provinciale résulte des lois du 20 août 1870 et 16 décembre 1876. Il y a quarante-neuf provinces qui ont

(1) La nomination des chefs de service appartient au conseil et non à la députation.

été découpées sans avoir égard aux anciennes divisions en provinces ou royaumes. Dans chaque province on trouve une assemblée élue par les électeurs censitaires, ou députation provinciale, un gouverneur, et une commission permanente composée de députés provinciaux choisis par le roi sur une liste dressée par la députation.

La députation ou assemblée statue sur les intérêts de la province. Elle nomme et révoque les employés et fixe leur traitement. Toute délibération est exécutoire par elle-même sauf le droit de suspension du gouverneur dans les deux cas d'incompétence, et de violation de la loi, et encore dans ce dernier cas faut-il une requête d'un habitant de la province. Le budget ordinaire est transmis par le gouverneur au ministre qui peut modifier toute disposition entachée d'excès de pouvoir, ou portant atteinte aux intérêts généraux des communes. Les dépenses obligatoires sont celles relatives : 1º Au personnel et au matériel des bureaux et établissements de bienfaisance, santé et instruction ; 2º A l'entretien et administration des biens et édifices ; 5º Aux travaux publics ; 4º A la surveillance des bois municipaux ; 3º A la conservation des forêts ; 6º Au fonds imprévu et aux calamités publiques.

L'ordonnancement des payements appartient au président de la députation et lorsqu'elle n'est pas réunie au vice-président de la commission.

Le depositario ou caissier est seul chargé des fonds provinciaux, et à ce titre doit fournir la caution fixée par la députation. Il y a à côté de lui, des comptables, établis en vertu d'un règlement du 20 septembre 1865, et révocables dans les cas prévus par ce règlement. Ils sont chargés de la révision de tous comptes provinciaux.

Tous les autres fonctionnaires nommés par la députation peuvent être révoqués par le gouverneur pour cause grave après avis du Conseil d'État.

Le gouverneur exécute les décisions de l'assemblée et agit

au nom de la province en toute affaire judiciaire, avec approbation de la députation pour les procès importants.

La commission règle provisoirement les affaires de la compétence de la députation provinciale, quant à raison de l'urgence ou de la nature de l'affaire, on ne peut attendre la session de la députation. On voit qu'elle n'a pas d'attributions administratives propres comme en France. Il faut dire qu'elle en a de contentieuses très-importantes, à peu près celles de nos conseils de préfecture.

Russie

Anciennement, les provinces et les districts n'avaient pas de représentations. En 1778, Catherine II fit participer la noblesse à l'administration des affaires locales. Peu à peu les villes et communes rurales envoyèrent des représentants dans les comités institués par le gouvernement, et chargés sous la direction du gouverneur de la gestion des intérêts locaux. Mais dans ces comités l'élément administratif prédominait.

La loi de 1864 a changé ce système. La province et le district sont personnes civiles, ayant des intérêts propres. Dans chaque province et chaque district il y a une assemblée (1) et une commission exécutive (auprava) prise au sein de l'assemblée.

Les assemblées ont la gestion de tout le domaine de la province ou des districts ; les articles 2, 3, 4, 5 énumèrent ces attributions. Il est inutile d'y insister ; ce sont à peu près les mêmes que partout ailleurs. Notons cependant que comme

(1) Nous ne pouvons parler ici du mode électoral. Disons seulement que les assemblées de province se composent de députés élus par les assemblées de districts, et ces derniers de députés élus par trois collèges différents : 1° grands propriétaires ; 2° villes ; 3° communes rurales, dans certaines proportions. Les collèges urbains sont censitaires ; les collèges ruraux procèdent à une élection à deux degrés.

en Prusse, les asssemblées élisent les fonctionnaires locaux et fixent leurs traitements. La commission exécutive de la province est composée d'un président et de six membres élus pour trois ans par l'assemblée. Les assemblées peuvent aussi choisir dans leur sein des mandataires chargés de gérer les propriétés et établissements appartenant à la province.

Les résolutions qui doivent être approuvées par le gouver_ neur sont les suivantes : 1° Mise à exécution du budget ; 2° Division des routes locales en routes de provinces et routes de district ; 3° Changement à apporter a la direction des chemins locaux; 4° Déclarations des routes de district comme chemins vicinaux ; 5° Organisation d'expositions des produits locaux.

En faisant l'examen des budgets, le gouverneur s'assure 1° Si l'on n'y a pas introduit de dépenses contraires aux dispositions de la loi ; 2° Si toutes les dépenses obligatoires y sont mentionnées; 3° S'il n'y a pas de disproportion dans l'imposition des terres de la Couronne comparativement aux autres terres; 5° Si les dépenses obligatoires sont couvertes par les recettes.

Sont soumises à la confirmation du ministre de l'intérieur : 1° Les emprunts dépassant le chiffre de deux années du revenu local; 2° Les déclarations des chemins de la province comme chemins vicinaux; 3° La fixation du péage sur les voies de communication des provinces et de districts. Enfin les assemblées locales peuvent établir des taxes locales dans certaines limites fixées par la loi.

La commission exécutive siège pendant toute l'année ; pour l'expédition des affaires qui n'exigent pas de délibérations collectives, les membres de la commission exécutive peuvent siéger à tour de rôle. Les contrats passés par la commission exécutive ont force obligatoire pour la province ou le district qui, dès lors, est responsable de tous les payements résultant de ces contrats.

En cas de différend entre les organes du pouvoir central

et les assemblées locales, c'est la plus haute juridiction administrative du pays, le premier département du Sénat qui
statue.

Angleterre

En Angleterre tout s'est fait historiquement. Il ne faut pas
s'attendre à y trouver une organisation régulière comme en
France ; la logique y est peu respectée. Les comtés forment
la division provinciale la plus importante ; ils sont d'une
étendue très inégale. Quelques-uns ont tout au moins en
apparence des institutions particulières. Ainsi le comté de
Lancastre a un chancelier spécial : les ordres émanés du
chancelier d'Angleterre n'y ont pas autorité. Les comtés de
Durham et de Chester ont aussi le titre de comtés palatins.
Enfin certains comtés d'une grande étendue ont des subdivisions, qui forment autant d'unités administratives distinctes;tel est le cas du comté d'York ; ces subdivisions sont en
fait de véritables comtés ; leur réunion n'est pas une personne civile.

Au-dessous du comté se trouvent les centuries (Hundred)
qui n'ont qu'une importance secondaire, les unions de
paroisses, puis au dernier degré les bourgs municipaux et
les paroisses. Nous nous occuperons d'abord des comtés.
Disons de suite que certains bourgs municipaux, ou grandes
villes jouissent du droit de s'administrer elles-mêmes et ne
dépendent nullement de l'administration du comté où elles
sont situées ; on doit donc les placer à part. C'est comme si
les municipalités de Lyon, Marseille, Bordeaux ne relevaient
nullement des administrations départementales installées
dans ces villes et formaient une personne civile indépendante
à tous les points de vue de celle du département et relevant
directement de l'État.

Dans le comté on trouve 1°Un Sheriff, représentant du souverain, et gardien des biens et droits de la Couronne ; ses attributions sont assez réduites : il ne s'ingère jamais dans l'administration locale ; 2° Un lord-lieutenant, fonctionnaire de l'État, chef des forces militaires propres au comté ; 3° Enfin, les *juges de paix*, administrateurs et juges, qui votent les dépenses, nomment et contrôlent la plupart des fonctionnaires ; ils sont choisis parmi les propriétaires fonciers possédant un minimum de 2,500 livres de revenus en immeubles libres de toute charge. Leur nombre n'est pas limité. Ils peuvent être l'objet d'une révocation ; mais en fait ils sont inamovibles ; dans leurs sessions trimestrielles, ils votent l'impôt du comté, statuent sur les réclamations en matière de contributions et contrôlent les dépenses.

Le premier d'entre les juges de paix prend le nom de gardien des rôles ; ordinairement, c'est le lord-lieutenant. Le gardien des rôles nomme le greffier de paix, personnage pris dans le pays et qui jouit en fait d'une position considérable bien qu'il ne fasse que préparer les décisions sans jamais les prendre lui-même. Au-dessous de lui, beaucoup d'autres agents salariés sont nommés par les juges : nous citerons seulement le trésorier du comté.

Le comté, comme le département, n'a pour ainsi dire que des édifices affectés au service public, et cependant les juges de paix ont plein pouvoir pour disposer des biens départementaux du comté. Dans quelques cas cependant, leur droit est restreint, et une autorisation est nécessaire ; ainsi, la vente ou l'échange de bâtiments affectés au service des aliénés ne peut se faire sans avoir été approuvé par le secrétaire d'État de l'intérieur

Le budget du comté est arrêté par trimestre dans l'assemblée générale des juges de paix. A chaque session, ceux-ci votent des taxes pour le trimestre suivant, et vérifient les comptes du trésorier. Ce sont donc les mêmes personnes qui préparent et votent le budget ; il n'y a d'autre garantie que la publicité.

Les comtés ont à leur charge : la construction et l'entretien des ponts, des prisons (1) et cours de justice, des établissements d'aliénés et des locaux destinés à recevoir les objets d'armement et d'équipement de la milice. La police leur incombe ; ils doivent choisir parmi eux en quater-session, un comité spécial préposé à la direction et à la surveillance de la police. Sur la proposition du comité, ils nomment le chief-constable qui centralise toutes les affaires, et a sous ses ordres tout le personnel du service. Le choix du chief-constable doit être approuvé par le département de l'intérieur ; le comté doit se soumettre aux règlements généraux établis par la loi. Enfin l'État attache à l'adoption de ce régime par les comtés une subvention en argent. Ce nouveau régime établi en 1839 et 1840, a été imposé aux administrations du comté, par une loi du 21 juillet 1856. Trois inspecteurs généraux de la police, nommés par le gouvernement, adressent des rapports au ministre de l'intérieur.

Enfin, le service des poids et mesures relève également du comté sous la haute direction de l'État. Ce sont les juges de

(1) Avant la loi de 1877 les juges nommaient les agents du service pénitentiaire et fixaient leurs salaires. La dépense ne comprenait pas tous les frais relatifs aux prisons ; quelques-uns restaient à la charge de l'État ; d'autres concernant les vagabonds, incombaient aux paroisses où ces derniers avaient leur domicile de secours. Une loi récente du 12 juillet 1877 a transféré aux mains de l'État, l'administration des prisons des comtés, des bourgs et des villes. C'est qu'en effet, la reconstruction et l'appropriation des prisons étaient devenues aussi urgentes qu'onéreuses, depuis l'Act de 1865 qui a rendu obligatoire le système cellulaire.

Ainsi en vertu de l'article 16 cesse pour le comté l'obligation d'entrenir une prison. La propriété des bâtiments passe à l'État. Seulement les articles suivants substituent à l'ancienne obligation de faire une dette en argent. On a fixé arbitrairement à l'aide d'une moyenne prise sur cinq années le maximum moyen annuel du nombre des prisonniers de chaque comté, et celui-ci a été tenu de fournir, soit par des contributions locales, soit à l'aide d'emprunts la somme nécessaire à l'appropriation d'une cellule pour chaque détenu à raison de cent vingt livres sterling par cellule. Enfin la loi nouvelle enlève aux juges de paix toute intervention dans le choix du personnel ; ça a été là un des points les plus discutés et les plus attaqués par les partisans du self-government.

paix qui nomment les inspecteurs ; ceux-ci poinçonnent les instruments présentés par les commerçants. Les frais de personnel et matériel sont en partie couverts par des redevances payées aux agents ; le surplus est payé par les comtés.

Toutes ces dépenses sont obligatoires ; mais rien dans la loi ne prévoit le cas ou les crédits seraient refusés ; en cas de refus, tout intéressé, shériff ou simple particulier peut actionner les juges de paix devant l'autorité judiciaire.

Les juges de paix peuvent contracter des emprunts, acheter et aliéner dans les limites fixées par des lois organiques ; ainsi pour les dépenses de police, l'emprunt ne peut être conclu qu'à condition que l'amortissement ait lieu en vingt ans sur le produit de la taxe de police ; et pour les établissements d'aliénés il faut également que l'amortissement s'opère en trente ans sur la taxe des aliénés. En cas d'infraction le contribuable a le droit de refuser le payement de l'impôt, et de saisir le tribunal qui pourra déclarer l'emprunt nul.

La principale ressource du comté est la taxe dite du comté ; elle se greffe sur la taxe des pauvres, et est répartie entre toutes les paroisses du comté en proportion du revenu total des propriétés de chacune d'elles. Ces propriétés imposables sont les mêmes que celles qui supportent la taxe des pauvres. Le comté perçoit encore la taxe pour les aliénés et la taxe de police, également additionnelles à la taxe des pauvres.

Cet exposé de l'administration du comté, nous montre qu'au point de vue spécial de la personnalité civile de la circonscription, le système anglais n'est pas aussi éloigné qu'on pourrait le croire de notre régime départemental. On retrouve dans un pays comme dans l'autre un être moral qui a un budget, des ressources spéciales, et qui doit s'occuper de certains services publics. La différence la plus importante est que la taxe du comté est additionnelle à la taxe des pauvres, c'est-à-dire à un impôt communal, et se trouve ainsi indépendante des contributions perçues au profit de l'État. Cette différence est plus apparente que réelle. En France les départements se procurent des ressources au moyen de contributions additionnelles aux impôts directs et même principalement aux deux premiers. C'est donc en définitive la terre qui supporte les impositions départementales. En Angleterre, les taxes locales ne se confondent pas avec les taxes de l'État. Ces dernières sont pour la plus grande partie des taxes de consommations. Les autres, au contraire, c'est-à-dire, la taxe des pauvres, et toutes celles du comté qui sont greffées sur elle portent, comme en France celles du département, sur le revenu de la terre et des maisons.

Quant à l'organisation proprement dite, c'est-à-dire à l'absence de conseil électif, au mélange non seulement du pouvoir exécutif et du pouvoir délibérant, mais aussi des deux pouvoirs administratif et judiciaire, ce sont là des institutions spéciales à l'Angleterre profondément contraires à toutes nosidées modernes et sur lesquelles nous n'avons pas à insister ici.

Cependant il nous est impossible de ne pas signaler en terminant le mouvement qui s'opère depuis un certain nombre d'années en Angleterre et qui tend à créer de nouvelles circonscriptions purement administratives se rapprochant de nos départements, bien plus que les comtés eux-mêmes.

Autrefois, tout ce qui concernait la sûreté, l'hygiène, la salubrité publique, l'entretien des chemins, la circulation, le pavage, l'éclairage, etc... était abandonné aux paroisses.

Rechercher comment certains de ces services ont été à peu près centralisés serait faire l'histoire entière de l'administration anglaise depuis deux siècles. Qu'il nous suffise de dire que la plus importante et la plus ancienne des circonscriptions créées à cet effet est l'union de la paroisse qui correspond à peu près à deux ou trois de nos cantons. Dans chaque union un conseil de tuteurs des pauvres, *board of guardians*, élus par les propriétaires et les tenanciers soumis à la taxe des

pauvres, s'occupe de tout ce qui concerne l'assistance publique, lève la taxe des pauvres, et en dispose pour les besoins
du service. Ces différents conseils de tuteurs relèvent directement d'une commission centrale siégeant à Londres : le bureau du gouvernement local.

Une seconde commission placée sous la direction du même
bureau central est celle du district sanitaire. Les districts ont
été créés par une série de lois dont la dernière est de 1875.
Ils ne correspondent pas forcément à la division des unions
de paroisse. Les conseils de districts sont élus : quelquefois
ils se confondent avec les tuteurs des pauvres ; ils sont chargés de ce qui concerne la voirie, l'hygiène, la salubrité et la
santé publique. Ils ont donc des attributions réparties en
France entre les conseils municipaux et les conseils généraux.
Ils s'occupent de la fixation de la répartition et du recouvrement
des impôts toujours additionnels à la taxe des pauvres qui
sont affectés aux services dont la direction leur a été remise.

L'act de 1875 donne la personnalité civile à tous ces districts sanitaires. Les articles 175 et suivants s'occupent d'une
façon très minutieuse des actes de la vie civile des districts,
et règlent le droit d'intervention du bureau central.
D'après l'article 299, ce bureau peut imposer d'office le
district. Les termes en sont assez vagues et méritent d'être
rapportés : « Lorsqu'il aura été dénoncé au bureau du gouvernement local qu'une autorité locale n'a pas pourvu son
district d'égoûts ou de conduites d'eau suffisantes, ou n'a
pas entretenu les égoûts ou conduites existants, et qu'il
résulte de cette négligence un danger pour la santé des habitants alors qu'il serait facile d'obtenir avec une dépense
raisonnable un état de choses convenable ; ou encore qu'une
autorité locale a négligé de faire exécuter des dispositions du
présent act qu'il est de son devoir de faire exécuter, le bureau du gouvernement local après s'être convaincu par une
enquête de la faute de l'autorité locale prendra un arrêté

fixant à cette autorité un délai pour l'accomplissement de son devoir. »

L'article ajoute qu'en cas de refus de l'autorité locale, le bureau peut nommer des personnes pour procéder aux actes; c'est ce que nous appellerions des commissions d'office. Ces personnes sont investies de tous les pouvoirs de l'autorité locale à l'exception du pouvoir de lever les taxes.

Le bureau du gouvernement local (il se compose d'un président nommé et révocable par la reine, du lord-président du conseil privé, des secrétaires d'État, du lord du sceau privé et du chancelier de l'Échiquier) donne l'investiture aux fonctionnaires nommés par les autorités locales. Il peut former de plusieurs districts urbains ou ruraux un district uni pour un ou plusieurs des services locaux.

Enfin, une loi de 1870, a créé également des districts scolaires. On voit ainsi en quel sens il est vrai de dire que l'Angleterre tend à se centraliser. Il y a là certainement un système plus conforme à nos idées françaises. Ces nouvelles circonscriptions sont destinées à assurer certains services locaux. On y trouve un conseil élu, n'ayant que des attributions administratives, n'empiétant jamais sur le domaine judiciaire, et gérant les intérêts d'une personne morale, sous la surveillance et le contrôle du pouvoir central. Évidemment les procédés ne sont pas absolument les mêmes qu'en France. Les bureaux locaux sont à la fois pouvoir délibérant et exécutif; ils entre-croisent leur action d'une manière encore assez confuse. Mais il est possible de prévoir qu'un jour ces différentes commissions (bureau des guardians, conseil sanitaire, conseil scolaire) seront fondus ensemble pour former une assemblée pouvant être rapprochée du conseil général français.

ERRATA

Page 19......	ligne 9.......	au lieu de....	presque leurs vénaux
		lire...........	presque tous vénaux
Page 21......	ligne 2 de la note 1......	au lieu de....	domicili
		lire...........	dominici
Page 28......	ligne première	au lieu de....	ceux
		lire...........	celles
Page 43......	ligne 6.......	au lieu de....	ne fut
		lire...........	ne fit
Page 49......	ligne 11.......	au lieu de....	qu'il n'y ait
		lire...........	qu'il y ait
Page 51......	ligne 14......	au lieu de....	du commissaire de partie
		lire...........	du commissaire-departi
Page 52......	en note.......	au lieu de....	n° 12
		lire...........	n° 121
Page 68......	ligne première	au lieu de....	pouvaient
		lire...........	pouvait
Page 88......	lignes 2 et 4..	au lieu de....	ponts
		lire...........	ports
Page 101.....	ligne 6.......	au lieu de....	leur ont succédé
		lire...........	lui ont succédé

TABLE DES MATIÈRES

Imp. du Fort-Carré, 19, chaussée d'Antin, Paris.

DICTIONNAIRE THÉORIQUE ET PRATIQUE

DE PROCÉDURE CIVILE

COMMERCIALE, CRIMINELLE & ADMINISTRATIVE

AVEC FORMULES DE TOUS LES ACTES, PAR MM.

Rodolphe ROUSSEAU	LAISNEY
AVOCAT A LA COUR DE PARIS	AVOUÉ AU TRIBUNAL CIVIL DE LA SEINE

AVEC LA COLLABORATION DE PLUSIEURS MAGISTRATS, AVOCATS ET AVOUÉS

9 vol. in-8., y compris le supplément 1885, brochés   Prix : 90 fr.

— reliés demi-chagrin, noir ou couleurs............ 108 fr.

BAVELIER (Adrien). Dictionnaire de Droit électoral. 2ᵉ édition. 1882. 1 vol. in-8..............................   12 »

BERNARD. Traité théorique et pratique de l'Extradition, comprenant l'exposition d'un projet de loi universelle sur l'extradition. (Ouvrage couronné par l'Institut). 1883. 2 vol. in-8..............   18 »

BODIN (E.). Plan du cours de Droit romain, professé à la Faculté de droit. — (1ʳᵉ année). 1883. Nouvelle édition, complètement refondue. 1 vol. in-8..   5 »

BONFILS (Henry). Traité élémentaire d'organisation judiciaire, de compétence et de procédure en matière civile et commerciale. 1883. 1 vol. in-8.....................................   12 50

BRAUN (Alexandre). Nouveau traité des marques de fabrique et de commerce, du nom commercial et de la concurrence déloyale, tome 1ᵉʳ (marques de fabrique et de commerce). 1880 1 fort vol. in-8.   12 »

CALVO (Charles). Le Droit international, théorique et pratique, précédé d'un Exposé historique des progrès de la Science du Droit des Gens. 3ᵉ édit. 1880. 4 vol. grand in-8..............   60 »

GINOULHIAC. Cours élémentaire d'histoire générale du droit public et privé. 1 fort vol. grand in-8........................   12 50

JOURDAN (Alfred). Cours analytique d'*Economie politique*, professé à la Faculté de droit d'Aix. 1882. 1 vol. in-8................   12 50

LAUTOUR. Code des frais de justice en matière criminelle et correctionnelle 1881. 1 vol. in-8 ....   8 »

MARION. Tableau des peines en matière correctionnelle, au point de vue de l'application de l'article 463. 1830. 1 vol. in-4...........   4 »

MÉRIGNHAC. Traité des contrats relatif à l'hypothèque légale de la femme mariée. 1882. 1 vol. in-8.........................   7 »

REVUE DU CONTENTIEUX des travaux publics, du bâtiment et des marchés de fournitures. Recueil mensuel de doctrine, de jurisprudence de législation, fondé par FERNAND DE RAMEL. Années 1881-82, 1882-83. Chaque 1 vol. in-8...............   12 »
    Abonnement : Paris et départements, 12 fr. Étranger, 15 fr par an.

ROLAND (René). De l'esprit du droit criminel, aux différentes époques, dans l'antiquité, dans les temps modernes, et d'après les nouveaux principes de la science pénitentiaire. 1880. 1 vol. in-8........   8 »

ROUSSEAU (Ad.), juge de paix du canton nord de Dourdan (Seine-et-Oise). Examen critique du projet de loi sur la compétence des juges de paix. 1 vol. in-18..............................   1 50

ROUSSEAU (R.) et **DEFERT** (H.). Code annoté des faillites et banqueroutes. 1 vol. in-8............................   10 »

ROUSSEAU (R.). Questions nouvelles sur les sociétés commerciales. 1882. 1 vol. in-8.................................   6 »

SPLINGARD (Pierre). Des concessions de mines, dans leurs rapports avec les principes de droit civil. 1880. 1 vol. in-8............   8 »

TESSIER. Traité de la Société d'acquêts, suivant les principes de l'ancienne jurisprudence du Parlement de Bordeaux. 2ᵉ édition, revue, annotée et complétée par M. P. DELOYNES, professeur de Code civil à la Faculté de droit de Bordeaux. 1881. 1 fort vol. in-8.....   10 »

TISSOT. Le Droit pénal, étudié dans ses principes, dans les usages et les lois des divers peuples du monde, ou introduction philosophique et historique à l'étude du Droit criminel. 2ᵉ édition. 1880. 2 tomes en 3 vol. in-8.................................   20 »